Gott und Sinn
Im interdisziplinären Gespräch mit Volker Gerhardt
Herausgegeben von Michael Kühnlein, 2016, *Band 1*

Das Risiko der Freiheit
Im interdisziplinären Gespräch mit Otfried Höffe
Herausgegeben von Michael Kühnlein, 2018, *Band 2*

Resonanz
Im interdisziplinären Gespräch mit Hartmut Rosa
Herausgegeben von Jean-Pierre Wils, 2019, *Band 3*

Der Westen und die Menschenrechte
Im interdisziplinären Gespräch mit Hans Joas
Herausgegeben von Michael Kühnlein und Jean-Pierre Wils, 2019, *Band 4*

Gottloser Staat?
Im interdisziplinären Gespräch mit Horst Dreier
Herausgegeben von Michael Kühnlein
Geplant für Oktober 2021, *Band 5*

Texte & Kontexte der Philosophie

herausgegeben von

Michael Kühnlein

Philosophie lebt vom Streit – und zwar vom *begründeten* Streit um Behauptungen, Meinungen und Thesen. Dieser diskursive Charakter der Philosophie prägt auch die Konzeption der hier anzuzeigenden Diskussionsreihe: Wichtige Neuerscheinungen aus dem Bereich der Philosophie und ihrer benachbarten Disziplinen sollen zeitnah und im direkten Austausch mit dem Autor von renommierten Experten kritisch erörtert werden. Ein kurzer orientierender Beitrag des Autors eröffnet dabei jeweils die Diskussion, auf die dann die Essays der Kritiker folgen. Anschließend nimmt der Autor in einer Replik ausführlich Stellung zu den vorgetragenen Argumenten. Die Diskussionsreihe ist interdisziplinär angelegt und keiner bestimmten Denkrichtung verpflichtet; allein die Originalität des Zugriffs und die Relevanz des Themas sind entscheidend für die Aufnahme in dieses Format.

Barbara Schellhammer [Hrsg.]

Zwischen Phänomenologie und Psychoanalyse

Im interdisziplinären Gespräch
mit Bernhard Waldenfels

Onlineversion
Nomos eLibrary

Die Deutsche Nationalbibliothek verzeichnet diese Publikation in
der Deutschen Nationalbibliografie; detaillierte bibliografische
Daten sind im Internet über http://dnb.d-nb.de abrufbar.

ISBN 978-3-8487-6834-9 (Print)
ISBN 978-3-7489-0933-0 (ePDF)

1. Auflage 2021
© Nomos Verlagsgesellschaft, Baden-Baden 2021. Gesamtverantwortung
für Druck und Herstellung bei der Nomos Verlagsgesellschaft mbH & Co. KG.
Alle Rechte, auch die des Nachdrucks von Auszügen, der fotomechanischen
Wiedergabe und der Übersetzung, vorbehalten. Gedruckt auf alterungsbeständigem Papier.

Inhaltsverzeichnis

Einleitung: Vom Unbewussten her denken…?   9
Barbara Schellhammer

I   Eröffnung

Einführung: Annäherung zwischen Phänomenologie,
Psychoanalyse und Psychotherapie im Zeichen des Fremden   21
Bernhard Waldenfels

II   Stellungnahmen

Gegen die Ausdünnung der Erfahrung. Psychoanalyse und die
responsive Phänomenologie   33
Ewa Kobylinska-Dehe

Zeitverschiebungen und seelisches Leid   47
Joachim Küchenhoff

Sagen, Hören und Antworten. Überlegungen zu Bernhard
Waldenfels' responsiver Psychoanalyse   59
Rolf-Peter Warsitz

Alterität und Psychoanalyse   69
Ilka Quindeau

Phänomenologie der Selbst-Erfahrung. Zur Erhellung der
Tiefenstrukturen von Ich und Gesellschaft   79
Niels Weidtmann

„Entzugsverlust". Zu einem kritischen Grundgedanken einer
Phänomenologie des radikal Fremden 89
Burkhard Liebsch

Fremde Ansprüche zu Gehör bringen. Zur responsiv-
phänomenologischen Deutung religiöser Erfahrung 105
Franz Gmainer-Pranzl

Die Kunst der Vermittlung. Offenes als ästhetisches Denken bei
Bernhard Waldenfels 115
Judith-Frederike Popp

Den Leib wiedergewinnen – zu den Tonfiguren einer Anorexie-
Patientin 125
Sonja Frohoff

Die unendliche Vielfalt des Fremden. Postkarte an Bernhard
Waldenfels 137
Wolfgang Müller-Funk

Im Zwischenreich der Therapie: Anmerkungen zu Georges
Devereux' Realität und Traum 145
Bernhard Leistle

Antworten statt Vernichten. Responsivität in Konfrontation zum
Nationalsozialismus und seinen Langzeitwirkungen 159
Jürgen Müller-Hohagen

Das psychosomatische Unbewusste: Für eine responsive Sorge in
unheimlicher Fremdheit 171
Eckhard Frick sj

Verstummter Geist, verstummtes Leben? Zur therapeutischen
Bedeutung lebensweltlichen Ausdrucks bei Alzheimer 181
Erik Norman Dzwiza-Ohlsen

III Replik

Das Fremde, interdisziplinär betrachtet 195
Bernhard Waldenfels

Verzeichnis der Autorinnen und Autoren 209

Einleitung: Vom Unbewussten her denken…?

Barbara Schellhammer

Als ich vor vielen Jahren aufbrach, um als therapeutisch geschulte Sozialarbeiterin mit jugendlichen Sexualstraftätern in Kanada zu arbeiten, war mir nicht klar, wie grundlegend dies mein Denken, Fühlen und Handeln erschüttern würde. Die meisten der Jugendlichen, mit denen ich es zu tun hatte, waren indigener Herkunft; das symptomatische Verhalten, das sie an den Tag legten, verzweifelter Ausdruck einer traumatischen Erfahrung tiefster Hilflosigkeit. Sie waren Opfer einer zentralistisch ausgerichteten Zwangsassimilierung, die unverhohlen und mit strategischem Kalkül den „Indianer im Kind töten"[1] wollte. Ziel war der Triumph der vermeintlichen Vernunft über das wilde Unzivilisierte. Noch einige Jahre später fragte mich ein Kollege an der Universität in Victoria, B.C., als ich von einem längeren Feldforschungsaufenthalt in der Arktis[2] zurückkam, kopfschüttelnd ob „die" denn jemals auf „unser" Niveau kämen.

Es war sicher kein Zufall, dass ich seinerzeit bei dem wenigen, das ich auf meine Reise in den hohen Norden mitnehmen konnte, nur zwei Bücher im Gepäck hatte: Clifford Geertz' *Dichte Beschreibung* und Bernhard Waldenfels' *Topographie des Fremden*. Fremdheitsmomente unter Inuit gab es zahlreich, eigentlich bewegte ich mich permanent in einer Fremdheit, die mich wie die gleitenden Schleier der Nordlichter umfing. Dabei zeigte sich Fremdes ebenso unnahbar, schillernd und vielgestaltig wie das bunte Naturschauspiel am dunklen Himmel. Es griff aber auch schmerzhaft nach mir wie die eisige Kälte, die einem der dickste Parka nicht vom Leib halten kann.[3] Die befremdlichsten Momente waren jedoch nicht die, auf die ich mich, zumindest so gut ich konnte, vorbereitet und die ich erwartet hatte, sondern jene, die mich trafen, als ich mit Selbstmord, gewaltvollen Übergriffen und Alkoholexzessen konfrontiert wurde. Die eigene

---

1 Ward Churchill, *Kill the Indian, Save the Man: The Genocidal Impact of American Indian Residential Schools*, San Francisco 2004.
2 Barbara Schellhammer, *„Dichte Beschreibung" in der Arktis. Clifford Geertz und die Kulturrevolution der Inuit in Kanada*, Bielefeld 2015.

Hilflosigkeit und Ohnmacht, die Sprachlosigkeit beim Versuch, in Kontakt zu treten, offenbarten eine Fremdheit in mir, die mich unvermittelt traf und der ich mich völlig ausgeliefert fühlte. Überraschenderweise waren gerade dies die Momente, wo Berührung möglich war, als ich beispielsweise eine Frau, die mich volltrunken nachts in meiner Unterkunft überfiel, so lange festhielt, bis sie ruhiger wurde und schließlich einschlief oder als eine Inuk meinen nackten Fuß an ihrem Bauch wärmte, um erfrorene Zehen zu retten. Es waren diese Momente, in denen ich mehr „verstand" als in aller Lektüre über indigene Kulturen und die Verletzungen, die sie ertragen mussten.

Seit diesen Erfahrungen begleiten mich epistemologische und vor allem auch ethische Fragen in der Begegnung mit Fremdem – insbesondere mit Fremdem in mir selbst. Ich habe sie selten so akribisch auf die Spitze getrieben und dabei zugleich so dialogisch offen beschrieben gefunden, wie in den Schriften Bernhard Waldenfels'. Es gibt „Verschwiegenes, das zur Sprache drängt" (9 f.)[4] und dabei in Symptomen auch seinen ganz eigensinnigen, oft befremdlichen, Ausdruck findet – in Symptomen, die allzu häufig platt, völlig verkürzt oder, um mit Geertz zu sprechen, „dünn", als „Probleme" typologisch eingeordnet und dementsprechend behandelt werden. Es braucht Mut und die Fähigkeit, schwach und „mittel-los"[5] zu sein, wenn man sich auf eine Weise des Philosophierens einlässt, die anderswo beginnt. Die Sehnsucht, Fremdem den Stachel zu nehmen, zeigt sich nicht nur in der kanadischen Assimilationspolitik oder in einer deutschen Integrationspolitik, die stark in Richtung Assimilation schillert, sondern auch an den unverhältnismäßig hohen Zahlen indigener Inhaftierter

---

3 Wie stark einen die Nordlichter – auch als leibliche Erfahrung – treffen, vermag die Inuit Künstlerin Tanya Tagaq zu beschreiben: „A small silver of green light begins to pulsate in the sky. Cold bites my face, numbing it after a quick stab of pain. Frostbite. [...] Northern lights are always worth the cold. Legend says that if you whistle or scream at them, they will come down and cut off your head. This is ridiculous, but I admit to running home quickly when the whole horizon is full of light and the movement of the roaring green thunder shakes my vertebrae like dice." Tanya Tagaq, *Split Tooth*, Toronto 2018, S. 55.

4 Die in Seitenklammern aufgeführten Zahlen verweisen ausnahmslos auf das hier diskutierte Werk von Bernhard Waldenfels, *Erfahrung, die zur Sprache drängt. Studien zur Psychoanalyse und Psychotherapie aus phänomenologischer Sicht*, Frankfurt/M. 2019. Dies gilt für alle Beiträge in diesem Band.

5 Ich denke hier an eine wichtige Aussage von Martin Buber: „Alles Mittel ist Hindernis. Nur wo alles Mittel zerfallen ist, geschieht die Begegnung." Martin Buber, *Ich und Du*, Stuttgart 1995, S. 12.

in Kanadas Gefängnissen oder dem verzweifelten Versuch, der Regierung das „Selbstmordproblem" unter Inuit in den Griff zu bekommen. Wie Recht Waldenfels aus der Perspektive der sozialen bzw. therapeutischen Arbeit hat, wenn er schreibt, „Was sich in der Erfahrung zeigt, ruft nach einem Sinn, den es nicht vorweg hat und der den Widerständen des Nicht-Sinns abzuringen ist" (10), zeigt Lisa Stevenson in ihrem Buch *Life Beside Itself*.[6] Darin führt sie an unzähligen Beispielen aus, dass sich die Inuit den biopolitischen Behandlungsmechanismen einfach nicht fügen wollen und sich weiterhin das Leben nehmen. Mit Viktor Frankl gesprochen, wird hier deutlich, dass ein Sinn, der von außen kommt oder künstlich erzeugt wird, nur „Unsinn"[7] sein kann. In der Tat geht es darum, vom eigenen Sinn zu lassen, sich vom widerständigen Nicht-Sinn befremden zu lassen, sich auf ihn einzulassen. Das ist natürlich ganz besonders herausfordernd, wenn wir es mit Formen einer „doppelten Fremdheit" (234-253) zu tun bekommen, wie sie die Ethnopsychoanalyse thematisiert. Hier potenziert sich die Fremderfahrung, denn im symptomatischen Verhalten des „Kranke[n] als kulturell Fremder" (242) drängt etwas nach draußen, das selbst für die angestammte Kultur des Fremden fremdartig ist.

Interessanterweise rückt dadurch die fremde Kultur nicht einfach noch weiter ab, sie wird vielmehr brüchig und es öffnen sich Berührungspunkte zwischen der fremden Anormalität und meiner eigenen. So kann man gemeinsam staunen über das, was einem widerfährt. Waldenfels spricht von einer „Ko-affektion, als Mit-betroffenheit, [die] als sinnlicher Kon-sens auftreten kann, [...] aber nicht selbst einem logischen Konsens zugänglich ist"[8]. Mein Außerordentliches trifft sich mit deinem, so dass wir über etwas in Berührung kommen, das sich uns auf je eigene Weise entzieht. Es ist paradoxerweise gerade dieses unbeholfene Tasten im Gefühl, nicht Herr oder Frau der Lage zu sein, das uns dem Verstehen näher bringt, auch wenn dieses Verstehen nicht unbedingt rational sein muss, sondern sich vielleicht leiblich oder emotional vollzieht. Deshalb wohl spricht Stevenson bei ihrer Arbeit mit suizidgefährdeten Jugendlichen in der Arktis von der Erfahrung eines „Lebens neben sich":

---

6 Lisa Stevenson, *Life Beside Itself. Imagining Care in the Canadian Arctic*. Oakland 2014.
7 Viktor E. Frankl, *Der leidende Mensch. Anthropologische Grundlagen der Psychotherapie*, Bern 2005, S. 15.
8 Bernhard Waldenfels, „Responsive Ethik zwischen Antwort und Verantwortung", in: *DZPhil* 58/1 (2010), S. 71-81, hier: S. 72.

It allows us to listen differently [...]. Acknowledging the way our lives are not our own, the way we are called and call others, opens the space for the ethics of care [...], an ethics that pertains as much to death by suicide as to death by tuberculosis, as well as to life in their shadows. If life is beside itself, there is no pinning it down. We are left to work out new ways to love, new ways to imagine the other that take this observation, that life is beside itself, seriously. Therein lies the ethical work of caring for ourselves and for others [...], a task whose outlines cannot be traced in advance.[9]

Umgekehrt scheint es so zu sein, dass Fremdes umso fremder wird, je gewaltvoller wir es in den Griff bekommen wollen, je mehr wir uns an ein monolithisch abgeschlossenes und vermeintlich eindeutiges Leben klammern – wie auch immer unsere Strategie dafür aussehen mag. Auch dies zeigt sich in konkreten Erfahrungen: Das Töten des „Indianers im Kind" durch ein flächendeckendes System von Umerziehungs- oder Anpassungsinternaten für alle indigenen Kinder, den so genannten „Industrial Residential Schools"[10], führte zwar dazu, dass heute die meisten Ureinwohner Englisch sprechen, christlichen Kirchen angehören und die Gepflogenheiten der „zivilisierten" Mainstreamkultur übernahmen, dabei aber des „selbstgesponnen Bedeutungsgewebes"[11] ihrer Kultur beraubt, haltlos in ein „existenzielles Vakuum"[12] stürzten, dessen Folgen sich bis heute als transgenerationelles Trauma in psychiatrischen „Anomalien" niederschlagen. Wie beim Spiel der „stillen Flüsterpost"[13] wird die Leiderfahrung der Eltern- bzw. Großelterngeneration weitergegeben – begleitet von reaktiven Verhaltensmustern, die eine „responsive" Begegnung mit sich selbst und anderen beinahe unmöglich machen, weil sich die dunkle Spur der Vergangenheit in den Seelen der Menschen festgesessen hat und sie zuweilen auf unheimliche Weise fremdsteuert. Nicht umsonst spricht Waldenfels von einer „Wiederherstellung der Responsivität" (308) – auch als Antwort

---

9 Stevenson, *Life Beside Itself*, S. 174.
10 Die erste Residential School wurde 1831 in Brantford, Ontario, errichtet, die Gordon Indian Residential School in Saskatchewan war die letzte, die erst 1996 geschlossen wurde. Innerhalb dieser Zeit besuchten ca. 150.000 indigene Kinder und Jugendliche die Internate. Vgl. Lisa Monchalin, *The Colonial Problem: An Indigenous Perspective on Crime and Injustice in Canada*, Toronto 2016, S. 125-130.
11 Clifford Geertz, *Dichte Beschreibung. Beiträge zum Verstehen kultureller Systeme*, Frankfurt/M. 1983, S. 9.
12 Frankl, *Der leidende Mensch*, S. 11.
13 Vgl. Brigitte Rauschenbach, „Stille Post. Von der Übertragung im Unverstand", in: Jörn Rüsen, Jürgen Straub (Hg.), *Die dunkle Spur der Vergangenheit*, Frankfurt/M. 1998, S. 242-255.

auf „eine irresponsive Medizin, die als schwerhörig und am Ende gar als taub zu bezeichnen wäre" (ebd.). Es reicht nicht, mit vorgefertigten Rezepten nur die Symptome zu behandeln, wenn die eigentlichen Verletzungen und Nöte dabei ungehört bleiben.

Ähnliches gilt für die Erfahrung mit Fremdem im Selbst. Auch hier ein Beispiel: Während indigene Kulturen nicht nur die relationale Bezogenheit zu der sie umgebenden Natur kultivieren, sondern auch zu der ihnen innewohnenden Natur, haben wir es uns vielfach abtrainiert, auf leibliche Regungen, emotionale Empfindungen oder irrationale Neigungen – auf die Natur, die wir sind – zu hören. Das, was Lisbeth Lipari in *Listening, Thinking, Being. Toward an Ethics of Attunement* „listening otherwise"[14] nennt, würde für einige beinahe einem Kontrollverlust gleichkommen, hat doch ethisches Handeln in erster Linie mit Selbstkontrolle, vernünftigem Abwägen und Entscheiden zu tun, mit der Freiheit, die wir erlangen, indem wir wissen, was richtig und was falsch ist. Wenn man jedoch die große Faszination „westlich zivilisierter" Menschen an „Naturvölkern", an Schwitzhüttenzeremonien oder anderen spirituellen Ritualen betrachtet und die Art und Weise, wie sie sie suchen und sich in ihnen gehen lassen, scheint es beinahe so, als hätten sie das große Bedürfnis, etwas, das sie in sich abgespalten und verdrängt haben, exzessiv auszuleben bzw. zu kompensieren.

Es ist das große Verdienst Sigmund Freuds und der Psychoanalyse, die Bedeutung eines „listening otherwise" herausgearbeitet zu haben, ohne dabei die Vernunft zu verraten. Ganz im Gegenteil, so schreiben Hartmut und Gernot Böhme bezogen auf die Philosophie, dass diese erst nach Freud wisse,

> was die Vernunft wert ist. Sie wird deshalb nicht einfach für das „Irrationale" plädieren. Sie weiß aber auch, was die Vernunft nur wert ist. Sie wird Vernunft nicht mehr ohne die Angst, die sie zu bannen sucht, ohne den Herrschaftsanspruch, der mit ihr verbunden ist, ohne die Ausgrenzung des Anderen sehen können.[15]

Mit einem – im wahrsten Wortsinn – noch deutlicheren *Anspruch* versehen, betont Waldenfels, die Freiheit eines autonomen Selbst verschwinde nicht, „doch sie verwandelt sich in eine eigentümliche Form von *re-*

---

14 Lisbeth Lipari, *Listening, Thinking, Being. Toward an Ethics of Attunement*, Pennsylvania 2014, S. 177-187.
15 Hartmut Böhme, Gernot Böhme, *Das Andere der Vernunft. Zur Entwicklung von Rationalitätsstrukturen am Beispiel Kants*, Frankfurt/M. 1996, S. 13

sponsiver Freiheit"[16]. Bezugnehmend auf Lacan führt er aus, das Selbst sei ein geteiltes Selbst, Patient und Respondent zugleich.

Seine Aussage, dass dieser Zweiklang von Anforderung und Antwort ein „treffenderes Geschichtsmodell" abgebe, als die „Vorstellung eines teleologisch gerichteten oder normativ gesteuerten Prozesses"[17], gilt meines Erachtens auch für weite Teile der Philosophie. Dieser Gedanke markiert meine große Motivation für diesen Band. Denn mir scheint, der Anspruch, den die Philosophie für sich selbst erhebt und den sie bis heute immer wieder kultiviert, ist ein anderer, als der, den Waldenfels im Blick hat, nämlich einer, der nach Autonomie und Gewissheit strebt und es dabei geradezu zu ihrem Aushängeschild macht, den Anspruch des Fremden in Schach zu halten. Dagegen wagt es Waldenfels in seinen *Studien zur Psychoanalyse und Psychotherapie aus phänomenologischer Sicht*, sich insbesondere von der Psychoanalyse herausfordern zu lassen und sich auf den schwankenden Boden interdisziplinärer Unwägbarkeiten zu begeben. Hier zeigt sich die Nähe zu Geertz, der von einem großen Unbehagen spricht, wenn man wohl bekannte philosophische Anker lichtet „and an uneasy drifting into perilous waters begins"[18]. Die erste Bedingung der Kulturtheorie sei, so meint er, dass sie nicht ihr eigener Herr sei.

> Da sie von den unmittelbaren Momenten der dichten Beschreibung nicht zu trennen ist, bleibt ihre Möglichkeit, sich nach Maßgabe einer inneren Logik zu formen, ziemlich beschränkt. Die Allgemeinheit, die sie möglicherweise erreicht, verdankt sich der Genauigkeit ihrer Einzelbeschreibungen, nicht dem Höhenflug ihrer Abstraktionen.[19]

Wie wichtig es ist, die für das neuzeitliche Denken „kränkenden" Einsichten der Psychoanalyse immer wieder wachzurufen[20], belegt auch die Gefahr, in der die Philosophie steht, sich in ein allzu abstraktes Denken zu versteigen, das, wie Waldenfels bezugnehmend auf Freud herausstellt, in Ausdruck und Inhalt unerwünschte Ähnlichkeiten mit der Schizophrenie

---

16 Waldenfels, „Responsive Ethik", S. 79.
17 Ebd.
18 Clifford Geertz, „The Impact of the Concept of Culture on the Concept of Man", in: ders., *The Interpretation of Cultures*, New York 1973, S. 33-54, hier: S. 37.
19 Geertz, *Dichte Beschreibung*, S. 35.
20 Vgl. hier auch den dringlichen Appell von Jacques Derrida, *Vergessen wir nicht – die Psychoanalyse!*, Frankfurt/M. 1998.

erlangen kann.[21] Das umgekehrte Extrem von einer Erfahrung, die unaufhaltsam zur Sprache drängt, sich vielleicht sogar unvermittelt symptomatisch Bahn bricht und einen geradeso mit sich fortspült, ist „daß etwas zur Sprache kommt und nicht schon in ihr wohnt, daß also auch etwas aus der Sprache verdrängt werden kann."[22] Eine solch von der Erfahrung abgenabelte, vielleicht auch technisch anmutende Sprache mag ihren Reiz haben, antwortfähig ist sie nicht – ganz im Gegenteil, sie kann gefährliche Züge annehmen.

„Responsiv" werden wir dann, wenn wir einsehen, dass unsere Erfahrung „nicht aus einem Guß"[23] ist, wenn wir den „Patienten" in uns erkennen und ernsthaft auf ihn eingehen. Dies führt nicht nur der israelische Psychologe Dan Bar-On in seinem Buch *Die „Anderen" in uns* aus, wenn er, bezugnehmend auf den Israel-Palästina-Konflikt, erläutert, dass es Frieden erst geben könne, wenn monolithische Identitäten zu bröckeln beginnen und Menschen in der Lage sind, das Opfer *und* den Täter in sich zu sehen,[24] sondern auch Paulette Regan, die in ihrem gleichnamigen Buch von *Unsettling the Settler Within* spricht. Es sei einfach, so schreibt sie, aus einer Position der Sicherheit und komfortablen „Normalität" heraus die offensichtliche Unfähigkeit indigener Menschen, sich aus ihrer prekären Lage zu befreien, zu bewerten, sie überheblich und kopfschüttelnd zu pathologisieren. Es sei ebenso leicht zu denken, wir wüssten, was für sie am besten ist – daher auch das hartnäckige Bestreben, das „Indianerproblem" zu lösen.[25]

> Canadians are still on a misguided, obsessive, and mythical quest to assuage colonizer guilt by solving the Indian problem. In this way, we avoid looking too closely at ourselves and the collective responsibility we bear for the colonial status quo. The significant challenge that lies before us is to turn the mirror back upon ourselves and to answer the provocative question [...]: How can we solve the settler problem?[26]

---

21 Vgl. Bernhard Waldenfels, *Bruchlinien der Erfahrung. Phänomenologie, Psychoanalyse, Phänomenotechnik*, Frankfurt/M. 2002, S. 321. Waldenfels zitiert an dieser Stelle Freud (GW X, S. 303).
22 Ebd., S. 322.
23 Ebd., S. 9.
24 Dan Bar-On, *Die „Anderen" in uns. Dialog als Modell der interkulturellen Konfliktbewältigung*, Hamburg 2001.
25 Vgl. Paulette Regan, *Unsettling the Settler Within. Indian Residential Schools, Truth Telling, and Reconciliation in Canada*, Toronto 2010, S. 11.
26 Ebd.

Das „settler problem" gilt im übertragenen Sinne auch für ein Denken, das sich bequem in Selbstverständlichkeiten einrichtet und in einer „natürlichen Einstellung" (21) verharrt, die zuweilen auch im Gewand einer angeblichen Objektivität wie ein Bollwerk alles Fremde abschirmt. In einer Zeit, in der wir mit Erschrecken erleben, wie Menschen in abstrusen Verschwörungstheorien ihre „Wahrheit" finden oder populistischen Wortführern folgen, ist es von besonderer Dringlichkeit, nach den Gründen „irresponsiven" Verhaltens zu fragen. Auch hier kommt es darauf an, sich dem eigenen Befremden zu stellen, anstatt projektiven Mustern anheim zu fallen – auch Aussagen wie „Mit denen kann man nicht reden" zeugen von einer gewissen „Settler-Mentalität".

Wenn man sich als Philosophin oder Philosoph in die Psychoanalyse wagt – und dies nicht nur in abstrakter Sprache tut, sondern ausgehend von konkreten Erfahrungen, meint man es ernst mit Fremdem. Hier ermutigt Bernhard Waldenfels, phänomenologisch „Begriffe aus der Erfahrung [zu] entwickel[n] und sie an der Erfahrung [zu] korrigier[en]"[27] und, wie Derrida es zum Ausdruck bringt, „mit einer Logik des Unbewußten zu rechnen, auf die Gefahr hin, es zulassen zu müssen, daß seine grundlegensten Gewißheiten aus den Fugen gehoben werden, auf die Gefahr hin, zu erleiden, seines Grundes, seiner Axiome, seiner Normen und seiner Sprache, kurz, all dessen enteignet zu werden, was die Philosophen gewohnt waren"[28].

All das ist leichter gesagt als getan. Hier bekommt das „Leitmotiv der Sorge" (2), das sich durch *Erfahrung, die zur Sprache drängt* zieht, ein besonderes Gewicht, diese Sorge gilt nämlich nicht nur dem Anderen, sondern vor allem auch uns selbst. Sie wird uns in einem Zwischen zur Aufgabe, das der Cree Älteste Willie Ermine „ethical space of engagement"[29] nennt. Denn die Antwort, die wir uns selbst geben, ist zutiefst verflochten mit der Antwort, die wir dem Anderen zuteilwerden lassen – und umgekehrt. Ein Zustand der Enthaltung, der Ausklammerung gewohnter Sichtweisen, gelingt paradoxerweise gerade dann, wenn wir uns dem stellen, was sich in unserem Innersten regt. Dass diese Form einer „*responsiven Epoché*, die von dem *Was* und dem *Wie* des Erfahrens zu-

---

27 Gespräch mit Bernhard Waldenfels, „...und jeder philosophische Satz ist eigentlich in Unordnung, in Bewegung.", in: Matthias Fischer u.a. (Hg.), *Vernunft im Zeichen des Fremden*, Frankfurt/M. 2001, 409-459, hier: S. 412.
28 Derrida, *Vergessen wir nicht*, S. 8.
29 Willie Ermine, „The Ethical Space of Engagement", in: *Indigenous Law Journal* 6/1 (2007), S. 193-203.

rückgeht auf das *Wovon* unseres Getroffenseins und das *Worauf* unseres Antwortens"[30] nicht nur für das soziale Miteinander in einer globalisierten Welt geboten ist, sondern auch für das eigene Philosophieren, betont Rolf Elberfeld, wenn er schreibt, es gelte die „Möglichkeit ernst zu nehmen, dass auch in jeder theoretischen Arbeit ein Begehren am Werk sein kann, das mehr oder weniger die Richtung der Theoretisierung mitbestimmt […]. Auf diese Weise wird das Philosophieren durch die Psychoanalyse und Psychotherapie nicht unmöglich, sondern gewinnt neue transformative Möglichkeiten für das eigene Denken"[31]. Es ist daher vielleicht nicht nur abwegig, sondern sogar geboten, vom Unbewussten her zu denken…

Ich freue mich, dass die Autoren und Autorinnen in diesem Band meiner Einladung gefolgt sind, sich offen „ansprechen" zu lassen und ihre „Antwort" zu finden auf einen Aspekt oder einen Gedanken aus Bernhard Waldenfels' neuestem Buch. Es ging dabei nicht um eine umfassende Abhandlung, sondern darum, im Sinne eines polyphonen Zusammenklangs das interdisziplinäre Gespräch mit ihm zu suchen. Die Reihenfolge der Beiträge entspricht thematisch dem Aufbau von *Erfahrung, die zur Sprache drängt*.

Ich danke Bernhard Waldenfels, dass er sich auf diesen Dialog eingelassen hat und ganz besonders auch für die Zeit und den Austausch mit mir.

Berwang im März 2021

---

30 Einführung Waldenfels in diesem Band, S. 28.
31 Rolf Elberfeld, *Philosophieren in einer globalisierten Welt. Wege zu einer transformativen Phänomenologie*. Freiburg i.B. 2017, S. 442.

I
Eröffnung

Einführung: Annäherung zwischen Phänomenologie, Psychoanalyse und Psychotherapie im Zeichen des Fremden

Bernhard Waldenfels

In dem Buch *Erfahrung, die zur Sprache drängt* geht es um eine versuchte Annäherung zwischen Phänomenologie, Psychoanalyse und psychosomatisch angelegter Therapie. In dem Vorwort dieses Buches ist von dieser Annäherung ausführlich die Rede, sodass ich mich an dieser Stelle darauf beschränke, einige Akzente zu setzen.

Die besagte Annäherung hat eine lange, verwickelte Vorgeschichte, im Laufe derer einerseits Namen wie Edmund Husserl, Maurice Merleau-Ponty, Paul Ricœur, Jacques Derrida und Henri Maldiney, andererseits Namen wie Sigmund Freud, Jacques Lacan und Jean Laplanche[1] den Ton angeben, assistiert von philosophisch geschulten Medizinern wie Ludwig Binswanger, Henry Ey, Kurt Goldstein, Eugène Minkowski, Erwin Straus und Viktor von Weizsäcker. Annäherung besagt nicht Verbindung oder gar Verschmelzung, es besagt vielmehr, dass Eigenes sich verändert, wenn es sich seinem Widerpart annähert, sodass die Geschichte keinen geradlinigen Verlauf nimmt. Wichtig sind, abgesehen von persönlichen Kontakten, sachliche Motive und methodische Prozeduren, die den Prozess in Gang halten und verhindern, dass Divergenzen sich zu Schulgrenzen verhärten. Die Sachen selbst machen nicht an Schulgrenzen halt, sachliche Impulse gehören zum Erbe der Phänomenologie, aber auch zur Offenheit jeder wissenschaftlichen Forschung.

Mit den beiden Mottos, die dem Buchtext vorangehen, stellen sich die Protagonisten von Phänomenologie und Psychoanalyse vor, indem sie einen Bogen schlagen zwischen Erfahrung und Sprache, zwischen Worten

---

1 Vgl. vom Verf. „Der verführerische Andere", in: Lothar Bayer, Ilka Quindeau (Hg.), *Die unbewußte Botschaft der Verführung. Interdisziplinäre Studien zur Verführungstheorie Jean Laplanches*, Gießen 2004, Wiederabdruck in: Bernhard Waldenfels, *Idiome des Denkens*, Frankfurt/M. 2005, Kap. 13, ital. *Revista di Psicoanalisi* 50/1 (2004), S. 33-51.

und Dingen. So geht es bei Husserl darum, „die reine und sozusagen noch stumme Erfahrung [...] zur Aussprache ihres eigenen Sinnes zu bringen". In diesem programmatischen Satz steckt ein Paradox oder ein Wunder des Ausdrucks, wie Merleau-Ponty dies bezeichnet; der Satz beruft sich nicht auf etwas, das der Sprache vorausgeht, vielmehr macht er geltend, dass die Sprache sich selbst vorausgeht in Form einer Vorwelt, eines Vor-Ichs, einer *pré-langage* oder eines Vorbewussten.[2] Der Ton liegt weder einseitig auf der Seite fertiger Dinge, denen die Sprache innewohnt, noch auf der Seite fertiger Worte, die sich der Erfahrung aufdrängen. So kommt es zu einem *Drängen*, das sich in Ermangelung eines grundlegenden Ausgangspunkts und eines abschließenden Zielpunkts in keiner Sprache festhalten lässt, auch nicht in der künstlichen Sprache der Medien und Algorithmen. Wie einst Empirismus und Rationalismus so scheitern heute Fundamentalismus und Konstruktivismus gleichermaßen an der lebendigen Erfahrung, die weder in schlichten Gegebenheiten noch in geregelten Daten zur Ruhe kommt. Ähnliches findet sich bei Freud. Er rechnet das, was sich an Befremdlichem in der alltäglichen Erfahrung ebenso wie in klinischen Befunden zeigt, keinem aussagekräftigen und entscheidungsfreudigen Ich zu, sondern einem Es, das „nicht sagen kann, was es will", das höchstens ahnt, was kommt. Widerfahrnisse im Sinne der responsiven Phänomenologie und Widerstände im Sinne der Freud'schen Trieblehre bewirken jeweils, dass unsere Erfahrung nur als gebrochene Erfahrung zum Zuge kommt.

Das Drängen äußert sich in einer Dynamik, die wie das Aufwachen, Aufwachsen oder Genesen eine bestimmte Richtung einschlägt, aber nicht auf festen Bahnen abläuft. Darin treffen sich genetische Phänomenologie und triebdynamische Psychoanalyse mit dem medizinischen Prozess des Heilens, der sich keineswegs in Akten des Heilens und in technischen Eingriffen erschöpft. Wenn Erfahrung zur Sprache drängt, so geschieht dies über eine Schwelle hinweg, die Vertrautes von Fremdem trennt und zugleich mit ihm verbindet.

Ferner beschränkt sich die Sinnanalyse, die in der Phänomenologie eine ebenso zentrale Rolle spielt wie in der Hermeneutik und in der Sprachanalyse, nicht auf personale und interpersonale Erfahrungen, sie greift als *Kulturanalyse* über auf das kulturelle Geschehen, dem Freud eine „archaische Erbschaft" zubilligt und das bei Husserl in eine sich in

---

2 Vgl. das Kapitel „Der Paradox des Ausdrucks" in meinem Buch *Deutsch-Französische Gedankengänge*, Frankfurt/M. 1995.

Heimwelt und Fremdwelt scheidende Lebenswelt eingebettet ist. Ältere Motive leben fort im Unvordenklichen einer solchen Erfahrung. Schelling begreift den Mythos als einen „Urgedanken, der sich selbst ins Dasein drängt", und Kierkegaard beschwört eine Wiederholung, dänisch *gentagelse*, die nicht nur Altes hervor*holt*, sondern es neu hervor*bringt* im Sinne eines „Sich-nach-vorne-Erinnerns". Das Drängen, das sich in Schopenhauers, von Scheler aufgegriffenem „Lebensdrang" ebenso wie in Freuds, von Herbart entlehntem Begriff der „Verdrängung" zu Wort meldet, entfacht eine Dynamik jenseits von puren Intentionen und puren Mechanismen, jenseits von Sinn und Kraft. Darin äußert sich eine Problematik, die erhebliche Fragen aufwirft. Levinas, der jüdisch-litauisch-französische Autor, der den Franzosen das erste Buch über Husserl geschenkt hat, zitiert ein Gedicht von Paul Valéry im Hinblick auf ein „*profond jadis, jadis jamais assez* – ein tiefes, ein niemals ausreichendes Einst", eine Urvergangenheit, aus der das Sich (*soi-même*) hervorgeht, vor aller Eigeninitiative.[3] Dem analytischen Durcharbeiten geht ein genetisches Sichhervorarbeiten voraus.

In meiner kurzen Einführung, mit der ich die vorliegenden Gespräche eröffne, erinnere ich an die Wege, auf denen Phänomenologie, Psychoanalyse und Therapie bei mir aufeinandergetroffen sind, angestachelt von einer im Entstehen begriffenen pathisch-responsiven Variante der Phänomenologie. Die Orte des Stelldicheins liegen in der Ferne, sie sind aber deutlich markiert in meinem *Philosophischen Tagebuch*. Am 10.8.1985 schrieb ich unter dem Stichwort *Freud*:

> Alle scholastischen Gedanken fernhalten. Wo er bahnbrechend war und ist: Dramatik der Existenz mit Knotenpunkten wie Geburt, Entwöhnung Geschlechtsreife, ergänzbar für „Erwachsene". Die Schübe mit den begleitenden Krisen sind weder biologisch aufzufangen: keine vorgeprägte Entwicklung oder Reifung – noch auch rational oder spirituell einzufangen: keine fertige Vernunft, die bloß in Wirkung treten muß. Vielmehr Schübe, Krisenherde, die biologisch angelegt, aber nur kulturell, durch Inventionen zu bewältigen sind.[4]

---

3 Emmanuel Levinas, *Jenseits des Seins oder anders als Sein geschieht*, übers. von Thomas Wiemer, Freiburg, München 1992, S. 235.

4 Bernhard Waldenfels, *Philosophisches Tagebuch. Aus der Werkstatt des Denkens 1980–2005*, hg. von Regula Giuliani, München 2008, S. 102.

Und am 11.9.1995 notierte ich unter dem Stichwort „Psychoanalyse und Philosophie":

> Wenn Sokrates als Gründungsfigur fungiert, dann nicht ohne Zweideutigkeit. Sokrates als Suchender, Begehrender – das wäre die Position des Analysierten; Sokrates als Hebamme – das wäre die Position des Analytikers. Diese Differenz spielt in der traditionellen Philosophie kaum eine Rolle, weil man von einem Dialog ausgeht, der als vernünftiger, begründender Dialog dem Monolog zustrebt, der mit einer einzigen Stimme spricht.[5]

In den Schriften, die in den 80er und 90er Jahren entstanden, zeigen sich immer wieder Reibungsflächen zwischen Phänomenologie, Psychoanalyse und Psychotherapie, aus denen sich Funken schlagen lassen. Einige Knotenstellen seien ausdrücklich bezeichnet.

– Das *leibliche Verhalten*, das sich nicht nur in typischen Strukturen äußert, sondern ebenso in Körpersymptomen und Fehlleistungen, ist getragen von einem pathischen Geschehen, das uns mit willkommenen und unwillkommenen Einfällen überrascht, wobei „ein Gedanke kommt, wenn ‚er' will, nicht wenn ‚ich' will", wie Nietzsche versichert (*Jenseits von Gut und Böse*, Aph. 17). Das Es, das in impersonalen Wendungen wie ‚es blitzt', ‚es raschelt' ‚es schmerzt' auftaucht, aber bei Lichtenberg wie bei Nietzsche auch auf ein ‚es denkt' übergeht, findet in leiblichen Vollzügen seinen prärationalen, keineswegs irrationalen Rückhalt.
– Das *soziale Geflecht* aus Verwandtschaftsstrukturen, Geschlechterdifferenzen, Identifizierungen und Übertragungen gründet in einem Zwischen, in einer Intersubjektivität im Sinne Husserls, in einem Mitsein, das über Heidegger hinaus in Koaffektion und Kointention verankert ist, in einer Interkorporeität im Sinne von Merleau-Ponty. Letzterer bezieht sich in seinen Sorbonne-Vorlesungen zur kindlichen Entwicklung, im Gegenzug zu Piagets evolutionärem Rationalismus, auf einen Synkretismus, in dem Eigenes sich mit Fremdem überschneidet. Dazu gehört jene positive Unbestimmtheit, die schon in Husserls Lehre von den Sinnhorizonten angelegt ist; sie hält ein offenes Differenzierungsgeschehen wach, das nicht auf fixe Differenzen hinausläuft, sondern unsere Erfahrung immer wieder neu strukturiert.[6]

---

5 Ebd., 190.
6 Vgl. Maurice Merleau-Ponty, *Keime der Vernunft, Vorlesungen an der Sorbonne 1949–1952*, hg. von Bernhard Waldenfels, übers. von Antje Kapust, München 1994.

- Das phänomenologische oder hermeneutische *Als*, das etwas *als solches* und jemand *als jemanden* erscheinen lässt, bevor es sich prädikativ oder sozial einordnet, steht für bewegliche Scharniere der Erfahrung, die eine Verschiebung, Verdichtung und Verkehrung von Sinn zulassen. Unsere Erfahrung ist nie fugenlos, sie ist niemals gänzlich auf ein digitales Ja/Nein festzulegen.
- Die Annäherung von phänomenologischer Analyse und klinischer Praxis vollzieht sich in besonderem Maße an den *Grenzen der Normalisierung*, denen ich eine Reihe von Studien gewidmet habe.[7] Darunter sind Studien zu Response und Responsivität in der Psychologie, zur Fremdheit des Eros und zur Fremdheit des anderen Geschlechts. Besonders relevant ist eine Studie „Der Kranke als Fremder", die im Schatten der Klinik und im Konnex mit der Gesprächstherapie entstand. Die Schnittflächen von Normalem, Anomalem und Pathologischem, die Georges Canguilhem in enger Bezugnahme auf Goldstein und Merleau-Ponty durchleuchtet hat, bilden ein Bindeglied zwischen Husserls Ästhesiologie, die auf eine Scheidung in Orthoästhesie und Heteroästhesie, in Orthologie und Heterologie zurückgeht, und Freuds Psychoanalyse, in der die Suche nach dem Normalen aus den „Verzerrungen und Vergröberungen des Pathologischen" zu erraten ist. Ein Normalismus, der Geltungen von ihrer Genesis ablöst, gilt als gemeinsamer Gegner. Von hier aus führen Wege zum szenischen Verstehen im Stile von Georges Politzer und Alfred Lorenzer und zur Foucault'schen Diskursanalyse.
- Phänomenologie und Psychoanalyse stimmen überein in der Suche nach einer *diastatischen Zeitlichkeit*, die weder linear noch zyklisch verläuft, sondern Verzögerungen und Vorwegnahmen, Phasen der Vorzeitigkeit und Verspätung einschließt. In Husserls Zeitlehre dringen Vergangenheit und Zukunft in Form von Retentionen und Protentionen ins Herz der Gegenwart vor. Die Nachträglichkeit, die Freud der Verarbeitung traumatischer Ereignisse zuschreibt, erhält eine exemplarische Bedeutung. Nachträglichkeit prägt nicht nur die Leidensschübe unserer Erfahrung, sondern auch die Gesten der Dankbarkeit, mit denen wir auf eine zuvorkommende Gabe antworten.
- Unter dem Druck von *Krisen* entfaltet die Geschichte eine eigentümliche Dynamik, die sich von dem Schema linearer Fort- und Rückschrit-

---

7 Bernhard Waldenfels, *Grenzen der Normalisierung. Studien zur Phänomenologie des Fremden*, Bd. 2, Frankfurt/M. 1998, ²2008.

te oder zyklischer Wiederholungen entfernt. In seinem *Krisis*-Werk fasst Husserl die Krise der Vernunft als kulturelle und kollektive Krankheitsgeschichte. Die geschieht zur gleichen Zeit, als Freud das *Unbehagen in der Kultur* auf kulturelle Versagungen zurückführt und Karl Bühler eine Krise der Psychologie diagnostiziert.

— Als besonders fruchtbringend erwies sich für mich die in *Der Stachel des Fremden* hergestellte Liaison zwischen dem phänomenologisch *Fremden* und dem Freud'schen *Unheimlichen* als „jene(r) Art des Schreckhaften, welche auf das Altbekannte, Längstvertraute zurückgeht". Dieses 1990 erschienene Buch, in dem erstmals das Fremde als Leitthema auftaucht,[8] beginnt mit einem Text „Ordnung im Potentialis. Zur Krisis der europäischen Moderne"; dieser Text war für ein französisch-deutsch-chinesisches Kolloquium vorgesehen, das in Peking hätte stattfinden sollen und das nach der blutigen Niederschlagung der Demonstrationen auf dem Platz des Himmlischen Friedens vom Juni 1989 abgesagt wurde. Der politische Hintergrund, der Phänomenologie und Psychoanalyse mit geprägt hat, ist hier und auch sonst nicht zu übersehen.

Was zunächst thematisch verstreut auftritt, gewinnt einen systematischen Zusammenhang in den beiden Schriften, die grundlegend waren für eine pathisch-responsive Spielart der Phänomenologie. Das 1994 erschienene Werk *Antwortregister*[9] enthält ein eigenes Kapitel „Leibliches Responsorium", in dem Freuds libidinöser Leib, wie er sich in seiner Genealogie der Sexualität darstellt, responsive Züge annimmt. Das 2002 nachfolgende Werk *Bruchlinien der Erfahrung*[10] handelt ausführlich von der „Psychoanalytischen Aufsprengung der Erfahrung", wobei Sinnbildung, Selbstbildung und Fremdbezug mit analytischen Konzepten wie Verdrängung, Versagung, Symptombildung, Narzissmus, Rolle des Über-Ichs oder Widerstreit von Leben und Tod konfrontiert werden. Ein weiteres Kapitel „Technische Eingriffe in die Erfahrung" ergänzt die Analysen der Phänomenologie durch eine Phänomenotechnik, die den Logos der Phänomene nicht ersetzt, aber die Machart des Erscheinens berücksichtigt. Die zunehmende

---

8 *Der Stachel des Fremden*, Frankfurt/M. 1990, ⁵2012, Übersetzungen ins Slowenische und Tschechische 1998.
9 *Antwortregister*, Frankfurt/M. 1994, 2007 als Taschenbuch aufgelegt.
10 *Bruchlinien der Erfahrung. Phänomenologie, Psychoanalyse, Phänomenotechnik*, Frankfurt/M. 2002, ³2010, japan. 2009, engl. 2011, frz. 2019.

Rolle der Biotechnik gibt den Techniken, die auch in Phänomenologie und in der Psychoanalyse nicht fehlen, ein neues Gewicht, teilweise ein lebensgefährdendes Übergewicht.

Wie wir sehen, hat sich mancherlei über Jahre hin angebahnt und angesammelt. In dem Buch *Erfahrung, die zur Sprache drängt* mündet dies alles in eine Engführung von Phänomenologie, Psychoanalyse und Psychotherapie. Als springender Punkt erweist sich zu guter Letzt die Deutung des *Unbewussten als eine Form des radikal Fremden*, die in den Kapiteln 1 bis 3 des Buches zur Sprache kommt und durch Einladungen seitens der Deutschen Psychoanalytischen Vereinigung animiert wurden. Die Radikalität des Fremden tritt zutage, wenn dieses nicht auf ein bloß relatives Defizit reduziert wird, das uns noch nicht oder nicht mehr zu eigen ist, sondern als eine originäre Form des *Entzugs in allem Bezug, als leibhaftige Abwesenheit, als Ferne in der Nähe* auftritt. Das Fremde verteilt sich auf verschiedene Dimensionen. Das Fremde, das uns förmlich heimsucht, beginnt – mit Freud zu sprechen – im eigenen Hause, am eigenen Leib, in der Muttersprache, in der angestammten Kultur. Diese ekstatische Fremdheit, versetzt mich außer meiner selbst und bewirkt, dass ich selbst ein Anderer bin. Die Fremdheit meiner selbst verdoppelt sich in Form einer *diastatischen* Fremdheit, die zwischen mir und dem Anderen und den Anderen aufklafft. Schließlich vervielfältigt sie sich in der *extraordinären* Fremdheit anderer Lebensformen und anderer Kulturen. Hinzukommt eine *liminale* Form der Fremdheit, die unterhalb der diversen Ordnungsschwellen ihr Spiel treibt.

Kritische Brennpunkte dieser vielfältigen Fremdheit sind *Leiblichkeit*, *Alterität* sowie *Ort und Zeit*. Sie werden durch das cartesianische Schisma von seelischer Innenwelt und körperlicher Außenwelt und durch die Privilegierung des Egos und seiner Eigensphäre gründlich verdunkelt. Die Eigenrevision der Phänomenologie und die phänomenologische Revision der Psychoanalyse hat es daher immer wieder mit Relikten des cartesianischen Dualismus und des Egozentrismus zu tun, die von einem Logozentrismus untermauert werden. Selbst die neuerlich ausgerufene „intersubjektive Wende" droht in Nachhutgefechten stecken zu bleiben, wenn es bei einer Vervielfältigung des Subjekts oder einer normativen Koordination subjektiver Entwürfe bleibt. Inzwischen haben sich die Fronten gelockert, und die Gewichte haben sich auch geographisch verschoben, nicht zuletzt unter dem Einfluss von Autor*innen wie Anna Freud, Melanie Klein, Michael Balint, Wilfred Bion und Donald Winnicott, die allmählich in den mitteleuropäischen Kernländern von Phänomenologie und Psychoanalyse wie auch in Übersee ihre Wirkung entfaltet haben.

Abgesehen von der zentralen Rolle des Fremden erweist sich die Ausweitung der Invidualanalyse, besser der Personalanalyse auf Felder der *Kulturanalyse* von besonderer Bedeutung. So nehmen die Fremdheitsbezüge eine vielfältige Färbung an. Damit befassen sich Kapitel 4 bis 7 des Buches. Dabei geht es um das Verhältnis von Eigenwunsch und Fremdanspruch in den Religionen, um den Zündstoff der Phantasie in Kunst und Spiel, um das Verhältnis von Kunst und Wahn, exemplifiziert durch Exponate der Prinzhorn-Sammlung, und schließlich um die interkulturelle Potenzierung der Fremdheit in den Bereichen der Ethnopsychiatrie und Ethnopsychoanalyse, die auf dem Ansatz von Georges Devereux basieren. Kapitel 8 richtet sich mit der Behandlung von Response, Resistenz und Resonanz gegen eine affektive Aufweichung von Phänomenologie und Psychoanalyse.

Die *Verfremdung der Erfahrung*, um die es in all diesen Studien geht und deren Erkundung eine eigentümliche Strenge erfordert, hat eine methodische und prozedurale Seite. Es bedarf eines radikalen Bruchs mit den Selbstverständlichkeiten der natürlichen Lebenseinstellung und mit den Versuchen einer Domestizierung der ‚wilden' Erfahrung. Husserl setzt auf eine *phänomenologische Epoché*, die sich des Urteils enthält und vom Was und Wozu der Erfahrung zurückgeht auf das Wie und das Wem des Erscheinens. Unsere responsive Phänomenologie geht einen Schritt weiter. Die Ausrichtung auf Sinn und Regelung der Erfahrung wird ergänzt und unterlaufen von einer *responsiven Epoché*, die von dem *Was* und dem *Wie* des Erfahrens zurückgeht auf das *Wovon* unseres Getroffenseins und das *Worauf* unseres Antwortens. Die Klärung dessen, worüber wir reden, wenn wir uns äußern, und dessen, worauf abzielt, was wir tun, weicht der Frage, *wovon* wir zusammen mit Anderen affiziert werden und *worauf* wir mit ihnen antworten, wenn wir dieses oder jenes spüren, sagen oder tun. Alles, was unsere Erfahrung bewegt, spielt sich ab zwischen dem, was uns widerfährt und worauf wir jeweils antworten, kurz gesagt, es spielt sich ab zwischen Pathos und Response. Bis zu einem gewissen Grad entspricht die phänomenologische Epoché der *klinischen Epoché*, die mit den Techniken einer „gleichschwebenden Aufmerksamkeit" und „freier Assoziationen" dagegen ankämpft, dass wir uns im Wohlbekannten einrichten. Auf diese Weise wird Fremdes, Erstaunliches und Erschreckendes nicht produziert, wohl aber provoziert. Die alte Annahme, Philosophieren beginne mit dem Staunen oder dem Erschrecken, holt die Psychoanalyse auf ihre Weise ein, sofern sie nicht einem Normalisierungstrend unterliegt.

Schließlich betreten wir im Schlusskapitel das medizinische Feld der Psycho- und Somatotherapie, die unter den Auspizien des Fremden die explizite Form einer *responsive Therapie* annimmt, das heißt einer Therapie, die auf Leiden und Nöte der Patienten antwortet und nicht etwa auf eine Überwindung der einbrechenden Fremdheit abzielt, sondern auf eine weitest mögliche Wiederherstellung der Antwortfähigkeit. Goldsteins Bestimmung der Krankheit als „mangelnder Responsivität" findet ihre praktische Umsetzung in einer Behandlung Kranker, die Psycho- und Körpertechniken nach Kräften einsetzt, aber ihren Beruf verfehlt, wenn sie Pflege und Sorge auf den Einsatz von Apparaten und Medikamenten beschränkt. Im *Sichsorgen um jemanden*, nämlich den leibhaftigen Patienten, geht die ärztliche Behandlung über ein bloßes *Bewirken von etwas*, nämlich über die Beeinflussung von Körperorganen und Körperprozessen hinaus. Das Motiv der Sorge, die sokratische *epimeleia*, die *cura animi et corporis*, taucht in unserer Zeit erneut auf, ausdrücklich bei Heidegger oder Foucault unter Sprengung des Subjekt-Objekt-Schemas. Um den Fremdbezug der Therapie zu beachten bedarf es keiner Zusatzmoral, es genügt die Achtsamkeit für das, was sich in der Therapie zwischen Therapeutin und Patient tut. Die *therapeutische Einstellung* fungiert anders als die *technologische Einstellung*. Therapie ist in sich selbst responsiv, sofern sie es als Therapie mit Adressaten zu tun hat und nicht mit bloßen Objekten.[11] Die Differenz zwischen dem persönlichen Kranken und dem anonymen Krankheitsfall, von der Freuds lebensnahe Fallstudien sich leiten lassen, die bei Viktor von Weizsäcker dem Dialog zwischen dem Arzt oder der Ärztin und dem/der Kranken zugrunde liegt und die in der Heidelberger Schule bis heute in der leiblich fundierten Psychiatrie von Thomas Fuchs von zentraler Bedeutung ist, lässt Raum für eine Pathosophie, die nicht nur misst und registriert, sondern *sagt*, worunter jemand leidet. Goethes Satz aus dem *Tasso*: „So gab mir ein Gott zu sagen, wie ich leide", formuliert poetisch, was professionell gesehen Sache einer heilsamen Analyse ist. In einer Zeit zunehmender digitaler Euphorie kann man dies nicht genug betonen.

---

11 Vgl. dazu *Grenzen der Normalisierung* (erweiterte Ausgabe), Kap. 11: „Menschliches Leben zwischen Therapie und Technik".

II
Stellungnahmen

Gegen die Ausdünnung der Erfahrung. Psychoanalyse und die responsive Phänomenologie

Ewa Kobylinska-Dehe

I. Gekreuzte Wege

Meine erste Begegnung mit Bernhard Waldenfels fand im trüben Winter 1981 des Kriegsrechts in Polen statt. Ich war eine junge Adeptin der Philosophie, die sich damals – an der Posener Universität – unter dem Deckmantel des dialektischen Materialismus mit der Wissenschaftstheorie befasste. Die Husserl'sche Phänomenologie wurde zwar unterrichtet, jedoch in einer Art und Weise, die mich nicht angesprochen hatte. Von der Psychoanalyse keine Spur. Ich hatte bereits das Literaturstudium an der Sorbonne abgeschlossen, das zu einer prägenden Erfahrung für mich werden sollte. Allerdings war es schwierig, diese Erfahrung mit dem damaligen Philosophiestudium in einen inneren Dialog zu bringen. Dann kam der Kriegszustand. Universitäten wurden geschlossen. Eine Freundin hat mir einen kleinen Aufsatz von Waldenfels auf Polnisch zum Lesen gegeben. An den Text erinnere ich mich nicht mehr, aber wenn ich heute in sein philosophisches Tagebuch schaue und die Einträge aus den Jahren 1980/1981 durchgehe, entdecke ich sofort, was mich damals angesprochen hat und Spuren hinterließ, die mich zu seinem Denken wieder zurückgeführt haben, als ich schon Psychoanalytikerin war. Dazu kamen die Lektüren von Levinas und Merleau-Ponty. Ich war derzeit mehr unbewusst als gezielt auf der Suche nach etwas, das den in der psychoanalytischen Ausbildung etablierten Diskurs, der gepflastert war mit homogenen Konzepten von *Ich, Über-Ich, Reifung* und *Autonomie,* von Deutungen in Form eines prädikativen Kausalsatzes, in dem Gründe von Ursachen nicht unterschieden wurden, ins Wanken bringen könnte: Näher an die Erfahrung des Sprechens und des Hörens auf das Murmeln der Sprache, näher an das, wie sie einen anspricht und mitnimmt und damit näher an das psychoanalytische Geschehen.

Eines Tages habe ich im Schaufenster der Frankfurter Buchhandlung *Land in Sicht* ein Buch bemerkt, dessen schöner Umschlag mit dem Bild von Paul Klee *Hauptweg und Nebenwege* mich angezogen hatte. Es handelte sich um Waldenfels' *Philosophisches Tagebuch. Aus der Werkstatt des Denkens 1980-2005.* Seitdem ließ mich sein Denken nicht mehr los. Da war jemand, der in einem unverwechselbaren philosophischen Idiom von anderswoher fragte, der sich unermüdlich bemühte, dem Logos und dem, was ihn überschreitet oder sich entzieht, gerecht zu werden, jenseits von herkömmlichen Dualismen, jenseits von Positionenstreit. Da war jemand, der mir erlaubte, ihm über Schulter zu schauen, wie Gedanken entstehen, wie die mikrologischen Verschiebungen, in denen sich Dinge entscheiden, zustande kommen, der mich durch genaueres Hinhören und Hinsehen für die leibliche Dimension des Geschehens, für die leibhaftige Abwesenheit in der Anwesenheit, für Sinnbrüche und Leerstellen sensibilisierte; und vor allem jemand, der mir ermöglichte, die psychoanalytische Situation als Zusammenspiel von Anspruch des Anderen und einer Antwort darauf zu erfassen. Das war es, was ich für meine klinische Arbeit brauchte. Die Erfassung des Sprechens, Erfahrens und Tuns als Dynamik der Responsivität trifft das, worum es in der fungierenden Psychoanalyse geht. Zwar wäre es von konzeptuellem und klinischem Gewinn, zwischen Ansprache, Anfrage, Anspruch, Appell, Begehren, Fremdheit, Andersheit und Traumatisierung weiter auszudifferenzieren. Ferner wäre es lohnenswert, systematischer zu erforschen, wie sich die Wege der responsiven Phänomenologie mit dem aus der klinischen Erfahrung stammenden Denken von Winnicott, Bion oder Ogden kreuzen. Das wäre ein Projekt für sich. An dieser Stelle kann ich lediglich einigen Gedanken von Waldenfels nachgehen, die unmittelbare Wirkung auf meine psychoanalytische Praxis hatten und diese veränderten.

Jede Psychoanalytikerin steht vor der Herausforderung, wie sie der Dynamik des Wahrnehmens und Sprechens in der analytischen Situation gerecht werden könnte. Wie bringt man den Reichtum der Erfahrung mit Brüchen, Entzügen und Fehlleistungen, die ihre Nachtseite durchscheinen lassen, mit der Ordnung der Vernunft zusammen? Wie – und das ist eine Grundfrage in der analytischen Situation – lässt man die Erfahrung zum Sprechen kommen, statt, wie so oft, darüber zu sprechen?

II. Psychoanalyse jenseits von Empirismus und Hermeneutik

Obwohl die heutige Psychoanalyse sich seit Freud sehr verändert hat, bleibt sie in demselben Dilemma zwischen Empirismus und Hermeneutik einerseits und andererseits dem Versuch, dies zu überschreiten, gefangen.

Was wir heute bei Freud bewundern, ist seine Anstrengung, das Unbewusste zu denken, jenseits der Neurophysiologie seiner Zeit, aber auch jenseits des Pansemiotismus der Hermeneutik, und nicht zuletzt seine Versuche, die traditionellen metaphysischen Begriffe wie Abbildung, Ursprung, Präsenz und lineare Kontinuität zu hinterfragen, ohne sie zu verwerfen. Radikalisiert findet sich dieser Versuch in der responsiven Phänomenologie von Waldenfels, die Erfahrung so zu erfassen, dass sie sowohl dem Datenpositivismus als auch dem Sinn als volle Selbstgegenwart entkommt. Es ist eine Position des *Zwischen*, denn weder ist Alles Sinn, noch Alles Begehren. Freud spricht die Sprache des Sinnes und der Kraft. Als erster hat Paul Ricoeur darin den gemischten Diskurs der Psychoanalyse erkannt: den hermeneutischen und den psychoökonomischen. Nach ihm begann ein anderer französischer Philosoph, Jacques Derrida, Sinn und Kraft zusammen zu denken. Der Sinn entsteht durch Kräftedifferenz und wird dadurch verschoben. Durch einen ununterbrochenen Prozess der Verschiebung in Raum und Zeit entsteht ein zeitliches und räumliches Intervall, wodurch sich die Gegenwart von sich selbst unterscheidet.

Während Ricoeur letztendlich bei der phänomenologischen Sinnaneignung, Derrida und Lacan in der Angst vor der Referenz gefangen blieben, nimmt die responsive Phänomenologie eine Zwischenposition an. Sie markiert weder einen totalen Sinnbruch, noch einen vollen Sinn. Waldenfels bleibt in der Überschreitungsbewegung, die die Beziehung zum Überschrittenen aufrechterhält. Das ist für mich die *genuine* Position der Psychoanalyse, die sich in einer Durchkreuzung von Innen und Außen situiert. Winnicott hat sie mit dem Konzept des Übergangsobjektes beschrieben. Waldenfels ist sich wohl darüber im Klaren – im Gegensatz zu manchen Postmodernisten und Ideologiekritikerinnen – dass die bestehenden Praktiken und Sprachen nicht frontal in Angriff genommen werden können. Das Andere, welches sich dem direkten Zugriff entzieht, würde keine Spur hinterlassen, wenn es sich in geltenden Ordnungen (Gesetzen, Kulturen, Therapien, Theorien) nicht positivieren würde, allerdings ohne darin zur Ruhe zu kommen. Es muss sich an etwas reiben, von etwas abweichen. Dieses *etwas* ist eigentlich kein *etwas*, aber auch nicht *nichts*[1]. Es ist ein Un-Ding (Bion: ein *no-thing*) von dem die Kraft des Appells ausgeht. Es geht darum, das frei zu setzen, was im Gesagten wirkt und sich den Regelungen des Logos entzieht, ohne dabei den Logos zu verlassen[2]. Mit an-

---

1 Bernhard Waldenfels, *Idiome des Denkens*, Frankfurt/M. 2005, S. 306.
2 Bernhard Waldenfels, *Phänomenologie in Frankreich*, Frankfurt/M. 2010, S. 545.

deren Worten es geht um das Unbewusste, das an seinen Wirkungen erkennbar wird. Ein *no-thing* übersteigt die Interpretation und als eine noch stumme Kraft verweigert es sich der psychoanalytischen Vernunft. Gerade in diesem Entzug begegnet uns etwas als „sinnhaft, indem es das Verstehen durchkreuzt"[3]. Es ist, so Waldenfels, eine radikale Nichtaneignungshermeneutik, die dennoch um die Unmöglichkeit dieses Unternehmens weiß.

III. Brücken zwischen Phänomenologie und Psychoanalyse

Die heutige Psychoanalyse scheint sich in zwei Richtungen zu entwickeln. Beide versuchen der Erfahrung in der klinischen Situation und darüber hinaus gerecht zu werden. Zum einen meine ich die intersubjektive und leibliche Psychoanalyse, die einerseits eine Nähe zur responsiven Phänomenologie aufweist, andererseits der Gefahr der Naturalisierung und der Regulierung ausgesetzt ist. Diese Psychoanalyse ist sowohl von Merleau-Ponty und Waldenfels als auch von der *embodied cognitive science*, sowie der Säuglings- und Bindungsforschung inspiriert. Zum anderen meine ich die postszientistische Psychoanalyse, wofür die Namen von Lacan, Laplanche, Bion, Winnicott, Ogden und andere stehen, die auch, jedoch anders, eine Nähe zur responsiven Phänomenologie aufweist – indem sie auf das Pathos, das metaphysische Begehren und die Selbstüberschreitung der Erfahrung ins Offene nicht verzichtet. Es lässt sich nicht alles erhellen, ohne das Selbst seiner Rätselhaftigkeit und die Welt ihrer Geheimnisse zu berauben. Um die Grenzen der Aufklärung wussten Winnicott und Bion. Man kann die psychoanalytische Situation als Übergangsraum beschreiben, in welchem das Sichtbare mit dem Unsichtbaren durchsetzt ist, das Hörbare mit dem Unerhörten, das Vertraute mit dem Unheimlichen, das Nahe mit dem Fernen, das Gewusste mit dem Unbewussten, das Sprechen mit dem Unausgesprochenen[4]. Die erste von mir beschriebene Richtung hat einen empirischen Klang, die zweite einen existentiellen. Jedoch scheint der postszientistischen Psychoanalyse manchmal das sinnliche Sensorium zu fehlen, das Botschaften transportiert und auf mögliche Verwandlungen jenseits von Worten hinweist. Nicht nur Hinsehen und Hinhö-

---

3 Waldenfels, *Idiome des Denkens*, S. 274.
4 Vgl. Bernhard Waldenfels, *Einführung in die Phänomenologie*, München 1992, S. 132.

ren, sondern auch andere Sinne wie Tasten, Schmecken und Riechen sind dabei im Spiel.

Meine Patientin Louise sagte: „Sie riechen wie meine Mutter" – daraus entwickelte sich eine Grundfrage für diese Behandlung, ob wir uns überhaupt riechen können. Eine andere Patientin Marie stank buchstäblich zu Anfang der Behandlung. Ihre Verwandlung habe ich an einem kaum wahrnehmbaren Duft frischer Seife wahrgenommen, lange bevor die Worte kamen. In der leiblichen Wahrnehmung geht es um eine vorprädikative Erfahrung, die jeder Reflexion vorausgeht. Diese Erfahrung drängt zum Ausdruck. Sie spricht sich in verschiedensten Formen aus – in Worten, Gesten, Bildern, Tönen, Blicken oder Symptomen[5]. Vor vielen Jahren kam eine Patientin, Frau S., und gab mir die Hand zur Begrüßung mit den Worten: „Ich bin die zweite Generation". Ich verstand nicht, was sie meinte, und fragte spontan: „Und wie ist ihr (Vor)Name?" „Hannah", antwortete sie überrascht, und begann zu weinen. „Aber manche Leute sagen zu mir: ‚Ella'." „Aha", erwiderte ich, und wiederholte es zweimal: „Ella, Ella". Diese erste Szene erwies sich als der Schlüssel für die gesamte Therapie. Die Patientin war ein *Ersatzkind*. Ihre ältere Schwester wurde in Auschwitz ermordet. Frau S. wurde nach dem Krieg geboren und erhielt deren Namen. Die Mutter sah in ihr das erste Kind und nahm Ella damit die eigene Identität. Intuition und Irritation wegen der provokativen Vorstellung: „Ich bin die zweite Generation", brachte mich dazu, nach ihrem eigenen Namen zu fragen, was sich als ihr wichtigstes Thema erwies: „Wer sind Sie?" Viele Monate später sagte die Patientin: „Nicht nur, dass Sie mich bei dem Namen genannt haben, den ich innerlich benutze, sondern Ihre Stimme, die Wiederholung meines Namens, *wie man ein Kind nach Hause ruft*, haben bewirkt, dass ich hiergeblieben bin". Der Ton, das *Wie* der Antwort, also das performative Element war hier entscheidend.

Ich werde jetzt notgedrungener Weise einen großen Gedankensprung machen müssen, um darauf zu sprechen zu kommen, womit die Psychoanalyse bis heute zu „kämpfen" hat. Seit dem Entstehen moderner Wissenschaften ist die Welt gespalten in: Körper und Seele, Innen und Außen, Denken und Fühlen, Bedeutungen und Emotionen, das Sprachliche und das Vorsprachliche, das Konkrete und das Symbolische, die Prozesse und die Inhalte. Diese, zum Teil unvermeidbaren *Dualismen*, wenn sie zu starr und zu schematisch als Gegensätze gefasst werden, entsprechen nicht der

---

5 Vgl. Jörg M. Scharff, *Psychoanalyse und Zwischenlieblichkeit. Klinisch-propädeutisches Seminar*, Frankfurt/M. 2020.

menschlichen Wahrnehmung und führen in eine Sackgasse. Wie kann man anders als dualistisch denken? Eine solche Möglichkeit bietet das phänomenologische *Leiblichkeitsdenken*, in dem der dualistische Diskurs nicht einfach umbesetzt, sondern überschritten wird. Der Leib ist weder Körper noch Seele, weder Ding, noch Jemand – sondern Beides zugleich. Als Umschlagstelle zwischen Innen und Außen behält er einen Zwischencharakter. Die zeiträumliche Situiertheit des Leibes, seine Verschränkung mit der Welt und seine primäre Sozialität stiften den Weltbezug und wirken sich auf die klinische Situation aus. Die fungierende Intentionalität des Leibes bedeutet, dass wir uns schon immer in einer vorverstehenden Bezogenheit zu Welt und zueinander befinden, noch vor jedem Akt und vor jeder (Selbst)Reflexion. Jene primäre Sozialität beschrieb Merleau-Ponty als Zwischenleiblichkeit. Diese lässt sich nicht glatt als Intersubjektivität übersetzen, wenn damit eine sekundäre Koordination der jeweils schon gegebenen Einzelsubjektivitäten gemeint ist. Intersubjektivität entsteht eher durch eine Kreuzung der Blicke und Waldenfels fügt hinzu „auch wenn dies zu verschiedenen Zeiten geschieht"[6]. Damit wird das so genannte *now moment* der Begegnung[7] keine Gleichzeitigkeit, sondern Diastase. So sehr die leibliche und intersubjektive Psychoanalyse ihr Sensorium erweitert, macht sich dennoch eine Tendenz breit, die herkömmlichen Gegensätze umzukehren. Während vorher die Betonung auf Denken und Sprechen lag, so sind es jetzt Gefühle. Wenn wir allerdings dem Fühlen die Priorität vor dem Denken, dem Averbalen vor dem Verbalen geben würden, dann kehrten wir lediglich die dualistischen Schemata um, blieben jedoch in denselben Antagonismen gefangen, ohne grundsätzlich umzudenken. Die bloße Erweiterung der Wahrnehmung um die leiblichen Phänomene ohne Rekonzeptualisierung der Sprache und der Symbolisierung sind nur eine halbe Sache. Das Sprechen selbst hat eine leibliche Dimension.

In der leiblichen Psychoanalyse macht sich ferner eine Tendenz zur Verwechslung von Ebenen bemerkbar: Die Leiblichkeit, die Körperlichkeit und neuerlich das Embodiment werden miteinander vermischt, was zu einer Verwirrung führt. Die Vermengung der Wissenschaftssprache mit unserem lebensweltlichen Sprechen verändert das Bild des Menschen.

---

6 Bernhard Waldenfels, *Philosophisches Tagebuch. Aus der Werkstatt des Denkens 1980–2005*, München 2008, S. 197.
7 Daniel Stern, *Der Gegenwartsmoment. Veränderungsprozesse in Psychoanalyse, Psychotherapie und Alltag*, Frankfurt/M. 2005.

Thomas Ogden hat eindrücklich den Unterschied zwischen der lebensweltlichen, auf den Leib bezogenen, Sprache und der wissenschaftlichen, auf den Körper bezogenen, objektivierten, Sprache, beschrieben:

> Es gibt einen entscheidenden Unterschied zwischen einem physiologischen Reflexbogen und der Erfahrung im autistisch-berührenden Modus. [...] Obwohl der physiologische Reflex einen Ort hat [...], ist ein Ort etwas anders, als ein beginnendes Gefühl für einen Platz, an dem das Erleben stattfindet. Für einen Beobachter mag der physiologische Reflex die Qualität der Periodizität besitzen, aber Periodizität ist nicht dasselbe wie Rhythmusgefühl. Der physiologische Reflex mag ein zeitliches und räumliches Ende haben, was aber nicht dasselbe ist wie ein Gefühl der Begrenztheit.[8]

Die menschlichen Zustände beschreiben wir als Gefühle, Erlebnisse und Verhaltensweisen, nicht in neurophysiologischen Kategorien. Um zwischen Leiblichkeit und Embodiment unterscheiden zu können, ist es wichtig, sich zu vergegenwärtigen, dass es der Phänomenologie um das *fungierende* Wahrnehmen, Denken und Sprechen geht. Darum, den Prozess *in actu* zu erfassen und nicht als Gegenstand von Forschung, Experiment oder Konzeptualisierung. Bei diesen Operationen, die für jede Wissenschaft notwendig sind, werden eine Reihe von Verfahren, Abstraktionen und Konstrukten benötigt. Ob Neurowissenschaft, Bindungstheorie oder jede andere auf Experimenten basierte Theorie, auch in der psychoanalytischen Forschung, sie alle operieren mit Konstrukten, die von den lebensweltlichen Erfahrungen abstrahieren müssen. Der Preis dafür ist die *Trockenlegung* der Erfahrung. Konkret erfahren und denken können die Menschen, nicht die Seelen, nicht die Gehirne und nicht die sensomotorischen Muster. Der häufigste epistemologische Fehler besteht darin, dass die neurobiologischen Entdeckungen direkt auf lebensweltliche Erfahrungen zurückübertragen und dabei die Zwischenschritte vergessen werden, die in der Forschung stattgefunden haben. So kommt es zu einer sekundären Ontologisierung – die Konstrukte werden mit den Erfahrungen gleichgesetzt[9] und fließen wiederum in die Lebenswelten zurück. Das erleben wir nur

---

8 Thomas Ogden, *Frühe Formen des Erlebens*, New York 1995, S. 36.
9 „Die Medizinlogik hat sich der Psychoanalyse bemächtigt und nötigt sie dazu, mitzuhalten, um als eine relevante Heilmethode anerkannt zu werden. Das, was wir eigentlich als Entwicklung in einem Behandlungsprozess begreifen, kann nicht in dieser Logik erfasst werden. Unser Bemühen als Analytikerin einer jeweils ganz individuellen Sprach- und Verstehensfindung, unser individuelles Hinhören, wird von diesem Druck korrumpiert und soll einer funktionalistischen Modularisierung weichen." (Angelika Zoubek-Windaus, mündliche Mitteilung)

allzu oft in analytischen Stunden, wenn etwa Patient*innen von der *Selbstoptimierung*, von ihren *Spiegelneuronen* oder dem Bedürfnis, ein *Reset* zu machen, sprechen. In der responsiven Phänomenologie von Waldenfels sehe ich daher ein ethisches Postulat, sich der Renaturalisierung und der Reduktion der Erfahrung zu widersetzen, ohne im Reich des Sinns und der Intentionalität zu landen. Damit trifft er den Nerv der Psychoanalyse. Das Unbewusste der Neurowissenschaft ist nicht das psychodynamische Unbewusste. Es unterscheidet sich mit seinem Drängen und Wegdrängen, Verschieben und Verdichten, Besetzen und Gegenbesetzen, durch Brüche, Entzüge, Entstellungen und Nachträglichkeiten sowohl vom impliziten, prozeduralen als auch vom neurophysiologischen „Unbewussten". Eine solche Verwechslung trägt zur Ausdünnung der *Erfahrungen* in der Psychoanalyse bei. Sie verliert hierdurch jene existentielle Dramatik mit ihren Schüben, Schwellen, Krisen, Knoten und Konflikten, die Freud bahnbrechend in das Alltagsleben eingeführt hat.[10]

Darüber hinaus tendiert die leibliche und intersubjektive Psychoanalyse dazu, das Fremde „verarbeiten" zu wollen und auf dieser Weise weg zu integrieren. Wenn jedoch Fremdes nicht gänzlich integrierbar ist, so stellt sich wiederum die Frage nach der Unterscheidung zwischen Diastase, oder frakturalen Verfasstheit des Menschen, und einer pathologischen Fragmentierung. Hier scheinen Differenzierungen zwischen der „Fremdheit, die uns zusammen-hält"[11] und dem pathologischen Fremdkörper vonnöten, die unter anderen Nikolas Abraham in seiner Lektüre von *Trauer und Melancholie* und vom *Wolfsmann* unternommen hatte. Er unterscheidet zwischen der Introjektion des verlorenen Objektes, wodurch das Ich im Trauerprozesses eine Erweiterung erfährt und somit Ferne in der Nähe zulassen kann, von der Einverleibung eines toten Objekts, die mit der Bildung eines inneren Fremdkörpers, dem Installieren einer Krypta einhergeht und sich so der Trauer verweigert[12]. Ein Fremdkörper entsteht aufgrund einer misslungenen Identifikation, die die Spuren des Anderen im Eigenen, welche die Rätselhaftigkeit des Subjekts ausmachen, löschen will. Fremdkörperbildung ist daher das Gegenteil einer nicht hintergehbaren und nicht integrierbaren Andersheit.

---

10 Waldenfels, *Philosophisches Tagebuch*, S. 103.
11 Jean Laplanche, *Die unvollendete kopernikanische Revolution in der Psychoanalyse*, Gießen 1996, S. 32.
12 Vgl. Nicolas Abraham, Maria Torok, *Kryptonymie. Das Verbarium des Wolfsmanns*, Basel, Weil 2008.

Fremdes als solches ist immer gegenwärtig. Es ist allerdings eine Präsenz im Hintergrund, als Bedrohung oder Verlockung[13], die sich einem direkten Zugriff entzieht, und sich daher von dem Konzept des *Präsentismus*[14] in der heutigen Psychoanalyse unterscheidet. Entzug ist die Seinsart des Sinnes, der nie ganz da ist. In der psychoanalytischen Praxis geht es nicht um die Realisierung der Intention in Form der vollen Gegenwart, sondern immer um etwas Ungesättigtes. Die präsentistische Tendenz, im leibhaftigen und lebendigen Kontakt mit dem Patienten im Hier und Jetzt zu sein, ist nachvollziehbar als Gegensatz zu einer oft intellektualisierenden Haltung, die versucht, alle Erfahrungen des Patienten ausschließlich aus seiner Vergangenheit heraus erklären zu wollen. Leider verfehlt diese Umkehrung eine der wichtigsten Errungenschaften der Psychoanalyse, nämlich die Erfassung der Zeit als einen weder linearen noch sukzessiven Ablauf, sondern als Zusammenspiel von Vorgängigkeit und Nachträglichkeit, wie Waldenfels herausarbeitet hat. Erst in der verspäteten Antwort kommt das, was uns widerfahren ist, zu seinem Ausdruck. Wenn der Aufschub und die Nachträglichkeit – zwei Grundentdeckungen Freuds – so ursprünglich zum psychischen Leben gehören, dann gibt es keine Primarität und keinen direkten Zugang zu unseren Anfängen. Die Erinnerung ist kein zurück auf der Zeitachse, sondern etwas, das sich uns mit einem spezifischen Geschmack, Geruch, Bild, aufdrängt[15] und verschwindet. Keiner hat besser als Marcel Proust ihren leiblichen Charakter beschrieben:

> Sein Gedächtnis [des Leibes, E.K.D.], das Gedächtnis seiner Rippen, seiner Knie, seiner Schulter, führte ihm nacheinander mehrere der Zimmer vor, in denen er geschlafen hatte [...]. Mein Leib, die Seite auf der ich lag, [...] riefen mir in Erinnerung die Flamme des Nachtlichtes aus böhmischem Glase in meinem Schlafzimmer in Combray bei meinen Großeltern, in fernen Tagen, die mir gegenwärtig vorschwebten, *ohne*, daß ich sie mir eigentlich *vorgestellt* hätte.[16]

Waldenfels spricht von Mehrdimensionalität und Vielfalt von Zeiterfahrungen, Ogden von verschiedenen Schichten aus verschiedenen Zeiten nebeneinander bei ein- und demselben Menschen. Vor diesem Hintergrund

---

13 Vgl. Waldenfels, *Philosophisches Tagebuch*, S. 57.
14 Vgl. Reinhard Plassmann, *Psychotherapie von Emotionen. Die Bedeutung der Emotionen für die Entstehung und Behandlung von Krankheiten*, Gießen 2019, S. 275-280.
15 Vgl. Waldenfels, *Philosophisches Tagebuch*, S. 97
16 Marcel Proust, *Auf der Suche nach der verlorenen Zeit, I*, Stuttgart 2014, S. 6.

scheint die Auseinandersetzung in der Psychoanalyse darüber, ob die Erinnerungen die Vergangenheit wiederbringen, oder sie konstruieren, müßig. Jegliche Repräsentation beinhaltet ein präsentatives Moment[17] und einen Entzug.

Durch die Überbetonung der Präsenz der Analytikerin geht die große Lehre der Abwesenheit, die zur condition humaine gehört, und der Abwesenheit in der Anwesenheit verloren. Mangel ist kein Defizit, sondern einen Generator von Sinn. Dabei sollte zwischen einem Denken aus dem Mangel heraus und Deprivations- oder schwerer Traumatisierung, die geradezu Denkblockaden auslösen, unterschieden werden. Jeder Analytiker stellt sich die Frage, wieviel Widriges aushaltbar ist, um noch denken und fühlen zu können. Dementsprechend ist Containing mehr als die haltende Resonanz. Der Sinn der responsiven und nicht nur resonanten Therapie liegt in der Verwandlung des Patienten in einen Respondenten: „Was hier geschieht ist die Umwandlung des Wovon in ein Worauf, die Umwandlung des erleidenden Selbst in ein antwortendes Selbst. Aus dem Patienten wird ein Respondent, das heißt jemand, der von anderswoher spricht und handelt, aber dies *selbst* tut"![18]

IV. Projektive Identifizierung als Gastfreundschaft und Ethik der responsiven Phänomenologie

Das Zusammenspiel von Pathos und Antwort erfasst das, was in der psychoanalytischen Sitzung geschieht und als die kommunikative Form der *projektiven Identifizierung* beschrieben wird. Es geht darum, sich zunächst von dem Anderen so ansprechen zu lassen, dass es unter die Haut geht, es zu empfangen, es in sich entwickeln zu lassen. In dieser Kommunikationsform, deponiert der Andere etwas in uns in der unbewussten Hoffnung, dass wir es eine Zeit lang tragen, verwandeln und als etwas Verwandeltes zurückgeben. Dieses Unternehmen wird Derrida Gastfreundschaft[19] nennen, was nicht nur eine radikale Zurücknahme bedeutet, um dem Anderen Platz in sich zu machen, sondern auch eine Einwilligung, das Fremde in sich aufzunehmen ohne possessive Geste. Erst diese Erfahrung gibt dem Analytiker das Recht zu analysieren. „Analyse gelingt nur, wenn in der ei-

---

17 Bernhard Waldenfels, *Bruchlinien der Erfahrung. Phänomenologie, Psychoanalyse, Phänomenotechnik*, Frankfurt/M. 2002, S. 29.
18 Waldenfels, *Bruchlinien der Erfahrung*, S. 102.
19 Jacques Derrida, *Von der Gastfreundschaft*, Wien 2007.

genen Stimme die fremde Stimme durchklingt und in der fremden Stimme die eigene" (309). Mit diesem Satz beendet Waldenfels sein jüngstes Buch *Erfahrung, die zur Sprache drängt*. Einer Psychoanalyse, die dem Anderen das erste und das letzte Wort gibt, könnte eine indirekte Ethik der Rezeptivität entsprechen. In jener Rezeptivität ist die ethische Dimension der Psychoanalyse verankert. Sie ermöglicht der Psychoanalytikerin, auf Konflikte, Ansprüche und Widerfahrnisse hinzuweisen, sie sichtbar, fühlbar, hörbar zu machen, ohne sie bloß zu registrieren, ohne ihnen zu folgen oder alternative Lebensentwürfe einzufordern[20]. Auch die Analytikerin ist nicht gegen widrige Erfahrungen immunisiert, vielmehr muss sie das fremde Leiden gewissermaßen auf sich nehmen. Robert Lifton, der eine Arbeit über die Ärzte des Dritten Reiches schrieb, sagte zu Elie Wiesel, er habe jahrelang unter schrecklichen Träumen von Konzentrationslagern und aus Angst vor diesen Albträumen unter Schlafstörungen gelitten. Wiesel habe ihm daraufhin geantwortet: „Deshalb ist Ihnen diese Arbeit gelungen". Man muss auf signifikante psychologische Weise erleben, was die traumatisierten Menschen erlebt haben. Die Konfrontation mit dem Tod im Trauma ist ein radikaler Bruch mit jeglicher Art von bisheriger Erfahrung. Lifton stellte bei seiner Untersuchung extrem traumatisierter Menschen ein Fehlen innerer Bilder fest. Er ging von der radikalen Einsicht der Symbolisierungstheorie aus, dass wir nie etwas roh empfangen, sondern es in unserem eigenen Geist neu erschaffen müssen. Sobald die Traumatisierten diese Aufgabe auf sich nehmen können, erweiterten sie die eigene Lebenserfahrung. In der Sprache von Waldenfels könnte man sagen, dass die Erschaffung dieser Repräsentanzen gleichsam die Antwortfähigkeit wiederhergestellt hatte.

Dementsprechend ist ein Analytiker mehr als ein Interpret. Oder anders gesagt, um ein guter Interpret zu sein, muss er sich an das fremde Pathos ausliefern, und versuchen, dabei den Kopf nicht zu verlieren. Das wirft ein Licht auf die Notwendigkeit und gleichzeitig die Grenzen der Professionalisierung der Psychoanalyse. Das psychoanalytische Setting ist paradox. Einerseits müssen die Bedingungen ausgehandelt und festgesetzt werden, andererseits müssen sie einen Moment der Unbedingtheit – in der unbedingten Bereitschaft, zuzuhören, sich zurückzunehmen und sich gebrauchen lassen – aufbewahren.

---

20 Vgl. Waldenfels, *Idiome des Denkens*, S. 309.

V. Träumerei und Epoché

Diese Überlegungen führen uns zu den Fragen, (1) wie verbindet sich das unhintergehbare psychische Engagement des Psychoanalytikers mit der Notwendigkeit der Distanz und (2) was hat in einem psychoanalytischen Prozess transformative Kraft? Auch hier kommt uns die phänomenologische *Epoché* entgegen. Sie bezeichnet die Urteilsenthaltung, was in der Psychoanalyse der gleichschwebenden Aufmerksamkeit entsprechen könnte. Es bedarf jedoch mehr. Es bedarf einer spezifischen Atmosphäre, die in der Psychoanalyse „Reverie" genannt wird und keine Technik ist. Die Reverie, ähnlich der responsiven *Epoché*, tritt gegenüber der vorprädikativen Erfahrung zurück und dadurch hinterfragt sie das Gegebene[21].

Träumerisches bezeichnet einen Prozess, ein Abwarten, keine vorschnelle Identifizierung und Festlegung. Es setzt die gegenseitige Durchlässigkeit zwischen Denken und Träumen voraus. Waldenfels spricht von dem *Zwischenreich des Dialogs*, Ogden von *Gesprächen im Zwischenreich des Träumens*. Beide meinen Ähnliches – eine Offenheit der Erfahrung, die das Bestehende überschreitet und sich in der *fertigen* Sprache nicht einschließen lässt. Das träumerische Denken, Lesen, Sprechen oder Zuhören öffnet eine Szene auf eine andere Szene hin, in die sie sich einschreibt, bestimmte Bahnen zeichnet, um andere im Unbegangenen zu lassen. Durch das Träumerische, das eine Art von der Fernnähe ist, kann Erschütterung in Antwort verwandelt werden. Wenn eine Erschütterung jedoch zu stark ist, wird die Antwortfähigkeit blockiert. Die Psychoanalytikerin Anne Alvarez beschreibt Zustände von Apathie, Abstumpfung und Gleichgültigkeit bei deprivierten Kindern, die sie untersucht hat. In solchen psychischen Zuständen versteckt sich der Patient nicht. Er ist verlorengegangen. Er entwertet nicht, sondern die Objekte hatten für ihn noch nie eine Bedeutung. Er vermeidet nicht, sondern ist nicht in der Lage, zu suchen. Er wehrt sich nicht gegen das Denken, sondern er hat keine Neugier entwickelt[22]. Zum Leiden muss man zuerst kommen, um darüber träumen zu können. Das geschieht in den Psychoanalysen. Anna: „Erst jetzt beginne ich meine Mutter zu vermissen." Louise: „Wie ist es eine

---

21 Vgl. Antje Kapust, „Responsive Philosophie: Darlegung einiger Grundzüge", in Kathrin Busch u.a. (Hg.), *Philosophie der Responsivität*, München 2007, S. 15-34, hier S. 32.
22 Vgl. Anne Alvarez, „Die paranoid-schizoide Position oder die paranoide und die schizoide Positionen?", in Ursula Reiser-Mumme u.a. (Hg.), *Spaltung: Entwicklung und Stillstand*, Bad Homburg 2012, S. 59-66.

Mutter zu haben? Erst jetzt merke ich, dass ich diese Erfahrung nicht kenne." Eine responsive Analytikerin erwartet eine Antwort so wie eine Mutter ihr Kind erwartet, bestimmt aber nicht, wann und wie diese gegeben wird. Sie schafft eine Atmosphäre der Gastfreundschaft, des Empfangs, öffnet ein Feld, indem etwas zu finden ist. So wie in der schönen Reverie, die die polnische Schriftstellerin Olga Tokarczuk in ihrer Nobelpreis-Rede beschrieben hat:

> Auf dem Foto hat Mama in die Zeit geschaut. Sie hat nach mir gesucht. Als ich sie nach der Traurigkeit auf dem Bild fragte, sagte sie: „Das liegt daran, dass ich Dich vermisst habe, noch bevor Du geboren wurdest". „Wie konntest Du mich vermissen, wenn ich noch nicht da war?" „Wenn Du jemanden vermisst, ist er schon da", antwortete sie. Dieses kurze Gespräch irgendwo in der westpolnischen Provinz in den späten 1960er Jahren, das Gespräch zwischen meiner Mutter und mir, ihrem kleinen Kind, blieb für immer in meinem Gedächtnis haften und gab mir Kraft für mein ganzes Leben. Es brachte mein Dasein jenseits der gewöhnlichen Materialität der Welt und des Zufalls, jenseits von Ursache und Wirkung.[23]

Es gibt nicht nur die traumatischen Erfahrungen, sondern auch die träumerischen Erfahrungen: Muße, Neugier, Staunen, Fähigkeit zu empfangen. Träumerisches Denken und Sprechen ist eine Position des *Zwischen*, zwischen der zu schnellen Festlegung durch das Bestehende und dem katstrophischen Aus-der-Welt-fallen. Es bietet die Möglichkeit, eine verstörende Erfahrung zu träumen, um sie annehmbar zu machen. Pathos kann die Seele entzünden, aber die Welt nur dann erschließen, wenn es die Grenze nicht überschreitet, jenseits derer sich Berührung in Erregung und Gewalt verwandelt. Beides liegt nahe beieinander, sodass Rilke fragt, ob „das Schöne nichts als des Schrecklichen Anfang [ist], den wir noch grade ertragen"?[24]

---

23 Olga Tokarczuk, *Nobelpreis-Rede: Auf der Suche nach der zärtlichen Erzählinstanz* (eigene Übersetzung), <www.polskatimes.pl>, letzter Zugriff 8.12.2019.
24 Rainer Maria Rilke, *Duineser Elegien – die Erste Elegie*, Leipzig 1923, S. 7-10.

VI. Schlussbemerkung

Die Annäherung zwischen der responsiven Phänomenologie und der Psychoanalyse findet letzten Endes jenseits des philosophischen und des psychoanalytischen Diskurses statt. Jenseits der argumentativen Auseinandersetzung und Abgleichung der Positionen. Sie findet in jener projektiven Identifizierung statt, die Derrida Gastfreundschaft nannte, die nah an die indirekte Ethik der Rezeptivität von Waldenfels kommt.

Zeitverschiebungen und seelisches Leid

Joachim Küchenhoff

Einleitung

Im seelischen Leiden verändert sich das Zeiterleben. Diese Aussage lässt sich umkehren: Abwandlungen des Zeiterlebens bedingen oder provozieren seelische Krankheit. An jeder lässt sich diese Aussage bestätigen, sei es nun die Schizophrenie, die Depression oder die Persönlichkeitsstörung.

Jede Therapie wirkt auf das Zeiterleben ein. Durch Therapie werden die Zeit strukturiert und das Zeiterleben gestaltet, ob diese Einflüsse nun gewünscht und reflektiert sind oder unbeachtet bleiben. Die Zeit der Therapie und die Zeit des seelischen Leidens müssen sich aufeinander abstimmen lassen. Wenn die Therapiezeit vornehmlich ökonomischen Kalkülen folgt, so mag dies gesellschaftlich und politisch zeitgemäss erscheinen. Therapiezeit aber ist sehr oft nicht Zeit, die dem Patientenwohl gerecht wird. Psychoanalytiker*innen sind aufgefordert, den Widerspruch zwischen Zeitökonomie und Zeiterleben immer neu zu benennen.

Wie aber lässt sich das Zeiterleben nicht nur im Zustand seelischen Leidens, sondern allgemeingültig und übergreifend kennzeichnen? Gibt es auf diese schwierige Frage überhaupt eine einzige Antwort, oder muss sich nicht die Antwort auffächern und viele Formen beschreiben? Auf jeden Fall kann die Gültigkeit der Aussage, dass sich das Zeiterleben im seelischen Leiden verändere, nur erwiesen werden, wenn klar ist, was das „normale" Zeiterleben auszeichnet. Freud und in seiner Nachfolge einige bedeutende Psychoanalytiker*innen (unter anderem Loewald[1] und Green[2]) haben dazu beigetragen, dass die Analyse des Zeiterlebens die Dynamik des Unbewussten einschließt, anders gesagt, sie haben die Formen des Zeiterlebens ausgeweitet, indem sie dargestellt haben, dass Unbewusstheit wesentlich zeitlich strukturiert ist, dass also die Analyse des Zeiterlebens kein Accessoire der psychoanalytischen Theorie ist, sondern

---

1 Vgl. Hans Loewald, „Das Zeiterleben", in: *Psyche* 28 (1974), 1053-1062.
2 Vgl. André Green, „Zeitlichkeit in der Psychoanalyse: zersplitterte Zeit", in: *Psyche* 57 (2003), 789-811.

in dessen Zentrum vorstößt. Freilich ist klar, dass auch aus einer psychoanalytischen Perspektive das Zeiterleben nicht allgemeingültig beschrieben werden kann. Wie an vielen anderen Orten ist die psychoanalytische Diskussion ebenso sehr auf den transdisziplinären Dialog angewiesen, wie sie umgekehrt für sich beanspruchen kann, ihn selbst bereichern zu können. Für die Analyse der Zeitlichkeit und des Zeiterlebens ist natürlich die Philosophie die privilegierte Gesprächspartnerin, und es ist ein Glücksfall, wenn große Philosoph*innen den Dialog selbst suchen. Bernhard Waldenfels hat sich in seinen Denkwegen immer wieder mit der Psychoanalyse auseinandergesetzt, explizit spätestens seit dem großen Werk *Bruchlinien der Erfahrung*,[3] und bis heute, also bis zu seinen *Studien zur Psychoanalyse und Psychotherapie aus phänomenologischer Sicht*, so der Untertitel des neuesten Werkes, *Erfahrung, die zur Sprache drängt*. Waldenfels hat immer wieder in den genannten, aber auch in anderen Werken das Zeiterleben aus seiner besonderen phänomenologischen Perspektive neu gefasst (etwa *Ortsverschiebungen, Zeitverschiebungen*).[4] Er hat den temporalen Modus leibhaftiger Erfahrung mit dem Begriff Zeitverschiebungen prägnant benannt.

Dieser Begriff soll als Leitfaden für die nachfolgenden Gedanken dienen, in dem in einem ersten Teil die Bruchlinien der Erfahrung an den Begriffen Negativität, Diastase und Differenz beschrieben werden sollen. Sie dienen als Grundlagen für den zweiten Teil, der Waldenfels' Konzept der Zeitverschiebungen aufgreift. Im dritten Teil werden die zeitanalytischen Konsequenzen für ein klinisches Verständnis einiger Formen psychischen Leidens (Schizophrenie, Depression, Zwangsstörung) gezogen. Kurze Schlussgedanken runden den Text ab.

I. Negativität, Differenz, Diastase

Das Subjekt kann sich seiner eigenen Voraussetzungen nicht vergewissern. Es wird sich selbst nicht durchsichtig, sondern ist „brisé"[5], zerbrochen. Ricoeur spricht sehr anschaulich von der „Arbeit der Alterität im Herzen der Selbstheit."[6]. Man könnte auch sagen, dass die Selbsterzählun-

---

3 Vgl. Bernhard Waldenfels, *Bruchlinien der Erfahrung. Phänomenologie Psychoanalyse Phänomenotechnik*, Frankfurt/M. 2002.
4 Vgl. Bernhard Waldenfels, *Ortsverschiebungen, Zeitverschiebungen. Modi leibhaftiger Erfahrung*, Frankfurt/M. 2009.
5 Paul Ricoeur, *Soi comme un autre*, Paris 1990, S. 22.
6 Ebd., S. 368 [eigene Übersetzung].

gen lückenhaft oder bruchstückartig, von Bruchlinien durchzogen ist. Derrida spricht von der Urspur, die an die Stelle des Ursprungs tritt.[7] Am Anfang steht nicht das „Ur-Phänomen", sondern der Bruch der Erfahrung, der zugleich ein Bruch im Selbst ist. Die Andersheit steht nicht neben der Selbstheit, sie hat sich nicht nur aus ihr heraus entwickelt, sondern sie arbeitet ursprünglich und permanent in ihr. Der Bruch, der die Selbstheit prägt, ist ursprünglich. Er ist nicht einfach rückgängig zu machen, und doch bleibt diese Leerstelle der Erfahrungswelt eine ständige Herausforderung, da sie gefüllt werden will. Das Subjekt bleibt auf der Suche nach einem Ursprung, dessen es selbst nicht habhaft werden kann, als gäbe es einen seelischen *Horror vacui*. Damit aber lässt sich diese Konstellation noch näher charakterisieren, nämlich als eine, in der die Negativität im Vergangenen, nicht die Positivität eines Ereignisses oder die psychische Positivität eines objektbezogenen Wunsches, zum Bestandteil der unerledigten Vergangenheit und zum Motiv, nach ihr zu fahnden, wird.

Diese Undurchsichtigkeit, diese Begrenzung des Selbst hat unterschiedliche Bedingungen. Das Selbstverstehen ist an die Sprache gebunden, das Selbst wird indes nicht nur durch sprachliche, sondern auch durch nicht sprachliche, aber doch strukturierte Repräsentationsformen geprägt, zum Beispiel die Bildhaftigkeit der Vorstellungen oder das Imaginäre. Es ist nicht ohne weiteres möglich, die Sensationen und Empfindungswelten des Körpers und die in den Triebwelten sedimentierten Begehrens- und Wunschwelten zu versprachlichen. Sie aber machen die Individualität des Subjekts ebenso aus. Das Subjekt schafft sich demnach einen Sinn, dessen es nicht selbst Herr ist, den es auch nicht auszudrücken vermag.

In der philosophischen Anthropologie wird der Mensch als ein „sprachbegabtes Tier"[8] beschrieben. Sprachfähigkeit schafft eine einzigartige positive Kompetenz, der aber auch konstitutive Einschränkungen gegenüberstehen, die in der Philosophie des 20. Jahrhundert immer deutlicher – und durchaus in Rückgriff auf psychoanalytische Erfahrung – beschrieben worden sind. Der Mangel, nicht die Kompetenz, ist für das Selbsterleben der einzelnen Person konstitutiv.[9] Nicht allein das Vermögen, sondern ebenso sehr das Sich-Entziehen, der Verlust der Verfügung über den Sinn der eigenen Existenz zeichnet das „sprachbegabte Tier"

---

7 Vgl. Jacques Derrida, *Grammatologie*, Frankfurt/M. 1983, S. 106.
8 Charles Taylor, *Das sprachbegabte Tier*, Berlin 2017.
9 Zum Folgenden vgl. Rolf-Peter Warsitz, Joachim Küchenhoff, *Psychoanalyse als Erkenntnistheorie*, Stuttgart 2015, S. 124-144.

aus.¹⁰ Einer negativen Anthropologie stellt sich das Menschsein ausgehend von dem dar, was fehlt, was weh tut oder was als verfehlt gelten kann. Figuren des Negativen lassen sich auch im Bezug des Menschen zur Sprache und gerade dort festmachen. Schon die Konfrontation mit Erfahrungsspuren eines Erlebens, das sich nicht ohne weiteres der Sprache erschließt, das uns im analytischen Raum so vertraut ist, weist darauf hin, dass auch das Verstehen von Sprache im Mangel begründet und von Negativität geprägt ist. Als Wissenschaft vom Unbewussten konzentriert sich Psychoanalyse gerade auf die Negativität der Erfahrung, die sie aber zugleich verstehen – und das bedeutet nicht: ungeschehen machen will.

Dass die Erfahrung von Negativität, Unvollständigkeit und Aufschub (*différance* im Sinne von Derrida¹¹) geprägt ist, das zeigt sich auch in einer phänomenologischen Analyse des Zeiterlebens. Waldenfels spricht von der Diastase. Damit bezeichnet er das „Auseinandertreten der Zeit" (57), das sich nicht zusammenfügen lässt zu einer Einheit. Die Zeit verliert ihre kontinuierliche Folge, die Erfahrung in der Zeit wird in einen „Stolpergang" (146) verwandelt. Was ist damit gemeint? Die „originäre Zeitverschiebung" (57) liegt zwischen dem Widerfahrnis, den pathischen Ereignissen, auf der einen Seite und der Antwort, dem response, auf der anderen. Pathos, das Widerfahrnis, ist das Ereignis, „das uns ohne unser eigenes Zutun zustößt oder entgegenkommt"¹². „Es widerfährt mir etwas, es erfreut, schmerzt oder ängstigt mich, es fällt mir ein, entfällt mir oder leuchtet mir ein, ohne dass ich in all diesen Fällen der Urheber entsprechende Akte wäre." (163)

Aus solchen Ereignissen, die sich zutragen, besser: die mir zugetragen werden, werden Erfahrungen, indem sie bearbeitet werden, und zwar in spezifischer Weise, nämlich als Antworten. Die Intentionalität leistet diese Arbeit des Antwortens, und zwar in zweifacher Weise, indem zum einen Bedeutung generiert wird, das Ereignis also als etwas ausgelegt wird, womit sich zugleich eine „signifikative Differenz" (etwas als etwas) auftut, zum anderen aber ein Begehren in Gang gesetzt wird, das ein Verlangen von etwas in etwas beinhaltet, wie Waldenfels sagt. Es tut sich demnach eine Differenz auch im Begehren auf. Auf der einen Seite steht das, was als Ziel erstrebt wird, auf der anderen Seite aber das, was in diesem Ziel

---

10 Vgl. Emil Angehrn, *Sinn und Nicht-Sinn, Das Verstehen des Menschen*, Tübingen 2010.
11 Jacques Derrida, *Die Schrift und die Differenz*, Frankfurt/M. 1976, S. 311.
12 Waldenfels, *Bruchlinien der Erfahrung*, S. 15.

gesucht wird. Bei Freud findet sich in etwas abgewandelter Form die Unterscheidung zwischen dem Triebobjekt und dem Triebziel. Diese Differenz im Begehren wird von Waldenfels „appetitive Differenz"[13] genannt. So haben wir in der Konzeption von Waldenfels mehrere Differenzen zu berücksichtigen. Differenzerfahrung beginnt mit der Ur-Diastase, mit dem schon immer bestehenden Spalt zwischen Widerfahrnis und Antwort. Die zweite Differenz tut sich auf bzw. ist immer schon eröffnet zwischen Bedeuten und Begehren, wobei beide Formen der Intentionalität immer aufeinander bezogen sein müssen, ohne aber zusammenzufallen. Die dritte Stufe von Differenzerfahrung zeigt sich innerhalb jedes Begehrens und des Bedeutens selbst, in Form der soeben beschriebenen signifikativen und appetitiven Differenz.

II. Zeitverschiebungen

Von großer Wichtigkeit für die Analyse der Zeiterfahrung ist nun, dass Waldenfels traumatische Erfahrungen gleichsam normalisiert. Bekanntlich sind traumatische Erfahrungen dadurch charakterisiert, dass sie die Möglichkeiten der Repräsentation und der Erfahrungsbildung überschreiten, sodass es für sie keine Ausdrucksformen und Verarbeitungsmöglichkeiten gibt. Für Waldenfels gilt dies im Kern für pathische Ereignisse überhaupt. Hier nun kommen die Zeitverschiebungen zum Zuge. Jede Widerfahrnis kommt in gewisser Weise zu früh, auf sie sind wir nicht vorbereitet, sie ist immer neu, immer ungewohnt, sodass die Antwort nicht vorbereitet werden kann. Diese Antwort also kommt zu spät. Diese Qualität des einerseits „zu früh", andererseits „zu spät" charakterisiert die Zeitverschiebung: „Was uns im Widerfahrnis, im Pathos geschieht, kommt nicht früher als unsere Antwort, es kommt *zu früh* mit einer unvermeidlichen Vorgängigkeit, und die Antwort, die wir geben, kommt nicht später, sondern *zu spät* mit einer ebenso unvermeidlichen Nachträglichkeit."[14] An anderer Stelle heißt es im gleichen Text:

> Die Linearität der Zeit, die sich auf ein Vorher und Nachher ausrichtet und damit ein relativ oder gar absolut Erstes und Letztes ins Spiel bringt, verwandelt sich in ein Zickzack, sofern etwas zugleich hier ist und dort, jetzt und einstmals oder später, so und anders, sofern also jede Identität durch eine Nicht-Identität ausgehöhlt wird. Dies bedeutet, dass das, dass uns trifft, immer zu

---

13 Ebd., S. 42.
14 Waldenfels, *Ortsverschiebungen, Zeitverschiebungen*, S. 146.

früh kommt, gemessen an unseren eigenen Initiativen, und dass diese immer schon zu spät kommen, gemessen an dem, was auf uns einwirkt. Die Zeitverschiebung [...] besteht in diesem Zugleich von Vorzeitigkeit und Nachträglichkeit.[15]

Diastase und Differenzen sind, ebenso wie die Zeitverschiebungen, unserer Erfahrung eingeschrieben. Sie treten nicht zur Erfahrung hinzu, sondern machen sie aus. Weit davon entfernt, bloss tragische Kategorien zu sein, führen sie zu Entwicklung und Kreativität. Die signifikative Differenz macht es nötig, aber auch möglich, dass immer neue Bedeutungen an die Widerfahrnisse herangetragen werden, dass immer neue Worte gesucht und auch gefunden werden, um zu beschreiben, was die Wirklichkeit, was Sachverhalte, was Beobachtungen und Gedanken ausmacht. Ebenso führt die Differenz zwischen dem, was ich anstrebe, und dem, was ich damit für mich erreichen will, dazu, dass das Begehren sich nie zur Gänze erfüllt und in sich zur Ruhe kommt, allenfalls momentan, jedenfalls dauerhaft nicht. Jacques Lacan hat das Objekt der Begierde als „Objekt a"[16] beschrieben, als ein unmögliches Objekt, das das Begehren nie vollständig erreichen kann, das es vielmehr nur umkreist, dem sich das Begehren also immer wieder annähert. Ein solches Objekt a wäre zum Beispiel das unerfüllte und unbewusste Begehren eines Elternteils; das Triebziel wäre die ödipale Befriedigung, das Triebobjekt – nach Freud das variabelste am Trieb – wäre in dem Beispiel die Partnerin oder der Partner, in dem die Mutter- oder Vaterliebe gesucht wird.

III. Klinische Anwendungen: Das Zeiterleben in psychischer Krankheit

Lassen sich – so wird nun zu fragen sein – die von Waldenfels vorgelegten Gedanken zu den Zeitverschiebungen auch nutzen und anwenden in klinischen Kontexten? Dabei entscheidet die Frage der Anwendbarkeit nicht über die Gültigkeit der Konzepte, da Phänomenolog*innen ganz basale und grundsätzliche Zeitordnungen der Erfahrung beschreiben, die sich keineswegs unmittelbar, und das heißt, ohne Vermittlung oder Zwischenstufen, in das Erleben von Menschen, die an psychischen Störungen leiden, umsetzen lassen. Gleichwohl ist die These der vorliegenden Arbeit,

---

15 Ebd., S. 186.
16 Jacques Lacan, *Seminar XI. Die vier Grundbegriffe der Psychoanalyse*, Berlin, Weinheim 1966.

dass das Modell der Zeitverschiebungen auch aufschlussreich für das psychopathologische und psychodynamische Verständnis des Erlebens von Menschen in psychischer Krankheit ist. Daher soll es nachfolgend klinisch durchgedacht und erprobt werden.

Eine Brücke, die zugleich eine Rechtfertigung für den großen Sprung von der phänomenologischen Analyse zur klinischen Praxis bietet, stellt das Konzept der Hellhörigkeit in psychischer Krankheit dar, das Alice Holzhey vorgestellt hat. Sie bezeichnet damit die besondere Begabung psychisch kranker Menschen, existentielle Fragen des Daseins zu spüren und auszudrücken.[17] Seelische Krankheit entsteht in Auseinandersetzung etwa mit der Negativität des Daseins, mit seiner Endlichkeit, mit der Unausweichlichkeit des Vergehens und des Todes. Seelisches Leiden mit Hellhörigkeit zu verbinden, meint, dass es zu einer besonderen Sensibilität für die Abgründe und Fallstricke der menschlichen Existenz prädisponiert, für die Notwendigkeit also zu existieren und das eigene Leben zu leben angesichts der Schwierigkeiten, die mit dem Dasein selbst verbunden sind. Der psychisch Kranke ist daher ein „Philosoph wider Willen"[18]. Wider Willen deshalb, weil die Fragen sich ihm aufdrängen, er hat sie nicht durchgearbeitet und anerkannt, an die Stelle dieser Anerkennung treten die Symptome. Sie sind Ausdruck des Leidens am eigenen Sein, noch nicht Formen der Bejahung und der Toleranz diesem Leiden gegenüber.

Im Übrigen lässt Waldenfels explizit dieses Vorgehen zu, wenn er auch den Bereich des Pathologischen als Aufgabe des Phänomenologen ansieht. Er macht selber einen Hinweis, in welche Richtung ein Versuch der klinischen Umsetzung seines Ansatzes gehen könnte: „Pathos und Response, die als Doppelereignis aneinandergekettet sind, können sich jederzeit voneinander abspalten." (79) Konkret bezieht er sich auf schwere Persönlichkeitsstörungen und psychosomatische Störungen, aber er bleibt zurückhaltend im klinischen Feld, das nicht sein eigenes ist. Die folgenden Überlegungen sollen diese Gedanken fortführen.

---

17 Vgl. z.B. Alice Holzhey-Kunz, *Das Subjekt in der Kur. Über die Bedingungen psychoanalytischer Psychotherapie*, Wien 2002, S. 211.
18 Ebd., S. 243.

Schizophrenie

Sowohl Einzelfallstudien als auch größere empirische Erhebungen legen nahe, dass die Zeiterfahrungen während des schizophrenen Erlebens deutlich verändert sind, und zwar in mehrerer Hinsicht: Zum einen erscheint die Zeit verräumlicht, Zeitabschnitte stehen nebeneinander wie benachbarte Räume, ein Zeitabschnitt neben dem anderen, ohne mit ihm verbunden zu sein; zum anderen überwiegt das Gefühl des Stillstandes in der Zeit, das verbunden ist mit der Vorstellung, dass ein Ereignis unmittelbar bevorsteht.[19] Darüber hinaus ist zu bedenken, welche Auswirkung auf das Zeitleben eine Wahnvorstellung oder gar ein ausgebautes Wahnsystem hat. Unter Rückgriff auf das Modell der Zeitverschiebungen, das oben dargestellt worden ist, und mit Respekt vor der Hellhörigkeit des schizophren erlebenden Menschen soll folgende Hypothese formuliert werden: Die Verräumlichung der Zeit, die zur Folge hat, dass die Zeit ihren Wesenszug, nämlich Entwicklung zu sein, verliert, könnte sich der quälenden Wahrnehmung einer sich immer mehr dehnenden Diastase verdanken. Dann zerreißt in diesem Moment der Zusammenhang von Pathos und Antwort, das Gefühl einer Passivität allen Ereignissen gegenüber vergrößert sich, weil keine Antwort mehr gegeben werden kann. In diesem Moment springt der Wahn ein, der die Zeitverschiebungen gleichsam korrigiert. Im Wahn gibt es kein nachträgliches Erleben mehr, der Wahn ist hingegen Vorträglichkeit par excellence. Die Antwort ist im Wahn schon gegeben, bevor überhaupt ein Ereignis wahrgenommen wird. Dann schützt der Wahn vor der Zerdehnung der Diastase, indem er die Bewegung der Differenz zwischen Pathos und Response stillstellt. Das Ergebnis ist die Stasis anstelle der Diastase. Das Gefühl, dass ein Ereignis unmittelbar bevorsteht, ohne dass es je eintrifft, entspringt diesem Konzept nach aus der Angst, die Stasis könne doch jederzeit gefährdet sein, indem Ereignisse irgendwann doch einmal in das eigene Erleben vordringen, die dann unbeantwortbar sein könnten.

---

19 Vgl. Giovanni Stanghellini u.a., „Psychopathology of Lived Time: Abnormal Time Experience in Persons With Schizophrenia", in: *Schizophrenia Bulletin* 42 (2016), S. 45-55.

Depression

Die schwere Depression ist in Bezug auf das Zeiterleben immer wieder untersucht worden. Nach vielfältigen philosophischen und psychopathologischen Überlegungen geht sie mit einer tiefgreifenden Beeinträchtigung des Zeiterlebens einher.[20] Der Depressive fühlt die Herrschaft der linearen Zeit;[21] er nimmt das Vergehen der Zeit als solches wahr, also die Unerbittlichkeit eines Weiterrückens der Zeit, gegen die normalerweise die Lebendigkeit der Lebensvollzüge und der emotionalen Erfahrungen in Beziehungen schützen. Wenn diese empfundene Unerbittlichkeit des Zeiterlebens sich mit dem Leeregefühl in der Depression paart, so wird der Lastcharakter der ohne Fülle verrinnenden Zeit unerträglich, zumal dieser Zustand als anhaltend erlebt werden kann, als ausweglosen Weg in eine Zukunft, die nichts Neues mehr bietet. Diese Erfahrung der monoton werdenden linearen Zeit kann Suizidgedanken stimulieren.

Das Ineinanderspielen der Zeitdimensionen engt sich in der Depression ein. Die Erfahrung der Vergangenheit und des Vergangenen gewinnen eine Übermacht über das Erleben von Gegenwart und Zukunft. Zukunft wird als endlose Wiederkehr des Gleichen, als Wiederkehr des Vergangenen erlebt. Damit ist Zukunft nicht mit Hoffnung und nicht mit dem Gefühl der eigengesetzten Gestaltungsräume verknüpft. Am Vergangenen wird das, was sich nicht realisieren ließ, was zu kurz gekommen ist, was falsch gelaufen ist, einseitig festgehalten, so dass das Gewicht der Vergangenheit durch die Schwere der Schuld und des Versagens erhöht wird. Die Vergangenheit ist und bleibt unabgegolten, aber ohne Erwartung und Hoffnung auf eine Zukunft, die die Geltungsansprüche erneut einlösen kann. So entsteht die „Werdenshemmung"[22]; das Gefühl, Akteur des eigenen Lebens zu sein, aus dem eigenen Potential, das in der Vergangenheit gebildet wor-

---

20 Vgl. Michael Theunissen, „Melancholisches Leiden unter der Herrschaft der Zeit", in: ders. (Hg.), *Negative Theologie der Zeit*, Frankfurt/M. 1991, S. 218-284; Erwin Straus, „Das Zeiterleben in der Depression und in der psychopathischen Verstimmung", in: ders. (Hg.), *Psychologie der menschlichen Welt*, Berlin 1960, S. 126-140; Viktor von Gebsattel, „Zeitbezogenes Zwangsdenken in der Melancholie", in: ders. (Hg.), *Prolegomena einer medizinischen Anthropologie*, Berlin, Göttingen u.a. 1954, S. 1-18; Eugène Minkowski, *Die gelebte Zeit. I. Über den zeitlichen Aspekt des Lebens*, Salzburg 1971.
21 Vgl. Theunissen, „Melancholisches Leiden".
22 Karl Jaspers, *Allgemeine Psychopathologie*, Heidelberg Berlin ⁹2013, S. 453.

den ist, Zukunft zu gestalten, nimmt ab oder erlischt. Die Lebendigkeit, in Beziehungen zu anderen etwas gestalten zu können, versiegt, also auch das Vertrauen in andere.[23]

Wenn diese Befunde gleichsam eingetragen werden in das Konzept von Diastase und Zeitverschiebungen, so ergibt sich ohne Mühe ein klares Bild, das Vereinseitigungen zwischen den voneinander differierenden Polen wiedergibt. Die im Zeitmodell von Waldenfels dargestellten Differenzen bauen ja nicht einfach Abstände auf, sondern konstituieren einen Zwischenzustand, in dem es möglich wird, zwischen den differenten Polen hin und her zu gehen. So muss es auch eine Oszillation zwischen Pathos und Antwort geben, die einen Zwischenraum konstituiert, der einmal auf die eine Seite, der erhöhten Beeindruckbarkeit, und dann wieder auf die Seite der verstärkten Antwortbereitschaft schwingt. Das depressive Erleben hingegen schlägt ganz auf eine Seite aus, nämlich auf die Seite der Widerfahrnis, auf die keine Antwort mehr möglich erscheint.

Zwang

Zwangsstörungen sind von einer „Zeittechnik"[24] geprägt, die schon Sigmund Freud beschrieben hat, dem „Ungeschehenmachen"[25]. Das Hin und Her des Zwangsdenkens zielt darauf ab, das, was geschehen ist, wieder rückgängig zu machen. Die Vergangenheit selbst soll also aufgehoben werden, es soll das, was geschehen ist oder wunschgemäß geschehen könnte, beseitigt werden. Es geht darum, „die Bedeutung, den Wert oder die Konsequenz eines Verhaltens zu vermindern oder aufzuheben. Das Ungeschehenmachen – im pathologischen Sinne – zielt auf die Realität des Aktes als solchen ab, den es vollkommen auszulöschen gilt, indem man sich so verhält, als ob die Zeit nicht irreversibel wäre"[26]. Alle Energie, über die der oder die an Zwängen Leidende verfügt, ist darauf ausgerichtet, etwas zu korrigieren, das offenbar ein verheerendes Schuldgefühl auslöst, dessen Gegenstand aber keineswegs bewusst ist und ausgesprochen werden kann. Oft genug lässt sich später durch die psychoanalytische

---

23 Vgl. Niklas Luhmann, *Vertrauen*, Stuttgart 2000.
24 Elvio Fachinelli, *Der stehende Pfeil. Drei Versuche, die Zeit anzuhalten*. Berlin 1982, S. 23.
25 Vgl. Sigmund Freud, „Bemerkungen über einen Fall von Zwangsneurose", in: ders. (Hg.), GW VII, 1909, S. 379-463, hier 414.
26 Jean Laplanche, Jean Pontalis, *Das Vokabular der Psychoanalyse*, Frankfurt 1973, S. 567.

Therapie ein schwerwiegender Trieb-Abwehr-Konflikt ausmachen. Der Wunsch, sei er nun sexueller oder aggressiver Natur, soll zum Schweigen gebracht werden. Es ist, als wolle der Zwangskranke sagen: „Es gibt keine Zeitverschiebungen. Niemand und nichts hat in mir etwas bewirkt, und ich habe darauf auch nicht reagiert und geantwortet." Und doch ist alles symptomatische Verhalten, also die Zwangsstörung selbst Antwort, auf eine Widerfahrnis, der er oder sie sich nicht stellen kann, die ihm oder ihr selbst daher als Antwort verschlossen bleibt und ihn oder sie gerade deshalb so quält und „verrückt" erscheinen lässt. Die Zwangsstörung erscheint als Kampf gegen jede Differenz. Wenn es keine Zeitverschiebungen gibt, dann gibt es auch keine Verschiebungen in den Intentionen. Das macht die Behandlung anspruchsvoll und schwierig. Denn es darf im Erleben des Patienten keine signifikative und schon gar nicht eine appetitive Differenz geben. Die Gefahr wäre zu groß, dass dann die anderen Bedeutungen und ein anderes Begehren ins Spiel kommen könnten, überhaupt zum Gegenstand eines Spieles würden und in einem Spielraum zur Disposition gestellt würden, so dass etwa hinter der Selbstbespiegelung die Selbstbefriedigung, hinter dem Waschen das Blut oder ähnliches, erscheinen könnten.

Schlussgedanken

Die Schlussüberlegungen entfernen sich vom Thema der Zeitlichkeit und nehmen die Frage in den Blick, wie Psychoanalyse und Phänomenologie, wie Psychoanalyse und Philosophie miteinander kooperieren können. Die Zugangsbereiche beider Wissenschaften, so Waldenfels, überschneiden sich (15 f.). Sie widmen sich Themen, die beide Bereiche interessiert. Waldenfels warnt die Psychoanalyse davor, einerseits „zu einer psychologischen oder psychotechnischen Spezialdisziplin" zusammen zu schrumpfen oder andererseits „überzogene Ansprüche [zu] stellen und übertriebene Erwartungen [zu] wecken [...], als sei die Metapsychologie eine Art Fundamentaldisziplin." (16) Psychoanalytische Konzepte sind, wenn sie denn gut sind, ganz in der Praxis fundiert, sie erwachsen aus der Praxis und wirken auf sie zurück. Dieses eigentümliche Verhältnis von Theorie und Praxis birgt aber auch Gefahren; es entstehen zu viele einander heterogene und zum Teil einander widersprechende Theoriebruchstücke. Tatsächlich ist die Metapsychologie überfordert, sollte sie eine Fundamentaldisziplin werden. Denn die metapsychologischen Grundlagen lassen sich kaum auf einen Nenner bringen. Die babylonische Sprachverwirrung in der Psychoanalyse ist ja oft beschrieben und beklagt worden, und sie erstreckt sich auch auf metapsychologische Ansätze.

Die Philosophie sollte und kann der Psychoanalyse keine vereinheitlichte Fundamentaldisziplin zur Verfügung stellen. Aber was sie leisten könnte, und was die ein wissenschaftliches Leben lang von Waldenfels konsequent verfolgte phänomenologische Forschung tatsächlich anbietet, ist die Möglichkeit, die eigenen Befunde und Erkenntnisse gleichsam einzutragen in eine Landkarte, in der die „Bruchlinien der Erfahrung" verzeichnet sind, eine Möglichkeit, die einhergeht mit einer ständigen methodologischen Selbstvergewisserung, also damit, dass alle Befunde und Erkenntnisse zurückbezogen werden auf den spezifischen Blickwinkel, den der oder die Schauende einnimmt. Diese Landkarte wird weiße Flecken haben, viele „terrae incognitae". Aber gerade das ist auch wichtig, klar zu benennen, was noch nicht gesehen oder gehört oder verstanden ist. Vielleicht hinkt aber auch das Bild von der Landkarte, da es die Illusion erzeugen könnte, irgendwann einmal sei sie vollendet. Nein, diese Landkarte wächst mit ihrer Kartographie und eröffnet Bereiche, die jeweils neu und ungewohnt und unbekannt sind. Wenn Philosophie und Psychoanalyse miteinander nachdenken, so gelingt dies nicht über eine wechselseitige Belehrung, sondern über die Neugier und Lust an der Kooperation. Auch die Wissenschaften müssen sich, wie ich es nennen will, zu einer „epistemologischen Diastase" bekennen. Auch Transdisziplinarität folgt, wenn sie fruchtbar ist, einer signifikativen Differenz, indem eine Wissenschaft der anderen vorschlägt, wie etwas als etwas und zwar als etwas Anderes und noch etwas Anderes gesehen werden kann: Sie folgt aber auch einer appetitiven Differenz, durch die etwas in etwas begehrt werden kann, etwa die Lust an neuer Erkenntnis in der Zusammenarbeit, oder umgekehrt die Lust an der Zusammenarbeit auf dem Wege neuer Erkenntnis.

Sagen, Hören und Antworten. Überlegungen zu Bernhard Waldenfels' responsiver Psychoanalyse

Rolf-Peter Warsitz

I. Einleitung

Meine Überlegungen rücken einen Aspekt von Waldenfels' responsiver Psychoanalyse in den Mittelpunkt: das Verhältnis von Sprechen, Zuhören und Antworten in der philosophischen Phänomenologie, aber auch im psychoanalytischen Prozess. Davon handeln derzeit auch zahlreiche konzeptuelle Debatten in der Psychoanalyse, die insbesondere die Bedeutung früher und frühester, vorsprachlicher Interaktionsformen des Infans (des noch nicht sprachbegabten Kindes) mit seiner Mutter thematisieren. Mit Hilfe des Begriffs des „leiblichen Responsoriums" von Bernhard Waldenfels soll hier nun gezeigt werden, dass das Verhältnis von Sprechen, Zuhören und Antworten viel weiter reicht als einige intersubjektivistische und linguistische sowie kommunikationstheoretische Modelle des psychoanalytischen Prozesses suggerieren.[1]

Die „Studien zur Psychoanalyse und Psychotherapie aus phänomenologischer Sicht", die Bernhard Waldenfels unter dem Titel *Erfahrung, die zur Sprache drängt*, vorgelegt hat, können interdisziplinär als Bereicherung und Fortführung, aber auch als Transformation heterogener wissenschaftlicher Dispositive gelesen werden: Von der Phänomenologie Husserl'scher und Merleau-Ponty'scher Prägung ausgehend, hat Waldenfels nicht nur die Transformation mitvollzogen und vorangetrieben, die die Phänomenologie unter dem Einfluss des Strukturalismus, des Poststrukturalismus und der Psychoanalyse in Frankreich genommen hat, er hat auch umgekehrt die neuere psychoanalytische Theorieentwicklung mit seinen Überlegungen kritisiert, da diese einseitig auf die Entwicklung der Empathiefähigkeit im Dialog zwischen Mutter und Kind bezogen sind und wegen ihrer Verleugnung der konstitutiven Konflikthaftigkeit und Alterität

---

[1] Vgl. Martin Altmeyer, Helmut Thomä, *Die vernetzte Seele. Die intersubjektive Wende in der Psychoanalyse*, Stuttgart 2006.

der menschlichen Kommunikation dem psychoanalytischen Prozess nicht gerecht werden (82-86). Seine Kritik bezieht sich auch auf andere, in den Geistes- und Kulturwissenschaften sowie der Soziologie gängig gewordene Dispositive, die sich gerne als neue Paradigmata darstellen, beispielsweise das Resonanzparadigma von Hartmut Rosa (261-266)[2].

II. Anspruch und Antwort: leibliches Responsorium

Das „leibliches Responsorium"[3] erweitert die klassische Sprechakttheorie der sprachanalytischen Philosophie[4] und der Theorie des kommunikativen Handelns[5] um das zentrale Moment der Fähigkeit zum Antwortgeben: Ein Sprecher vollzieht nicht nur den intentionalen Akt eines (gezielten) Woraufhin, was den Sinn der Rede meint und auch nicht nur den kommunikativen Akt eines Wonach, der einer Regel der Verständigung folgt, sondern immer auch den responsiven (und reflexiven) Akt eines (zeitlichen) Worauf, der einen Anspruch des Anderen beantwortet.[6] Das leibliche Responsorium versteht sich als komplexe Ästhesiologie, in der die sinnlichen Wahrnehmungen in allen Modalitäten, nicht allein Auge und Ohr, auch die Hautsinne, in einer kinästhetischen Symphonie zusammengedacht werden. Keine Sinneswahrnehmung funktioniert für sich allein, ohne in die Struktur der anderen Sinne leiblich, respektive körpersprachlich, eingebunden zu sein. Die Interaktion mit dem Anderen, von dem der jeweilige Sinnesreiz ausgeht, nimmt als Resonanz und Respondenz eine intersubjektive Dimension an. Wie in Ovids Mythos von Narziss und Echo zeigen sich zum Beispiel die Sinnesmodalitäten des Sehens und des Hörens als tief ineinander verschränkt.[7] Narziss – so versteht ihn Waldenfels – folgt seinem Selbstbezug ohne Fremdbezug, Echo umgekehrt ihrem Fremdbezug ohne Selbstbezug. Beide verzehren sich in den Paradoxien der narzisstischen Liebe (279 f.):

---

2 Vgl. Hartmut Rosa, *Resonanz. Eine Soziologie der Weltbeziehung,* Berlin 2015; Bernhard Waldenfels, *Bruchlinien der Erfahrung. Phänomenologie, Psychoanalyse, Phänomenotechnik,* Frankfurt/M. 2002, S. 408-422.
3 Vgl. Bernhard Waldenfels, *Antwortregister,* Frankfurt/M. 1994, S. 463-480; ders., *Das leibliche Selbst. Vorlesungen zur Phänomenologie des Leibes,* Frankfurt/M. 2000, S. 365-377.
4 John R. Searle, *Sprechakte: Ein sprachphilosophischer Essay,* Frankfurt/M. 1983.
5 Jürgen Habermas, *Theorie des Kommunikativen Handelns,* Frankfurt/M. 1981.
6 Waldenfels, *Das leibliche Selbst,* S. 365-393.
7 Publius Ovidius Naso, *Metamorphosen,* München, Zürich 1983, S. 342-510.

Das visuelle ist wie das auditive Selbst ein geteiltes Selbst, sehend und gesehen, hörend und gehört. Dieser Spalt läßt sich nicht durch Spiegelreflexe und Echowirkungen schließen, als bestünde unsere Welt aus lauter Spiegelkabinetten oder Echokammern. Auch hier bedeutet Response mehr als eine rekursive Form von Reflex oder Resonanz, die dem Imaginären verhaftet bleibt und die Schwelle fremder Ansprüche nicht überschreitet. (281)

Die philosophischen Referenzen, denen Waldenfels auf dem Weg zu seiner responsiven Phänomenologie und Psychoanalyse folgt, sind höchst heterogen und weit gestreut: Platons Philosophie[8], die philosophische Anthropologie (268-270)[9], die phänomenologische und gestaltpsychologische Neurologie und Psychiatrie (Binswanger, Goldstein) (15 f.) und die intermodale Ästhesiologie bzw. Metaphorologie des künstlerischen Bildes und des indirekten Sprechens beim späten Merleau-Ponty[10]. Diese spannen ein dichtes Geflecht auf, das eine ganz eigenständige anthropologische Fundierung besitzt. Diese überwindet die latente Blickfixierung, den Okularzentrismus der cartesisch-kantisch-husserl'schen Tradition[11].

Der für das Verständnis der responsiven Psychoanalyse von Waldenfels zentrale Begriff der Zwischenleiblichkeit von Merleau-Ponty wird – analog dem Begriff des intermediären Raums bei Winnicott[12] – als eine regulative Kategorie verstanden, in der sich ein intersubjektiver Prozess als Dialektik einer wechselseitigen Entfremdung und Versöhnung vollzieht. Darin werden eine Verkörperung der Sprache und eine Versprachlichung des Körpers denkbar und sagbar, die nur über die vertikale Intersubjektivität einer unabdingbaren Alterität verstanden werden können:

---

8 Bernhard Waldenfels, *Platon. Zwischen Logos und Pathos,* Frankfurt/M. 2017.
9 Helmuth Plessner, *Philosophische Anthropologie*, Frankfurt/M. 1970.
10 Maurice Merleau-Ponty, „Das indirekte Sprechen und die Stimmen des Schweigens", in: ders., *Zeichen*, Christian Bermes (Hg.), Hamburg 2007 [1960], S. 53-116; Maurice Merleau-Ponty, *Das Sichtbare und das Unsichtbare*, München 1986 [1964]. Vgl. auch Gottfried Boehm, „Die Bilderfrage" in: ders., *Was ist ein Bild?*, München 1994, S. 325-342; Gottfried Boehm, „Der stumme Logos", in: Alexandre Métraux, Bernhard Waldenfels (Hg.), *Leibhaftige Vernunft. Spuren von Merleau-Pontys Denken*, München 1986, S. 291-304; Gottfried Boehm, „Der hundertäugige Argus. Die Haut als Matrix der Sinne" in: Tina Zürn u.a. (Hg.), *Bild, Blick, Berührung*, München 2019, S. 207-218.
11 Vgl. Ulrich Sonnemann, „Die Zeit ist Anhörungsform. Über Wesen und Wirken einer kantischen Verkennung des Ohres", in: ders., *Tunnelstiche. Reden, Aufsätze, Essays,* Frankfurt/M. 1987, 279-298.
12 Donald W. Winnicott, *Vom Spiel zur Kreativität*, Stuttgart 1973.

Die Verleiblichung und Entsubjektivierung des Ausdrucks öffnet schließlich den Raum für eine *Zwischenleiblichkeit* und für eine *Zwischenwelt*, in der Eigenes und Fremdes sich verflechten, verknäueln, ineinandergreifen, ohne sich zu decken, aber auch ohne sich völlig voneinander zu lösen. Damit entsteht die Möglichkeit eines inkarnierten Gesprächs, in dem Gebärde auf Gebärde antwortet.[13]

Responsivität ist mehr als nur Intersubjektivität (270 f.): „Das visuelle ist wie das auditive Selbst, sehend und gesehen, hörend und gehört. […] Auch hier bedeutet Response mehr als eine rekursive Form von Reflex oder Resonanz, die dem Imaginären verhaftet bleibt und die Schwelle fremder Ansprüche nicht überschreitet." (281) Der Bezug auf die Kategorie der Zwischenleiblichkeit des späten Merleau-Ponty verweist auf eine begriffliche Weiterentwicklung bzw. Selbstkritik gegenüber dem frühen, gestaltpsychologische Zugang zum menschlichen Seelenleben, mit dem Merleau-Ponty den Begriff des Unbewussten der Psychoanalyse kritisiert hatte, die allerdings der Konzeption des dynamischen Unbewussten der Psychoanalyse nicht gerecht wurde[14]. Im Vollzug seiner späteren Studien zum indirekten Sprechen und den Stimmen des Schweigens[15] und dann in seinen posthum veröffentlichten Studien über das Sichtbare und das Unsichtbare[16] werden diese anfangs verkürzenden Überlegungen aber wieder überwunden[17].

Diese Überlegungen von Waldenfels zur Polyphonie der Sinne und zum Verhältnis von Pathos und Logos der Sinne[18] scheinen mir nun dem

---

13 Waldenfels, *Antwortregister*, S. 477.
14 Vgl. Rolf-Peter Warsitz, „Imaginäre Verkennung als Bedingung der Warheit des Subjekts in der Psychoanalyse", in: Emil Angehrn, Joachim Küchenhoff (Hg.), *Selbsttäuschung. Eine Herausforderung für Philosophie und Psychoanalyse*, Weilerswist 2017, S. 123-137.
15 Merleau-Ponty, „Das indirekte Sprechen", S. 53-116.
16 Merleau-Ponty, *Das Sichtbare und das Unsichtbare*.
17 Rolf-Peter Warsitz, „Das Unbewusste als Zwischenleiblichkeit, als Topologie des Imaginären und als Intertextualität", in: Ulrike Kadi, Gerhard Unterthurner (Hg.), *Macht – Knoten – Fleisch. Topographien des Körpers bei Foucault, Lacan und Merleau-Ponty*, Berlin 2020, S. 263-282.
18 Waldenfels, *Platon*.

sehr nahe zu kommen, was in der historischen[19] und negativen Anthropologie[20] als anthropologische Differenz und Wiederkehr des Körpers und der Sinne nach deren Verschwinden in der Moderne[21] konzeptualisiert wurde. In der Kritik der klassischen philosophischen Anthropologie des 20. Jahrhunderts wird also die Heterogenität der Sinnesmodalitäten mit ihren inneren Verweisen aufeinander einschlägig: Jede Wahrnehmung ist in allen Modalitäten bereits ein intersubjektives Geschehen, aber nicht im Sinne einer bloßen Spiegelung oder Resonanz des einen im Anderen, sondern im Sinne einer Antwort, in der sich Berühren, Hören, Sehen und Sagen als zugleich affektive wie kognitive Erfahrungen verdichten. Intersubjektiv vollzieht sich eine Schleife des Begehrens, wie man mit Lacan sagen könnte[22] um ein Objekt, einen Anderen, durch dessen Reaktion immer auch eine Entfremdung dieses Begehrens stattfindet. Die Antwort entsteht – als etwas Eigenes – immer vermittelt über die Reaktion eines Anderen, die eine Entfremdung des Eigenen durch den Anderen darstellt. Dies impliziert eine allen Sinnesmodalitäten inhärente symbolische Struktur anzunehmen, die, wenn schon nicht verbalsprachlich, so doch sprachanalog die Voraussetzung ist, die unterschiedlichen Sinnesmodalitäten miteinander „ins Gespräch" zu bringen, das heißt das Verhältnis von Wahrnehmung und Reaktion gleichsam als Grammatik des „Antwortregisters" des *homo respondens*[23] aufzufassen. Insofern meint der Begriff des leiblichen Responsoriums eine Interferenz von Körpersprachen und Verbalsprachen, die auch die Sprache des Unbewussten zum Erklingen bringt.

Die nach Nietzsche einschlägig gewordene Rede von der „Vernunft des Leibes" gilt es zu differenzieren in die heterogenen und doch interdepen-

---

19 Gunter Gebauer u.a. (Hg.), *Historische Anthropologie. Zum Problem der Humanwissenschaften heute oder Versuche einer Neubegründung*, Reinbek bei Hamburg 1989; Dietmar Kamper, *Geschichte und menschliche Natur. Die Tragweite gegenwärtiger Anthropologiekritik*, München 1972; Dietmar Kamper, „Anthropologische Differenz und menschliche Identität. Tendenzen gegenwärtiger Anthropologie", in: Günter Dux, Thomas Luckmann (Hg.), *Sachlichkeit*, Opladen 1974, S. 55-68.
20 Ulrich Sonnemann, *Negative Anthropologie. Vorstudien zur Sabotage des Schicksals*, Frankfurt/M. 1981.
21 Dietmar Kamper, Christoph Wulf (Hg.), *Das Schwinden der Sinne*, Frankfurt/M. 1984.
22 Jacques Lacan, *Das Seminar, Buch XI. Die vier Grundbegriffe der Psychoanalyse*, Olten 1978, S. 186-192; vgl. Rolf-Peter Warsitz, *Zwischen Verstehen und Erklären. Die widerständige Erfahrung der Psychoanalyse bei Karl Jaspers, Jürgen Habermas und Jacques Lacan*, Würzburg 1990, S. 234 f.
23 Waldenfels, *Antwortregister*.

denten Vernunftformen der jeweiligen Sinne (Vernunft des Sehens, Vernunft des Hörens, Vernunft des leiblichen Spürens). Auch besitzen alle Sinne eine je spezifische innere Dynamik, keineswegs sind der Blick und das Sehen ausschließlich statisch-räumlich strukturiert und das Hören und Sprechen dynamisch-zeitlich, jedem der Sinne kommt eine eigene Räumlichkeit und Zeitlichkeit zu, so dass Waldenfels wiederholt von einer Kinästhetik spricht (271)[24]. Hier entfaltet sich das leibliche Responsorium in einem Zwischenraum, einer Zwischenleiblichkeit zwischen den Interaktionspartnern in einer Polyphonie der Sinne (vgl. 270 f.).

III. Bedeutung für die Psychoanalyse

Das dreifache Verhältnis von Sprechen, Zuhören und Antworten impliziert eine differentielle Ästhesiologie, eine Kinästhesiologie, welche Blicksprachen und Sprachbilder ebenso einschließt wie berührende Worte und die Haut als sprechenden Spiegel der Seele. Den Dispositiven Auge – Sehen/Blick, Ohr – Hören/Sprechen fügt die Klein'sche Psychoanalyse noch das Dispositiv des Berührens und Haltens bzw. Gehaltenwerdens in der frühen Ichentwicklung, die „autistisch-berührende Position"[25] hinzu. Diese lässt sich für den psychoanalytischen Prozess als zentrales Moment eines Handlungsdialogs, des szenischen Verstehen und des *acting out* und *acting in* aufgreifen. In Waldenfels' Kinästhetik finden wir entsprechend eine der Dialektik von Auge und Ohr vorgelagerte Dynamik von Selbst-Bezug und Selbst-Entzug im szenischen Handlungsdialog, so dass die verschiedenen Dispositive in ihrem unterschiedlichen Bezug zum Sprechen und zur Sprache als Symbolizität, Ikonizität und Responsivität wirksam werden können.

Der Anspruch, diese Kinästhetik der Sinne und Sinnlichkeiten, das Responsorium des Begehrens in seinen unterschiedlichen Formen, Gestalten, Dialekten und Feldern für die Psychoanalyse fruchtbar zu machen, ist die Intention von Waldenfels' responsiver Psychoanalyse. Sie konvergiert auffallend mit dem, was wir in früheren Texten als dialektische Erkenntnisanthropologie der Psychoanalyse konzipiert haben.[26] Die psychoanalytische Grundregel aus freier Assoziation und gleichschwebender Aufmerksamkeit stellt in unserer sprachanalytischen bzw. semiotischen Interpretation eine Matrix dar, in der sich das oben skizzierte leibliche Responsorium

---

24 Vgl. auch Waldenfels, *Das leibliche Selbst*, S. 365-393.
25 Thomas H. Ogden, *Frühe Formen des Erlebens*, Wien, New York 2000, S. 49-84.

manifestiert. In Bezugnahme auf Wilfried Bions „Theorie des Denkens"[27], Julia Kristevas „Revolution der poetischen Sprache" und „Semanalyse"[28] und der dreiwertigen Zeichenlogik von Charles Sanders Peirce[29] haben wir die psychoanalytische Grundregel von freier Assoziation und gleichschwebender Aufmerksamkeit umformuliert zu einer Dialektik von szenischer Psychomotorik des Ausdrucks, Prosodie des Sprechens und Reverie des Zuhörens. Dabei fungieren auch nonverbale, leibliche bzw. körpersprachliche und szenische, handlungssprachliche Interaktionen in einem weit gefassten Sprach- bzw. Symbolbegriff als methodische und epistemologische Variablen des psychoanalytischen Geschehens. Die Leiblichkeit aller Sinnesmodalitäten aktualisiert sich in jedem psychoanalytischen Prozess als Zwischenleiblichkeit in einem dynamischen Raum der Übertragung und Gegenübertragung, in dem die freien Assoziationen des Analysanden, die auch die Handlungsmuster und Inszenierungen in der psychoanalytischen Situation umfassen und die gleichschwebende Aufmerksamkeit der Analytikerin oder des Analytikers in einem Zusammenklang heteromodaler Wahrnehmungen und Transformationen von Worten und Bildern, Berührungen und atmosphärischen Färbungen (Atmosphäre als gestimmter Raum)[30] einen kreativer Raum der Phantasien und Reverien aufspannen, in dem erst eine Antwort auf das Leiden (pathos) möglich wird.

Diese dialektische Epistemologie der Psychoanalyse folgt einer pathosophischen Struktur, die an Waldenfels' Platon-Interpretation („Zwischen Logos und Pathos")[31] erinnert. Wir haben sie über Adornos Bestimmung des Beredtwerdens von Leiden als Bedingung aller Wahrheit rezipiert:

> Worin der Gedanke hinaus ist über das, woran er widerstehend sich bindet, ist seine Freiheit. Sie folgt dem Ausdrucksdrang des Subjekts. Das Bedürfnis, Leiden beredt werden zu lassen, ist Bedingung aller Wahrheit. Denn Leiden ist

---

26 Joachim Küchenhoff, Rolf-Peter Warsitz, *Labyrinthe des Ohres. Vom therapeutischen Sinn des Zuhörens bei psychotischen und anderen Erfahrungen*, Würzburg 2017; Rolf-Peter Warsitz, Joachim Küchenhoff, *Psychoanalyse als Erkenntnistheorie – psychoanalytische Erkenntnisverfahren*, Stuttgart 2015; Rolf-Peter Warsitz, Joachim Küchenhoff, „Von der Eigenständigkeit psychoanalytischer Erfahrung", in: *Jahrbuch der Psychoanalyse* 75 (2017), S. 197-218.
27 Wilfred R. Bion, „Eine Theorie des Denkens", in: *Psyche-Z Psychoanal* 17 (1963), S. 236-287.
28 Julia Kristeva, *Die Revolution der poetischen Sprache*, Frankfurt/M. 1974.
29 Charles S. Peirce, *Vorlesungen über den Pragmatismus*, Hamburg 1991.
30 Gernot Böhme, *Atmosphäre*, Frankfurt/M. 1995.
31 Waldenfels, *Platon*.

Objektivität, die auf dem Subjekt lastet; was es als sein Subjektivster erfährt, sein Ausdruck, ist objektiv vermittelt.[32]

In der Zwischenleiblichkeit des Übertragungsgeschehens werden Handlungsmuster zu Worten und Bildern und diese wiederum zu Diskursmustern transformiert, in denen sich Unbewusstes ereignet und verstanden, das heißt sagbar und hörbar werden kann. Dies ist die Voraussetzung für eine psychoanalytischen Antwort im Sinne eines „vollen Sprechens"[33].

Der psychoanalytische Diskurs entwickelt sich selten einfach-konsonant, meist interveniert zunächst der Andere – als Störfaktor der Resonanz einer wechselseitigen Verständigung. Eine solche Störung der wechselseitigen Beziehung bezeichnet die Psychoanalyse als Widerstand (Übertragungs- und Gegenübertragungswiderstand). Der Einbruch des Anderen, des Fremden, des fremden Anspruchs unterbricht die Illusion einer einfachen konkordanten affektiven Spiegelung in dem Sinne, dass jede Selbsterkenntnis, die über den Anderen verläuft, immer eine Verzerrung darstellt, die aus der Täuschungsfunktion des Spiegelidentifikation hervorgeht. Auch Waldenfels beschreibt die Phänomene einer Verweigerung von Responsivität, von ethischem (Levinas) oder triebdynamischem Widerstand in der Übertragung (Freud) (288). Er bezieht sich hier auf Lacans Begriff der imaginären Verkennung, die er „Spiegelleib" (280) nennt. Die imaginäre Verkennung prägt den psychoanalytischen Diskurs, der ja auch nicht eine bloße Spiegelung von Ich und Anderem meint, sondern in der imaginären Verkennung darauf aufmerksam macht, dass jede Selbsterkenntnis eine Verzerrung ist, auf einer Täuschung beruht. Wie im Mythos von Narziss und Echo treibt die Verfehlung der Begegnung, nicht deren Gelingen, den Prozess voran (288)[34].

Ein Indikator für die Entfremdung im psychoanalytischen Prozess ist die Angst, die bei Analytiker*in und Analysand *in in der psychoanalytischen Situation auftritt, sobald beide Partner*innen des analytischen Paares sich gewahr werden, dass sie dem Anspruch ihrem jeweiligen Anderen gegenüber – in der Erwartung einer Antwort – etwas schuldig bleiben[35].

---

32 Theodor W. Adorno, *Negative Dialektik*, Frankfurt/M. 1966, S. 27.
33 Jacques Lacan, „Funktion und Feld des Sprechens und der Sprache", in: ders., *Schriften I*, Wien 2016 [1953], S. 278-381, hier S. 291.
34 Vgl. Warsitz, *Zwischen Verstehen und Erklären*, S. 231-235; Rolf-Peter Warsitz, „Die Kunst des Deutens als Erhören von Unerhörtem", in: *Swiss Archives of Neurology, Psychiatry and Psychotherapy* 170 (2019), S. 1-6.
35 Waldenfels, *Das leibliche Selbst,* S. 369 f.

Bei Lacan sind es die Formen des Objektmangels, die sich in der Trias von Bedürfnis, Anspruch und Begehren, bzw. von Frustration, Privation und Kastration ausdrücken und in denen ein Seinsverlust des Subjekts, seine Aphanisis droht.[36] Die Angst, in seinen Triebschicksalen das Objekt zu verlieren und darüber sich zu verlieren, strukturiert die daraus entspringende Forderung an den Anderen. Das Bedürfnis, frühe Frustration zu kompensieren, der Anspruch, etwas ihm Zustehendes zu erhalten und schließlich das Begehren, den Wunsch des Anderen zu erfüllen – diese sind (wegen ihrer Vergeblichkeit) für Lacan die als Angst verspürten Regulative einer Dialektik des Subjekts zu seinem Objekt. In dieser Trias der Beziehung zum Objekt ist es immer die Antwort des Anderen, die die Beziehung reguliert. Dies ähnelt sehr dem Dispositiv der Responsivität von Waldenfels.

IV. Die psychoanalytische Deutung als spezifische Antwort auf einen Anspruch

Nun mag es so erscheinen, als sei in der menschlichen Kommunikation und im psychoanalytischen Diskurs alles Antwort – in der Totalität eines leiblichen Responsoriums. Das Sagen und Antworten vollzieht sich zwar stets in einem zeitlich-räumlichen Kontext.[37] Darin zeigt sich aber, dass nicht jede Antwort des Anderen gleichbedeutend ist mit einer Deutung des Analytikers. Eine psychoanalytische Deutung ist eine Antwort – gewiss. Aber nicht jede Antwort ist auch eine Deutung. In der Deutung interferiert nämlich noch ein zeitliches Moment des Sagens und des Antwortens, das sich im intersubjektiven Raum, in der Zwischenleiblichkeit nach Merleau-Ponty bzw. dem Übergangsraum des Spiels und der analytischen Beziehung bei Winnicott, vollzieht. Zwischenleiblichkeit bzw. Übergangsraum sind dynamische Räume, nicht einfache starre Container, in denen etwas deponiert werden kann, sondern sie entfalten sich erst im Prozess des Sprechens und Antwortens. Für dieses prozessuale Moment werden in der psychoanalytischen Theoriebildung verschiedene Begriffe verwendet. Platons Begriff der Chora als des Dritten zwischen Sein und Werden, das, in dem etwas entstehen und vergehen kann (mit dem Urbild der Gebärmut-

---

36 Jacques Lacan, *Le Séminaire livre VI*, Paris 2013, S. 123-138.
37 Rolf-Peter Warsitz, „Der Raum des Sprechens und die Zeit der Deutung im psychoanalytischen Prozess", in: *Psyche* 60 (2006), S. 1-30.

ter) wurde von Julia Kristeva als dynamischer Raum der Zeichengebung für den psychoanalytischen Prozess adaptiert.[38]

„Der auseinandergefaltete Raum gebiert die Zeit" – so notierte einmal Gisela Pankow, die sich viel mit der psychoanalytischen Behandlung von Psychosen beschäftigt hat, einen Gedanken aus einem Gespräch mit dem französischen Phänomenologen Henry Maldiney.[39] Dieser zwischenleibliche Raum der psychoanalytischen Interaktion ist nicht einfach da, sondern er entfaltet sich und kann kollabieren. Zeit und Raum der psychoanalytischen Situation sind darin ineinander verschränkt. Der dynamische Raum des Sprechens muss in jeder psychoanalytischen Stunde neu hergestellt werden. Darin ähnelt er dem Raum primärer Interaktion, in dem das Subjekt sich in seiner Entwicklung aus dem Anderen konstituiert. In diesem dynamischen Raum des Sprechens taucht die Deutung als unverfügbares Ereignis, als Zeitmoment eines Kairos auf.[40] Dieser richtige Augenblick einer Begegnung in der psychoanalytischen Deutung weist darauf hin, dass eine solche Begegnung nicht wirklich planbar ist, sich vielmehr unverfügbar und plötzlich ereignet – manchmal erst nach zahlreichen Versuchen einer Nichtbegegnung oder einer verfehlten Begegnung (vgl. auch die *now moments* in der Begegnung zwischen Mutter und Kind, die Stern beschreibt[41]).

Der Begriff einer psychoanalytischen Deutung als einer Antwort auf einen Anspruch des Anderen impliziert somit jenes unverfügbare Ereignis eines Kairos, in dem ein Sprechen und Zuhören zu einer Begegnung des vollen Sprechens werden kann, so dass aus dem Strom des leeren Sprechens[42] Augenblicke einer transformatorischen neuen Erfahrung entstehen kann.

---

38 Vgl. Warsitz, „Der Raum des Sprechens" und „Psychoanalyse als Semanalyse" (Küchenhoff/Warsitz, *Labyrinthe des Ohres*, S. 205-209).
39 Gisela Pankow, *L'homme et son espace vécu*, Paris 1986, S. 99; Warsitz, „Der Raum des Sprechens".
40 Vgl. Warsitz, „Der Raum des Sprechens", S. 22-26; vgl. Waldenfels, *Das leibliche Selbst*, S. 108-110.
41 Daniel Stern, *Der Gegenwartsmoment. Veränderungsprozesse in Psychoanalyse, Psychotherapie und Alltag*, Frankfurt/M. 2005.
42 Lacan, „Funktion und Feld des Sprechens", S. 78-131.

Alterität und Psychoanalyse

Ilka Quindeau

Die pathisch-responsive Spielart der Phänomenologie mit ihrer Leitidee des Fremden, wie sie Bernhard Waldenfels in vielen Schriften[1] vorgelegt hat, liefert wesentliche Impulse für eine alteritätstheoretische Psychoanalyse, die um den, die und das Andere kreist. Sie nimmt die frühen triebtheoretischen Konzeptualisierungen Freuds auf und versucht diese Tradition weiterzuentwickeln. Maßgeblich dafür sind die Arbeiten Jean Laplanches[2], die sich hervorragend mit der responsiven Phänomenologie von Waldenfels zusammendenken lassen. Ausgangspunkt ist die Lesart des Unbewussten mit seinem irreduzibel sexuellen Kern als radikal Fremden. Eine solche Neukonzeptualisierung der Psychoanalyse ist nicht allein von akademischer Bedeutung, sondern könnte auch wichtig sein für ihre Zukunft als Therapie. Wenngleich sich die meisten Psychoanalytiker*innen nach wie vor auf das Unbewusste berufen, hat sich doch die Vorstellung darüber inzwischen wesentlich geändert, insbesondere was den Stellenwert des Sexuellen betrifft. Dessen theoriearchitektonische Bedeutsamkeit wird zumeist unterschätzt. Da ohne diesen zentralen Pfeiler nicht nur das Theoriegebäude ins Wanken gerät, sondern die analytische Therapie zunehmend ununterscheidbar wird von anderen Therapieformen, möchte ich nun mit Hilfe der responsiven Phänomenologie im Sinne von Waldenfels darlegen, warum die Psychoanalyse darauf zielt, die Alterität[3] aufrechtzuerhalten und wie sie dies methodisch umsetzt.

Die alteritätstheoretische Konzeptualisierung grenzt sich von der objektbeziehungstheoretischen und intersubjektiven bzw. relationalen Psychoanalyse ab und versteht sich als Fortführung der zu Unrecht als veraltet geltenden Triebtheorie. Mit der Zerschlagung der Psychoanalyse durch

---

1 Vgl. z.B. Bernhard Waldenfels, *Der Stachel des Fremden*, Frankfurt/M. 1990; ders. *Antwortregister*, Frankfurt/M. 1994; ders. *Bruchlinien der Erfahrung. Phänomenologie, Psychoanalyse, Phänomenotechnik*, Frankfurt/M. 2002.
2 Insbes. Jean Laplanche, *Neue Grundlagen der Psychoanalyse*, Gießen 2011.
3 Unter Alterität verstehe ich mit Waldenfels „die spezifische, irreduzible Fremdheit des Anderen" (19).

den Nationalsozialismus in Deutschland und der beispiellosen Destruktivität im 20. Jahrhundert verschob sich der Fokus von Trieb und Konflikt hin zu Strukturen wie „Ich" und „Selbst" sowie „Objektbeziehung". Letztere wurde zunehmend konkretistisch verstanden. So erscheint der Einfluss von Beziehungserfahrungen insbesondere der frühen Kindheit als zentral für das Verhalten und Erleben und nicht länger das dynamische Unbewusste mit seinen inhärenten Konflikten. Das Erleben wird kaum noch als Ausdruck von Verdrängung, Verschiebung oder Verdichtung betrachtet; Trauma und Konflikt erschienen in der Folge eher dichotom statt komplementär.[4] Besonders eindrücklich zeigen sich diese theoriearchitektonischen Verschiebungen am Narzissmus und dessen Behandlung. Während Freud ihn noch triebtheoretisch auffasste, wurde er bald in den Kontext der Objektbeziehungen eingebettet und veränderte das analytische Arbeiten grundlegend.[5] So stehen nicht mehr unbewusste Konflikte im Zentrum, sondern Affekte und Impulse. Wirkmächtig war dabei insbesondere Ferenczis Vorstellung[6] eines intrauterin angesiedelten Bedürfnisses nach uneingeschränkter Befriedigung, das Balint[7] zum Konzept einer ‚primären Liebe' weiterentwickelte, einer „harmonischen Verschränkung" zwischen dem Säugling und seiner Bezugsperson – romantisierende Vorstellungen eines paradiesischen „Urzustandes", der immer wieder angestrebt werde. In solchen Konzeptualisierungen wird der Konflikt nicht im Inneren der Person angesiedelt, sondern tritt – wenn überhaupt – in ihren Beziehungen zu Anderen auf. Es ist also nicht länger das Fremde im Kern des Eigenen, der Riss im Inneren, der die gegenwärtige Psychoanalyse beschäftigt. Besiegelt werden diese Verschiebungen durch die ‚intersubjektive Wende' in der Psychoanalyse. Sie wird als zeitgemäß betrachtet, da „das Hauptproblem der Menschen heute die Identität ist und nicht mehr die Sexualität wie zu Anfang der Psychoanalyse. Das macht es verständlich, dass auch

---

4 Ilse Grubrich-Simitis, „Trauma oder Trieb – Trieb und Trauma. Lektionen aus Sigmund Freuds phylogenetischer Phantasie von 1915", in: *Psyche* 41 (1987), S. 992-1023.

5 Michael Ermann, *Narzissmus. Vom Mythos zur Psychoanalyse des Selbst*, Stuttgart 2020, S. 13.

6 Sandór Ferenczi, „Entwicklungsstufen des Wirklichkeitssinns" [1913], in: ders., *Bausteine der Psychoanalyse, Bd. 1*, Bern 1964, S. 62-84; Sandór Ferenczi, Otto Rank, *Entwicklungsziele der Psychoanalyse. Zur Wechselbeziehung von Theorie und Praxis*, Wien 1924.

7 Michael Balint, „Frühe Entwicklungsstadien des Ichs. Primäre Objektliebe" [1937], in: ders., *Urformen der Liebe und die Technik der Psychoanalyse*, Stuttgart 1965, S. 83-102.

das psychoanalytische Denken sich heute mehr an der Suche nach dem Selbst in Beziehungen orientiert als am Intrapsychischen, am Trieb und an der therapeutischen Abstinenz".[8] Mit diesen Formulierungen bringt Ermann den heutigen Mainstream der Psychoanalyse auf den Punkt und mit ihm auch weit verbreitete, folgenschwere Missverständnisse. So begründet sich der Fokus auf das dynamische Unbewusste keineswegs durch eine problembehaftete Sexualität. Denn das Sexuelle fällt nicht mit der Sexualität zusammen, sondern stellt den Kern des Unbewussten dar. Das Sexuelle zeigt sich – in sublimierter Form – in der Sexualität ebenso wie in allen anderen Lebensäußerungen, auch in der Suche nach Identität. Die Ersetzung von Sexualität durch Identität geht damit an der Sache vorbei, auch wenn sie als aktuelle Beschreibung der Beschwerden, mit denen Patient*innen in psychotherapeutische Praxen kommen, durchaus zutreffend ist.

Die Rede vom „Anderen" hat in den letzten Jahren – nicht zuletzt durch den intersubjektiven Ansatz – an Popularität gewonnen. Bei näherer Betrachtung zeigen sich jedoch große Unterschiede der verschiedenen Verwendungsweisen.[9] Zentral für das alteritätstheoretische Verständnis ist die Botschaft oder der Anspruch, der vom Anderen ausgeht. Laplanche postuliert eine grundlegende Hermeneutik: „die ursprüngliche Situation desjenigen, der das deuten, der dem Sinn geben muß, was ihm geschieht/ihm zustößt/bei ihm ankommt: Sie sehen, wie man mit dem französischen ‚il m´arrive' spielen kann"[10]. Diese grundlegende Hermeneutik fokussiert Waldenfels als „anfängliches Doppelereignis" mit den Begriffen von Pathos und Response (50). Im Unterschied etwa zur intersubjektiven geht es bei der alteritätstheoretischen Psychoanalyse nicht um einen Anderen, dessen Differenz anerkannt werden muss, sondern um einen Anderen, der das Subjekt anspricht, es trifft, berührt und zum Antworten bringt. Als ein solch responsives Verhältnis konzipiert Laplanche die anthropologische Grundsituation, die Konstitution des Subjekts unter dem Primat des Anderen.

---

8   Ermann, *Narzissmus,* S. 67.
9   Vgl. Michael Ermann, *Der Andere in der Psychoanalyse,* Stuttgart 2018.
10 Jean Laplanche, „Ziele des psychoanalytischen Prozesses", in: *Jahrbuch der Psychoanalyse,* 39 (1997), S. 93-113, hier S. 100.

I. Die Radikalität des Fremden

Beginnen wir mit Bernhard Waldenfels, der in der Deutung des Unbewussten als einer „Form des radikal Fremden" den springenden Punkt im Verhältnis von Phänomenologie und Psychoanalyse sieht:

> Die Radikalität des Fremden tritt zutage, wenn dieses nicht auf ein bloß relatives Defizit reduziert wird, das uns noch nicht oder nicht mehr zu eigen ist, sondern als eine originäre Form des *Entzugs in allem Bezug, als leibhaftige Abwesenheit, als Ferne in der Nähe* auftritt. Das Fremde verteilt auf verschiedene Dimensionen. Das Fremde, das uns förmlich heimsucht, beginnt – mit Freud zu sprechen – im eigenen Hause, am eigenen Leib, in der Muttersprache, in der angestammten Kultur. Diese *ekstatische* Fremdheit, versetzt mich außer meiner selbst und bewirkt, dass ich selbst ein Anderer bin.[11]

Paradigmatisch für diese radikale Fremdheit steht in der Psychoanalyse das Sexuelle, synonym mit der infantilen Sexualität oder dem Trieb (Freud) bzw. Sexual (Laplanche). Laplanche verknüpft die Alterität mit dem Sexuellen: „Das Primat des Sexuellen öffnet direkt hin zur Frage des anderen, und wenn es sich um ein Kind handelt, heißt das: hin zum Erwachsenen in seiner Fremdheit"[12]. In seiner *Allgemeinen Verführungstheorie* legt er dar, dass der Trieb in der anthropologischen Grundsituation, in der Begegnung mit dem erwachsenen Anderen und nicht aus einer genetischen Anlage entsteht.[13] Das Sexuelle wird vom Erwachsenen ins Kind „intro-mittiert" und lehnt sich an physiologische Vorgänge an. Vom Erwachsenen gehen so genannte „rätselhafte Botschaften" aus, die sich an das Kind richten. Der Säugling wird in dieser Situation konfrontiert mit dem Unbewussten des Erwachsenen, mit der rätselhaften, unbewussten, und das heißt vom sexuellen Begehren durchzogenen Botschaft des Erwachsenen, die diesem selbst auch nicht zugänglich ist. Laplanche macht deutlich, dass jeder Beziehung zwischen dem Kind und dem Erwachsenen eine unvermeidliche sexuelle Dimension anhaftet, die sich schlicht aus der Existenz des Unbewussten ergibt. Um Missverständnisse zu vermeiden: Es handelt sich hierbei um das unbewusste Begehren des Erwachsenen, wie es in jeder Interaktion von Eltern mit ihrem Säugling unvermeidlich angesprochen wird, in jeder Pflegehandlung, beim Füttern, Wickeln, Ba-

---

11 Einführung Waldenfels in diesem Band, S. 27.
12 Jean Laplanche, *Die unvollendete kopernikanische Wende in der Psychoanalyse*, Frankfurt/M. 1996, S. XV
13 Laplanche, *Neue Grundlagen der Psychoanalyse.*

den ebenso wie beim Schmusen. Es geht also keineswegs in konkretistischer Weise um sexuelle Handlungen, sondern um das unbewusste Begehren, das in uns allen vorhanden ist.

Laplanche hebt die Asymmetrie in der Beziehung von Erwachsenem und Säugling hervor. Er fokussiert die Struktur der Beziehung und nicht das interaktive, wechselseitige Verhalten der Beteiligten. Die Wechselseitigkeit entspricht dem Austausch zwischen Erwachsenem und Kleinkind auf der Ebene der Selbsterhaltung und Bindung. Die Asymmetrie ergibt sich daraus, dass es nur beim Erwachsenen eine infantile Sexualität, ein Unbewusstes, gibt, während dies beim Säugling erst im Entstehen begriffen ist. Während Laplanche von „rätselhaften Botschaften" spricht, scheinen mir die Begriffe Anspruch und Antwort, wie Waldenfels sie verwendet, das Geschehen angemessener zu beschreiben.[14] Denn der Begriff der Botschaft ist noch zu sehr von einem Sender-Empfänger-Modell aus gedacht; ihm haftet zudem auch die Vorstellung an, dass es etwas zu Vermittelndes gäbe, das identifiziert und benannt werden könnte. Vielmehr handelt es sich bei der „rätselhaften Botschaft" um etwas, das im Zwischenraum zwischen zwei Personen entsteht und für beide Beteiligte nicht durchsichtig ist. Die infantile Sexualität, das Unbewusste und darüber hinaus die gesamte psychische Struktur entwickelt sich daher als Antwort auf den Anspruch des Anderen. Dieser enthält den Doppelsinn von Prätention und Anrede: Wenn ich einen Anderen anspreche, stelle ich unvermeidlich auch Ansprüche, auf die der oder die andere reagieren muss.[15] Von diesem Anspruch, den rätselhaften Botschaften, geht ein Drängen aus – in den Worten von Waldenfels ein „*Drängen*, das sich in Ermangelung eines grundlegenden Ausgangspunkt und eines abschließenden Zielpunkts in keiner Sprache festhalten lässt, auch nicht in der künstlichen Sprache der Medien und Algorithmen."[16]

Auf den Anspruch sucht das Kind zu antworten; es versucht diese Botschaften zu übersetzen, sie in eine ihm geläufige Äußerungsform zu bringen, was ihm freilich nur teilweise gelingt. Die unübersetzbaren Reste werden verdrängt und bilden das Unbewusste. Die menschliche Entwicklung wird damit nicht vom Subjekt aus, sondern vom Anderen, Fremden, Unverfügbaren her konzipiert. Laplanche legt dar, wie aus dem Modus der Übersetzung in dieser anthropologischen Grundsituation nicht nur das Un-

---

14 Bernhard Waldenfels, *Topographie des Fremden*, Frankfurt/M. 1997.
15 Ebd.
16 Einführung Waldenfels in diesem Band, S. 22.

bewusste, das Es in der freudschen Terminologie, sondern auch das Ich bzw. der ‚psychische Apparat' entsteht:

> das Ich und das Es [...] sind keine Entitäten verschiedenen Ursprungs [...] bilden sich anfangs in einer einzigen und gleichen Bewegung heraus: das Ich umfasst das, was ausgehend von der sexuellen Botschaft des Anderen übersetzt und in eine mehr oder weniger zusammenhängende Geschichte integriert werden kann. Das Es ist das, was der Übersetzung gegenüber widerspenstig geblieben ist.[17]

Der Andere nimmt in der Theorie Laplanches eine zentrale Rolle in der Konstitution des Psychischen ein als ein Anderer, von dem die rätselhaften Botschaften ausgehen, die übersetzt werden müssen. Eine solch grundlegende Bedeutung fehlt der Vorstellung vom Anderen in der intersubjektiven oder relationalen Psychoanalyse. Die konstitutive Bedeutung des Anderen stammt aus der Psychoanalyse Lacans. Im Unterschied zu Lacan bezieht sich Laplanche jedoch auf einen konkreten Anderen, den anderen in der Begegnung mit dem Säugling, und nicht auf einen strukturellen Anderen.

Doch nicht nur in Bezug auf die Psychoanalyse Lacans zeigen sich zentrale Unterschiede; Laplanche wäre auch missverstanden, wenn man die Übersetzungsarbeit, die der Säugling leistet, mit dem gleichsetzt, was in der zeitgenössischen Psychoanalyse als Symbolisierung oder Mentalisierung verstanden wird. Denn es geht nicht um die Repräsentation und Integration von Affekten. Die Mentalisierung spielt sich nicht im Register des Sexuellen, sondern auf der Ebene der Wechselseitigkeit und Bindung ab: So übernimmt die Mutter die „Alpha-Funktion", die Symbolisierung, wie sie Bion beschreibt,[18] zunächst stellvertretend und der Säugling identifiziert sich damit. Die Übersetzung kann jedoch nur vom Subjekt, vom Säugling, selbst geleistet werden. Die Mutter fungiert in der Konstitutionstheorie Laplanches nicht als hilfreiche, unterstützende Andere, sondern als Andere, von der die rätselhaften Botschaften ausgehen. Bei diesen sehr verschiedenen Bedeutungsebenen kommt es zu einer wahrhaft babylonischen Sprachverwirrung in der Psychoanalyse, wenn in den unterschiedlichsten Ansätzen die Rede vom „Anderen" ist. Der relationale oder intersubjektive „Andere" ist aber nicht der – sich auch selbst – Fremde und Unverfügbare, von dem Laplanche und Waldenfels sprechen, sondern im

---

17 Laplanche, „Ziele des psychoanalytischen Prozesses", S. 103.
18 Winfried Bion, *Transformationen*, Frankfurt/M. 1997.

Gegenteil der Andere auf der Ebene des Austauschs, der Interaktion und der Bindung. Eine Differenzierung dieser Bedeutungsgehalte, die sich diametral unterscheiden, scheint mir nicht nur für die Theoriebildung essentiell, sondern auch für die psychoanalytische Praxis.

Die Übersetzung stellt einen Grundmodus des Psychischen dar, die psychische Arbeit vollzieht sich im Modus der Übersetzung. Laplanche sieht den Menschen als ein sich selbst-übersetzendes, sich selbst-theoretisierendes Wesen. Mit Bedacht wählte er den Terminus der Übersetzung und nicht den der Interpretation: Während sich die Interpretation auf die Auslegung von möglichen Sinngehalten einer Äußerung bezieht, werde ich im Falle der Übersetzung unmittelbar von der Äußerung eines Anderen angesprochen, sie bringt mich dazu, etwas zu tun, nämlich die Äußerung in eine mir geläufige Sprache zu bringen. Dieser Aufforderungscharakter, das *Drängen*, wie es Waldenfels beschrieben hat, das mich nicht unberührt lässt, ist also das Wesentliche am Modell der Übersetzung. Für die Psychoanalyse als Wissenschaft bedeutet dies nun, dass ihr Gegenstand nicht der Mensch *im Allgemeinen* ist, wie ihn die verschiedenen Wissenschaften wie Psychologie, Soziologie oder Anthropologie zu erfassen suchen. Laplanche weist vielmehr darauf hin, dass es der Psychoanalyse immer um *den* Menschen geht, der „seine eigene Erfahrung formuliert, sie in eine Form bringt".[19] Auch dieses Vorgehen verbindet die alteritätstheoretische Psychoanalyse mit der responsiven Phänomenologie.

II. Auswirkungen des alteritätstheoretischen Ansatzes auf die psychoanalytische Praxis

Nach diesen theoriearchitektonischen Ausführungen stellt sich die Frage, was die neue Grundlegung der Freud'schen Psychoanalyse für die analytische Praxis bedeutet. Nach Laplanche diene sie dazu, die analytische Praxis in ihrer Bedeutung und ihren Zielen besser bestimmen und behaupten zu können.[20] Dies hat auch nach über 30 Jahren nicht nur nichts an Aktualität verloren, sondern scheint im Gegenteil dringlicher denn je. Laplanche begründet die Ziele des psychoanalytischen Prozesses aus dem Prozess selbst heraus und zeigt auf, wie sich Methode und Gegenstand entsprechen. Das Ziel der Aufrechterhaltung von Alterität ist somit nicht von äu-

---

19 Laplanche, *Neue Grundlagen der Psychoanalyse*, S. 34.
20 Jean Laplanche, *Die Allgemeine Verführungstheorie und andere Aufsätze*, Tübingen 1988, S. 8.

ßeren Zielen abgeleitet und stellt keine normative, ethisch-moralische Forderung dar, sondern entspricht dem Konstitutionsprozess der psychischen Struktur.

Nach Laplanche ist die analytische Situation als Neuetablierung des Ortes der Urverführung zu verstehen, die bereits oben als anthropologische Grundsituation beschrieben wurde.[21] Der Terminus „Urverführung" meint die ursprüngliche Verführung nicht in einem zeitlichen Sinne als etwas, was zuerst kommt, sondern in einem strukturellen Sinne als etwas, das die Grundlage bildet. Die analytische Situation bringt nun diese Urverführung ihrem Wesen nach wieder ins Spiel. Die unbewusst einsozialisierten Muster zwischen Eltern und Kind, der jeweils individuelle, idiosynkratische Umgang mit den rätselhaften Botschaften, werden zwischen Analytiker*in und Analysand*in wieder aktualisiert. Es geht in der analytischen Situation um eine Wiedereröffnung der primären Beziehungen, in denen der Andere dem Subjekt vorausgeht: „eine Wiedereröffnung, denn die Bewegung der Subjektbildung ist ja aus einer Verschließung hervorgegangen, die genau diese Verdrängung ist, die Bildung der Instanzen, das Ins-Innere-Verlegen des anderen und seine Einschließung als Unbewusstes."[22]

Wie bereits beschrieben, entstehen das Ich ebenso wie das Unbewusste im Zuge der Übersetzungsversuche der rätselhaften Botschaften. Diese Bewegung soll nun im psychoanalytischen Prozess wiedereröffnet werden. Denn „das Ich ist [...] eine Verkennungsinstanz. Seine Autonomie ist eine Selbsttäuschung."[23] Die äußere Alterität der Analytiker*in verweist auf die innere Alterität der Analysand*in. Laplanche verdeutlicht dies in folgendem fiktiven Dialog: „Analytiker: Ja, Sie können mich für einen anderen halten, weil ich nicht das bin, was ich zu sein glaube; weil ich das andere in mir respektiere und aufrechthalte".[24] Die Wiedereröffnung des Konstitutionsprozesses der psychischen Struktur ermöglicht eine Veränderung dieser Strukturen. Mit diesem Verständnis der analytischen Kur macht Laplanche sichtbar, wie kongenial das psychoanalytische Behandlungsarrangement seinem Gegenstand entspricht: „Die Situation etabliert eine ursprüngliche Beziehung zum Rätsel und zu seinem Träger, ‚dem Wissen unterstellt wird', gemäß dem von Lacan verwendeten, wenn auch

---

21 Laplanche, *Neue Grundlagen der Psychoanalyse*, S. 187-197.
22 Laplanche, *Die unvollendete kopernikanische Wende*, S. 191.
23 Laplanche, *„Ziele des psychoanalytischen Prozesses"*, S. 96.
24 Laplanche, *Die unvollendete kopernikanische Wende*, S. 193.

nicht entwickelten Ausdruck"[25]. In dieser konstitutiven, strukturellen Asymmetrie der analytischen Beziehung wird der Unterschied zu einem intersubjektiven Ansatz sehr deutlich. Es geht nicht um die Begegnung von zwei gleichen Subjekten, sondern um den Primat des Anderen, „dem Wissen unterstellt wird". Genau an diesem Punkt wiederholt sich die Urverführung, die Konfrontation mit der rätselhaften Botschaft. Diese muss wiederhergestellt werden, um neu übersetzt werden zu können. Diese Konzeptualisierung könnte als neue Lesart des Freud'schen Diktums zur Übertragung verstanden werden, dass niemand „in absentia" oder „in effigie" erschlagen werden könne.[26] An dieser Stelle findet sich auch das Wesentliche der Ethik der Psychoanalyse einschließlich eines Verständnisses der Gegenübertragung: Wenn sich die Analytiker*in in der Position des Subjekts befinde, dem Wissen unterstellt werde, solle sie auf jeden Fall das Wissen zurückweisen (*refuser*) und vor allem sich selbst versagen.

Auch wenn dies recht apodiktisch formuliert ist, macht Laplanche auf einen zentralen Punkt des alteritätstheoretischen Verständnisses aufmerksam: Es ist nicht die Aufgabe der Analytiker*in, Hypothesen zur Rekonstruktion der Lebensgeschichte oder zum Sinn von Symptomen zu formulieren, selbst wenn sie noch so zutreffend erscheinen. Statt einer Re-Konstruktion geht es um eine De-Konstruktion von Sinngehalten, die eine neue Übersetzung durch die Analysand*in ermöglicht. Die Analytiker*in übernimmt nach Laplanche keine „Alpha-Funktion"[27], wie dies in anderen Konzeptualisierungen vorgesehen ist. Während sie bei Bion einen Container darstellt, der die unverdauten Beta-Elemente durch projektive Identifizierung verarbeitet und sie der Analysand*in zurückgibt und auf diese Weise deren Traum- und Denkfähigkeit zugänglich macht, stellt sich die Analytiker*in nach Laplanche nicht der Analysand*in mit ihrem psychischen Apparat als „ausreichend gute Mutter" zur Verfügung, sondern weist vielmehr das Wissen zurück und fungiert als „Hüter des Rätsels".[28] Nach alteritätstheoretischem Verständnis geht es in der Analyse um eine neue, bessere, weniger symptomhafte Übersetzung der rätselhaften Botschaften. Aufgabe der Analytiker*in ist eine De-Konstruktion, sie zielt auf eine Ent-übersetzung, indem die Ana-lyse im wörtlichen Sinn als Auflö-

---

25 Laplanche, *Neue Grundlagen der Psychoanalyse*, S. 191. Vgl. u.a. Alfred Lorenzer, *Die Wahrheit der psychoanalytischen Erkenntnis*, Frankfurt/M. 1974.
26 Sigmund Freud, *Zur Dynamik der Übertragung. Behandlungstechnische Schriften*, in: ders. (Hg.): GW VIII, 364-374, hier S. 374.
27 Bion, *Transformationen*.
28 Laplanche, *Die unvollendete kopernikanische Wende*, S. 191.

sung verstanden wird, um Neu-Übersetzungen der Analysand*in zu fördern.

In dieser Zurückweisung des Wissens sieht Laplanche eine Form der Versagung, die den eigentlichen Motor der Analyse darstellt: „Dieser Wettlauf um das Wissen ist es, der den Analysanden unterjocht und antreibt, wie er früher das kleine Kind angetrieben hat".[29] Mit der Betonung der Wahrung des Unbewussten als Unzugänglichem und Fremden interpretiert Laplanche Freuds berühmtes Diktum noch einmal neu, das er in der *Neuen Folge der Vorlesungen zur Einführung in die Psychoanalyse* im Jahr 1933 als Aufgabe der Analyse formuliert: „Wo Es war, soll Ich werden", was er metaphorisch als „Kulturarbeit wie etwa die Trockenlegung der Zuyderzee" versteht.[30] Es entbehrt nicht einer gewissen Ironie, dass Freud mit dieser Metapher technischen Fortschritts bzw. gewaltsamer Naturbeherrschung gegen Ende seines Lebens wieder hinter die Errungenschaften seines Frühwerks – die Konzeptualisierung des Unbewussten als radikal Fremden – zurückfällt, mit denen er als Aufklärer die Grenzen der Aufklärung aufgezeigt hatte. Doch die Wahrung des Unbewussten als Anderem, das sich der Logik der Sprache grundlegend entzieht, stellt keine mythische Verklärung dar, sondern die anthropologische Einsicht, dass es Strebungen im Menschen gibt, die sich der Aufklärung widersetzen. Dies widerspricht zwar den Überzeugungen des deutschen Idealismus, die auch im psychoanalytischen Diskurs vertreten sind (prominent v.a. im Bereich der Ich-Psychologie, implizit auch in der intersubjektiven Psychoanalyse), da es die Illusion von Autonomie und Selbstbestimmung sichtbar macht, lässt sich aber trefflich verbinden mit der neueren poststrukturalistischen Philosophie (unter anderem an Foucault, Derrida, Levinas, Butler) und der responsiven Phänomenologie im Sinne von Waldenfels. Mir scheint, dass das Ringen zwischen dem aufklärerischen Ansatz und der Einsicht in dessen Begrenztheit nach wir vor in der psychoanalytischen Community virulent ist und sich seismographisch im Umgang mit dem Unbewussten bzw. seiner Abwehr zeigt.

---

29 Ebd., S. 192.
30 Sigmund Freud, *Neue Folge der Vorlesung zur Einführung in die Psychoanalyse*, GW XV, Frankfurt/M. 1999, S. 86; Laplanche, „Ziele des psychoanalytischen Prozesses", S. 98-103.

Phänomenologie der Selbst-Erfahrung. Zur Erhellung der Tiefenstrukturen von Ich und Gesellschaft

Niels Weidtmann

I. Fremderfahrung

Die Psychoanalyse ist daran interessiert, Patient*innen zu helfen, Verborgenes und Verdrängtes zu gewärtigen. Die entscheidende Schwierigkeit besteht darin, dass sich auf das, was unter der Oberfläche des Bewussten tätig ist, nicht ohne Weiteres hinweisen, es sich nicht aufdecken und vom Bewusstsein beherrschen lässt, sondern dass es stattdessen von selbst hervorbrechen und sich in seiner Bedeutung für das Bewusstsein zeigen muss. Das Unbewusste ist nicht bloß *noch nicht* bewusst, eher gehört es wie ein Schatten selbst zum Bewusstsein. Das Unbewusste nimmt uns folglich „in Anspruch […], *indem es sich entzieht*" (76), ganz so, wie Waldenfels es über das Phänomen der Fremdheit sagt. Tatsächlich ist ihm die Nähe des Unbewussten zum Fremden Dreh- und Angelpunkt seiner Beschäftigung mit der Psychoanalyse. „Die Grundhypothese, an der sich unser Austausch zwischen Phänomenologie und Psychoanalyse ausrichtet, lautet demgemäß: *Das Unbewusste lässt sich deuten als eine bestimmte Form des Fremden.*" (36) Dem Fremden kann man sich nicht geradehin nähern, es lässt sich nicht ohne Weiteres aufklären und seiner Fremdheit entledigen; es lässt sich aber auch nicht einfach ignorieren und aus der Erfahrung verbannen. Es nimmt uns „in Anspruch" und verlangt nach einer Antwort. Solche Antwort aber lässt sich nur von anderswoher geben, womit gemeint ist, dass sie nur zu antworten vermag, wenn sie sich auf das Fremde einlässt und dieses nicht vom Eigenen aus bloß *be-spricht*. „Antworten bedeutet generell, dass ich anderswo beginne, wo ich nie war und im vollen Sinne nie sein werde, was zugleich besagt, dass ich das Antworten nie gänzlich in der Hand habe." (77 f.) Sich auf das Fremde einzulassen, bedeutet rückübersetzt in die Psychoanalyse, das Unbewusste auftreten zu lassen. Das erfordert Zeit und Geduld, es lässt sich nicht erzwingen, allenfalls begünstigen, beispielsweise dadurch, dass Freud „bei der Analyse besonderen Wert legt auf das, was uns ohne unser Zutun auf unvorstellbare Weise einfällt oder auffällt". (77) Psychoanalytiker*innen müssen zuhören und verweilen können, sie müssen durch ihre Fragen weniger versuchen, Verborgenes zu öffnen, als vielmehr die Patientin bzw. den Patienten ins Offene hinausführen, um des Verborgenen in seiner Entzogenheit ansichtig zu werden. Die Nähe zur Phänomenologie ist offensichtlich. Auch die Phänomenologie versucht, die Oberfläche der „Geradeauseinstellung" (Husserl) zu durchbrechen und den Blick auf die dicht gewebten Netze der Erfahrung freizugeben, aus denen all das, was dem Menschen in seiner Welt begegnet, aufsteigt.[1] Das Durchbrechen der Oberfläche lässt den Menschen dann allerdings auch selbst in die von der Erfahrung gewobenen Netze einbrechen. Er verfängt sich in ihnen und erfährt sich selbst als in sie verwoben. Der Einbruch in die Welt gewährt darum zwar Einblick in das Innere der Welt, er gewährt ihn aber auf Kosten des (eben nur aus der Distanz möglichen) Überblicks. Die Welt rückt dem Menschen auf den Leib und macht es ihm durch diese unmittelbare Nähe unmöglich, sie selbst vor sich zu stellen. Wenn Merleau-Ponty im Anschluss an Husserl vom Leib sagt, dass er aufgrund der „Ständigkeit", mit der er das menschliche „Zur-Welt-sein" begleitet, nie „völlig konstituiert" sein kann, dann gilt ebendies auch für die Welt.[2] Je näher sie ihm rückt, desto deutlicher erfährt er sie als grundsätzlich entzogen.

Erfahrung und Entzug sind konstitutiv aufeinander bezogen. Waldenfels macht das am Phänomen des Fremden deutlich: „[D]ie Erfahrung *des* Fremden", so schreibt er an vielen Stellen seines Werkes, schlägt „immer wieder auf unsere eigene Erfahrung zurück […] und [geht] in ein *Fremdwerden der Erfahrung* über […]".[3] Bedenkt man, dass uns das Fremde in verschiedenen Graden begegnet, die vom alltäglich bis zum radikal Fremden reichen, dann wird deutlich, dass jede Erfahrung von Momenten des Fremden durchwirkt ist und die Zusammengehörigkeit von Erfahrung und Entzug deshalb eine strukturelle ist. „Phänomenologen, denen es mit dem Fremden ernst ist, werden Freud beipflichten in der Annahme, dass jegliche Normalität Keime und Spuren des Pathologischen in und an sich trägt." (79) Keine Normalität ohne Spuren des Pathologischen, kein Eigenes ohne Momente des Fremden, keine Erfahrung ohne das Miterfahren

---

[1] Waldenfels verwendet die Metapher des Netzes bereits in einem seiner frühen Bücher: Bernhard Waldenfels, *In den Netzen der Lebenswelt*, Frankfurt/M. 1985.
[2] Maurice Merleau-Ponty, *Phänomenologie der Wahrnehmung*, übers. und eingeführt von Rudolf Boehm, Berlin 1966, S. 115-117, S. 413.
[3] Bernhard Waldenfels, *Grundmotive einer Phänomenologie des Fremden*, Frankfurt/M. 2006, S. 8.

von Entzug. Andernfalls würde die Erfahrung auf der Stelle treten und ebendort einfrieren. Sie wäre kalt, ungerührt und einsam. Das Moment des Pathischen erhält bei Waldenfels konstitutive Bedeutung. In der Erfahrung widerfährt dem Menschen etwas, geschieht etwas mit ihm, gerät er in Bewegung und wird über sich hinausgerissen. Das erst lässt ihn weltoffen sein. Darin deutet sich die entscheidende Differenz zu Freud an, über den Waldenfels schreibt, er habe Fremdheit wie viele „seiner Zeitgenossen durchwegs als Defizit bestimmt". (65) Den Grund dafür sieht er darin liegen, dass Freud das „libidinöse Selbst" als Ausgangspunkt seiner Analysen nicht in Frage stellt, „als verstünde sich die Eigenheit meiner selbst und die Anhänglichkeit an mich selbst von selbst". (67) Der Phänomenologe dagegen zeigt, dass sich das Ich selbst nur zu gewinnen vermag, wenn es von der Welt betroffen ist, und dass sich solche Betroffenheit niemals völlig in intentionale Bezüge überführen lässt. Um die konstitutive Rolle des Pathologischen zu würdigen, darf dieses deshalb „nicht auf das bloße Leiden unter mangelnder Wunscherfüllung" (79) zurückgeführt werden. Stattdessen gilt es, im Moment der Widerfahrnis, der aller Erfahrung einwohnt, den entscheidenden Schritt über das Cartesianische Ego hinaus und in die Welt hinein zu erkennen. Die Erfahrung des Fremden wird sich dabei als eine Tiefenstruktur des Ich erweisen, von der her sich dieses immer wieder in Frage gestellt sieht und von neuem selbst gewinnt.

II. Differenz von Ich und Selbst

Von ihren Anfängen an gewinnt die Phänomenologie entscheidende Motivation aus dem Bemühen, das Cartesianische Ego aufzubrechen. Wird das Ich wie bei Descartes als Substanz verstanden, dann kann selbst noch die Erkenntnis, die ein solches Ich hat, nur Selbsterkenntnis sein. Es vermag nicht über sich hinauszugreifen und an seiner Erkenntnis zu wachsen. Es lässt sich nur aufklären. Ein solches Ich erfährt nichts, bedeutet Erfahrung doch immer Erfahrung von etwas jenseits des Ich Liegendem. Damit Erfahrung möglich ist, darf das Ich nicht unberührt bleiben von dem, was sich ihm in der Erfahrung zeigt. Erfahrung ist also nur möglich, wenn sich das Ich öffnet und von etwas, das es nicht selbst ist, berühren und angehen lässt. Nur die Berührung, darauf haben schon die englischen Empiristen aufmerksam gemacht, hinterlässt einen Eindruck, der auf das, was sich in der Erfahrung zeigt, verweist. Den Eindruck erfährt das Ich von außen, es erleidet ihn, er widerfährt ihm. Ohne ein solch pathisches Moment ist Erfahrung nicht möglich. Waldenfels legt zurecht großen Wert darauf, dass im pathischen Moment aller Erfahrung ein Aspekt des Fremden auftaucht, der sich nicht auf die bloße Andersheit des Erfahrenen reduzieren lässt. Andersheit setzt immer schon einen festen Bezugsrahmen voraus. In diesem Sinne kennt auch das Cartesianische Ego Andersheit, eine Erkenntnis ist anders als die andere; und doch handelt es sich in allen Fällen um Selbsterkenntnisse des Ego. Über sich hinausgerissen werden kann das Ich nur durch die Erfahrung von etwas, das es nicht selbst ist und das ihm deshalb letztlich entzogen bleibt. In der Erfahrung bleibt das Ich nicht bei sich, sondern begibt sich in seiner Antwort auf den Anspruch dessen, was sich in der Erfahrung zeigt, an einen Ort, an dem es „nie war und in vollem Sinne nie sein" wird (s.o.).

Indem die phänomenologische Analyse auf Erfahrung zielt, findet sie das Ich immer schon als über sich hinausgerissen vor. Das Ich kann gar nicht für sich selbst gegeben sein, bevor es Erfahrungen mit der Welt macht. Es kann dies nicht, weil es selbst weltlich ist und weil ein für sich selbst seiendes Ich eben nicht mehr von außen betroffen und berührt werden kann. Das Ich findet sich selbst immer schon in einem Netz von Erfahrungen vor, denen es sich nicht einfach entziehen kann. Es ist in diesen Erfahrungen Fremdem ausgesetzt, noch bevor es sich selbst als Ich zu fassen vermag. Es kann sich selbst nur im Durchgang durch die Erfahrungen erfassen, also im Laufe des Erfahrungsprozesses, aber nicht so, dass es auf sich zurückkommt, ist es doch gar nicht erst von sich selbst ausgegangen. Stattdessen muss sich das Ich allererst *finden*, und es findet sich allein dadurch, dass es im Durchgang durch die Erfahrungen auf den Anspruch, den es darin erfährt, zu antworten versucht. Es findet sich als mögliche Antwort bzw. als eine Möglichkeit, dem Anspruch der verschiedenen Erfahrungen zu entsprechen. So vorläufig die Antwort bleibt, so fragil bleibt das in ihr gefundene Ich. Das Ich ist dann allerdings gerade kein den Erfahrungen äußerer Bezugspunkt und es ist auch nur rückwirkend jener gleichbleibende „Ichpol" aller Erfahrungen, die es durchlaufen hat, von dem Husserl spricht; vielmehr findet es sich zunächst selbst als eine Erfahrung – die Erfahrung der Antwort auf all die verschiedenen, ein Netz webenden Erfahrungen. Insofern erst die Antwort den Anspruch der verschiedenen Erfahrungen überhaupt ankommen lässt, gelangen auch diese damit auf besondere Weise zur Erfahrung. Das Ich gewinnt sich also selbst nicht nur *in der*, sondern *als die* Erfahrung der verschiedenen Erfahrungen, in die verwoben es sich vorfindet. Phänomenologisch gesehen ist das Ich nur als eine solche Erfahrung von Erfahrungen möglich. Das erinnert an Hegel, der beschreibt, dass sich das Ich an die Welt verlieren muss, um sich im Durchgang durch die Vielfalt des Seienden als dessen Einheit wiedergewinnen zu können. Allerdings geht bei Hegel das Moment des Fremden verloren, das Waldenfels mit der paradoxen Erfahrung beschreibt, dass etwas als sich entziehend erfahren wird. Bei Hegel sieht es so aus, als würde sich das Ich auf je höherer Ebene wiedergewinnen, indem es die Differenz von Ich und Welt aufhebt. Die Phänomenologie der Erfahrung dagegen macht darauf aufmerksam, dass nicht nur die Differenz von Ich und Welt erhalten bleibt, sondern dass diese Differenz auch noch das Innerste des Ich selbst prägt. Das Ich erfährt sich nicht nur als in die Welt geworfen bzw., richtiger, es findet sich nicht nur immer schon in ein Netz von Erfahrungen verstrickt vor, sondern zugleich erfährt es sich selbst im Innersten aufgerissen durch dieses Netz von Erfahrungen, ist es selbst doch nichts anderes als das aktive Erleiden (das bedeutet Erfahren) bzw. das sich-Ansprechen-lassen durch diese Erfahrungen. Rombach hat das in seiner Analyse des Grundphänomens der Situation gezeigt.[4] Was wir im Anschluss an Waldenfels als Netz der Erfahrungen bezeichnet haben, heißt bei ihm Situation. Die Situation ist dem Ich grundsätzlich vorgängig, das bedeutet, das Ich gerät nicht erst in Situationen, sondern es sieht sich immer schon den Umständen irgendeiner Situation ausgesetzt. Ich ist es nur, indem es das, was es nicht ist, also die Umstände der Situation, auf sich nimmt. Es gewinnt sich dann aber nicht eigentlich als *Ich selbst*, sondern als die *Situation selbst*. Es ist das Selbst der Situation. Zugleich freilich ist es Ich *in* der Situation und unterscheidet sich als ein solches Ich von den Umständen der Situation; aber es kann Ich in der Situation nur sein, weil es sich im Auf-sich-nehmen der Umstände der Situation konstituiert.

„Der Stachel des Fremden"[5] sitzt dem Ich tief ein, insofern es immerfort auf das Selbst der Situation verwiesen bleibt, dessen es nie Herr zu werden vermag, weil in ihm all die fremden Umstände der Situation „zur Sprache drängen". Wenn Waldenfels mit Blick auf Freud klarstellt, die Erfahrung „[d]ass der Mensch nicht Herr im eigenen Hause ist", rühre daher, „*dass der Andere mich im eigenen Hause heimsucht*" (82), dann ist damit die Spannung zwischen Ich und Selbst angesprochen. Sie begegnet uns beispielsweise im Phänomen der menschlichen Leiblichkeit. Als weltli-

---

4 Heinrich Rombach, *Strukturanthropologie. „Der menschliche Mensch"*, Freiburg, München 1987, S. 133-318.
5 Vgl. das gleichnamige Buch von Bernhard Waldenfels, *Der Stachel des Fremden*, Frankfurt/M. 1990.

ches Wesen findet der Mensch sich immer schon leiblich verfasst vor, und zwar noch bevor er sich als Ich erfasst. Wenn kleine Kinder ihre Hände und Füße in den Mund nehmen und später Laufen, Sprechen, Singen und Fahrradfahren lernen, dann eignen sie sich darin ihren Körper an, aber nicht so, dass sie ihn einem vermeintlich bereits bestehenden Ich zu eigen machten, sondern so, dass sie sich im Prozess der Aneignung allererst selbst finden; sie konstituieren sich in der Aneignung des Körpers selbst als leibliche Wesen. Zugleich bleibt der eigene Körper der vollständigen Aneignung ein Leben lang entzogen und harrt dauerhaft der wiederholten Aneignung. Das erfahren wir nicht nur daran, dass wir immer wieder neue Bewegungen erlernen können (beispielsweise beim Einüben von Instrumenten), sondern – schmerzlicher – daran, dass uns der eigene Körper von neuem fremd werden kann (in der Pubertät ebenso wie in der Krankheit). Das Ich erfährt sich im Unterschied zum Körper gerade dort, wo ihm dieser von neuem fremd wird. Waldenfels macht zudem darauf aufmerksam, dass uns unsere eigene Kindheit fremd werden kann (der Erwachsene ist das Kind, das ihm vom Foto entgegenstrahlt, selbst, aber sein Ich fühlt sich dem Kind doch entfremdet), und er bezeichnet das „Urfaktum der Geburt" im Anschluss an Merleau-Ponty als eine „Vergangenheit, die nie Gegenwart war".[6] Die Spannung von Ich und Selbst erfahren wir aber auch in der Lebenssituation, *in* der wir jeweils stehen und die wir doch zugleich so an- und aufzunehmen haben, dass sie dadurch erst zu der Situation wird, in der wir tatsächlich leben.

III. Tiefenstrukturen des Ich und der Gesellschaft

Das Ich ist sich des Stachels, der ihm aufgrund der Spannung zum Selbst der Situation im Fleische sitzt, nicht immer bewusst. Tatsächlich lässt sich die Spannung niemals völlig bewusst machen, geht das Ich als ein Bewusstsein von der Situation doch gerade aus dieser selbst hervor. Das Selbst lässt sich deshalb nun besser als eine Tiefenstruktur des Ich fassen. Das Selbst ist selber eine Erfahrung, in der die verschiedenen Erfahrungen, in die verwoben sich das Ich vorfindet, auf eine für sie eigene Weise erfahren werden. Dabei trägt sie ihre Weise des Erfahrens nicht von außen an die Erfahrungen heran, sondern findet diese erst in der Erfahrung selbst

---

6 Bernhard Waldenfels, *Topographie des Fremden. Studien zur Phänomenologie des Fremden 1*, Frankfurt/M. 1997, S. 30. Merleau-Ponty, *Phänomenologie der Wahrnehmung*, S. 283.

als eine Möglichkeit, den verschiedenen Erfahrungen zu entsprechen. Die verschiedenen Erfahrungen werden durch die Selbst-Erfahrung aber keinesfalls aufgehoben, sondern verweisen immer zugleich auf ganz andere mögliche Selbst-Erfahrungen und weitere Erfahrungsnetze. In diesem Sinne lassen sich für jede Erfahrung Tiefenstrukturen aufdecken, die in ihr zur Erfahrung kommen.

Das Unbewusste erschöpft sich deshalb keinesfalls in verdrängten libidinösen Wünschen und Vorstellungen, sondern dehnt sich aus auf alles, dessen Anspruch wir zu vernehmen vermögen und auf das wir deshalb mit unserer Existenz zu antworten versuchen. Henry gibt dafür ein schönes Beispiel in seiner Diskussion von Kandinskys Farbtheorie. Er zeigt, dass die Farbe nicht etwas ist, das den Dingen in der Welt objektiv zugehört, sondern dass sie stattdessen erst durch die Art und Weise, wie sie den Menschen berühren, zu eigenem Leben erweckt werden. „Kandinskys außerordentliche Farbtheorie bezeichnet diese als ‚innere Klänge', als ‚Tonalitäten', das heißt als pathische Veränderungen unserer Seele, als deren ‚Vibrationen'."[7] Das bedeutet auch, dass nur der- bzw. diejenige, der/die solche Vibrationen empfindet, im eigentlichen Sinne Farben sieht. Auf besondere Weise gilt das für die Künstlerin und den Künstler.

> Malen, Farben verwenden, sie auf eine bestimmte Weise auf der Leinwand anordnen, heißt nicht, sich von ihrer sichtbaren Ordnung leiten zu lassen und eine objektive Zusammenstellung wiederzugeben. Es geht vielmehr darum, sie wegen ihres dynamischen und pathischen Vermögens zu wählen; dieses Vermögen selbst zu malen, dessen Spiel sich mit der Geschichte unseres Lebens vereint. Dies ist auch der Grund, warum jede Malerei in Wirklichkeit eine Malerei des Unsichtbaren ist; eine „abstrakte" Malerei im Sinne Kandinskys.[8]

Das Unsichtbare, das in der Malerei zum Vorschein kommt („zur Sprache drängt"), ließe sich als die Tiefenstruktur von Farbe und Form verstehen. In einer sprachlosen, weil für sie nicht erklärbaren, Bewunderung für die Gemälde haben sich auch alle, die keine Maler*innen sind, einen Rest von Sensibilität für die durch die Farben hervorgerufenen Vibrationen der Seele erhalten. Die Tiefenstrukturen des Sehens bleiben lebendig, auch wenn wir häufig kaum noch merken, dass wir an der alltäglichen Oberfläche der Welt, auf der wir uns üblicherweise bewegen, eine von vielen möglichen

---

7 Michel Henry, „Die abstrakte Malerei und der Kosmos (Kandinsky)", in: ders., *Radikale Lebensphänomenologie*, Rolf Kühn (Hg.), Freiburg, München 1992, S. 274-292, hier S. 283.
8 Ebd., S. 284.

Weisen, die Dinge zu sehen, für alleingültig und unabdingbar nehmen und damit zunehmend blind werden für den Erscheinungsreichtum der Welt. Es ist der Kunst vorbehalten, aus diesem verborgenen Reservoir zu schöpfen. „Die Kunst und namentlich die Malerei schöpfen aus jenem Meer rohen Sinns (*sens brut*), von dem das produzierende Denken nichts wissen will."[9] Merleau-Ponty, von dem dieses Zitat stammt, macht denn auch ausdrücklich auf den Reichtum des Sehens und die Vielfalt möglicher Sichtweisen aufmerksam.

> Das Auge sieht die Welt und was ihr fehlt, um ein Gemälde zu sein, und was dem Gemälde fehlt, um es selbst zu sein; es sieht auf die Palette die Farbe, nach der das Gemälde verlangt, […] und es sieht die Gemälde der anderen, die anderen Antworten und die anderen Mängel. Als ein Instrument, das sich selbst bewegt, und als ein Mittel, das sich seine Zwecke selbst erfindet, ist das Auge dasjenige, was durch einen bestimmten Eindruck der Welt bewegt wurde und es durch die Züge der Hand in das Sichtbare zurückversetzt.[10]

Den Tiefenstrukturen des Sehens entsprechen Tiefenstrukturen des Hörens. Hören ist keine bloß physische Fähigkeit, es ist selbst schon Antwort auf einen Anspruch, der den Menschen lange vor seiner Ichwerdung erreicht. Ähnlich der Malerei hat sich auch die Musik ein besonderes Gespür für diesen Anspruch bewahrt und versucht immer wieder von neuem Antworten zu geben. Es ist kein Zufall, dass eine musikalische Verständigung des Menschen über Sprach- und Kulturgrenzen hinweg möglich ist. Und doch prägen gerade die künstlerischen Antworten, die in Musik und Malerei zu geben versucht werden, das, was wir den Stil einer kulturellen Epoche nennen. Menschheitliche und kulturelle Tiefenstrukturen überlagern sich bzw., richtiger, menschheitliche Tiefenstrukturen werden in kulturellen Erfahrungen aufgegriffen und auf eigene Weise zum Erklingen gebracht. Das bedeutet auch, dass in jeder kulturellen Erfahrung und Erfahrungsweise eine Möglichkeit menschheitlicher Erfahrung steckt – ganz so, wie jedes Gemälde das Unsichtbare auf seine Weise sichtbar werden lässt. Kulturelle Erfahrungen sind deshalb überhaupt erst richtig verstanden, wenn sie als mögliche Antworten auf menschheitliche (oder schlicht: menschliche) Ansprüche verstanden werden; das gilt für Religionen ebenso wie für Philosophien, für die Wissenschaften ebenso wie für moralische

---

9 Maurice Merleau-Ponty, „Das Auge und der Geist", in: ders., *Das Auge und der Geist. Philosophische Essays*, Christian Bermes (Hg.), Hamburg 2003, S. 275-317, hier S. 277.
10 Ebd., S. 283.

Überzeugungen. Auch für die Sprache, von der Merleau-Ponty sagt, dass sich ebenso wenig wie es „ein begrenztes Inventar des Sichtbaren" gibt, „ein Inventar der Gebrauchsmöglichkeiten einer Sprache oder auch nur ihres Wortschatzes und ihrer Wendungen aufstellen" lässt.[11] Auch die Sprache hat ihre eigene, lebendige Tiefenstruktur, die in dem, was wir sagen, „zur Sprache drängt".

IV. „Konkreativität"[12]

Das Ich, darauf macht Waldenfels aufmerksam, ist nicht Herr seiner Antwort. Um auf den Anspruch zu antworten und nicht bloß auf dem Boden des Eigenen darauf zu reagieren, muss die Antwort anderswo ansetzen, als dort, wo das Ich schon ist. In der Antwort geht das Ich über sich hinaus. Zugleich aber ist auch der Anspruch kein *factum brutum*. Er wird in vollem Sinne Anspruch erst in Gestalt „pathische[r] Veränderungen der Seele, als deren ‚Vibrationen'" (siehe oben). Anspruch und Antwort gehören in der Erfahrung zusammen. Wenn die Antwort eine mögliche Weise ist, dem Anspruch zu begegnen, dann wird der Anspruch darin auf eben diese Weise aufgenommen und das heißt, er sagt dann etwas, das er von sich aus nicht hätte sagen können. Was für das Antworten gilt, dass wir nämlich „anderes und mehr [erfahren], als wir intendieren" (78), das gilt ebenso für den Anspruch. In der Erfahrung kann sich das Ich nur finden, wenn sich der Anspruch in der Antwort selbst findet, wenn er in der Antwort also über sich hinausgeführt und in einer Weise aufgenommen wird, die ihm zwar entspricht, die er aber nicht hätte von sich aus leisten können. Der Anspruch, dem sich das in ein Netz von Erfahrungen verwobene Ich ausgesetzt sieht, findet in der Antwort zu einer möglichen Gestalt bzw. zu einem möglichen Sinn seiner selbst. Das ist mit dem Versuch, das Selbst als eine Erfahrung zu beschreiben, gemeint. Nur von dieser Erfahrung her vermag das Ich „Ich" zu sagen.

Responsiver Sinn. – Überraschend auftretende Ereignisse sind als solche sinnlos; sie besitzen noch keinen Sinn. Wir wissen zunächst nicht, was wir von ihnen zu halten haben. Bestenfalls bekommen sie einen Sinn, und zwar in der *Response*, mit der wir auf Anreize oder Apelle so oder so antworten, indem

---

11 Ebd.
12 Den Begriff der Konkreativität, den ich hier skizziere, hat Rombach eingeführt. Vgl. Rombach, *Strukturanthropologie*; außerdem Heinrich Rombach, *Der Ursprung. Philosophie der Konkreativität von Mensch und Natur*, Freiburg 1994.

wir sie *als solche* erfassen, benennen, behandeln. [...] Die Griechen schrieben einen solchen Glücksfund dem Hermes zu [...] (51 f.).

Ohne einen solchen „responsiven Sinn" bleiben die Ereignisse und Erfahrungen sinn-los, sie bleiben beliebig und damit uferlos. Im Netz sinn-loser Erfahrungen aber verliert sich auch das Ich, hat keine Chance, sich zu finden und als Ich zu setzen. Kafka hat gezeigt, dass sich auch ein vermeintlich bereits gefestigtes Ich, eines, das sich bereits gefunden hat, im Netz sinn-loser Erfahrungen schnell wieder verlieren und auflösen kann. Im gelingenden Zusammenklang von Anspruch und Antwort ereignet sich also Sinn; ebendies ist es, was beide, Anspruch und Antwort unversehens über sich selbst hinaushebt. Rombach spricht in diesem Zusammenhang von „Konkreativität", um darauf aufmerksam zu machen, dass sich Sinn auch dann nicht gestalten lässt, wenn höchste Kreativität waltet. Der Künstler vermag nichts, wenn ihm das Material nicht entgegenkommt, wenn er mit seiner Kreativität also nicht auf einen zuvor vernommenen Anspruch antwortet. Das Glück der gelingenden Antwort wird ihm mehr geschenkt, als dass er es leistet oder gar erzwingt. Nur dann wird Sinn erfahren, wenn etwas Unerwartetes gelingt, das sowohl für das Material wie auch für den Künstler eine neue (Seins-)Möglichkeit darstellt. In diesem Gelingensprozess erst wird sich der Künstler als Künstler geschenkt, gewinnt er also sein künstlerisches Ich.

Was hier am Beispiel der Kunst gesagt ist, gilt im Prinzip für jede Erfahrung. Von einer Erfahrung lässt sich nur dann sprechen, wenn darin etwas erfahren wird, das nicht zuvor bereits genauso gegeben und bekannt gewesen ist. In der Erfahrung tritt das Ich aus sich heraus und setzt sich einer Berührung und einem Anspruch aus, derer es nicht Herr ist. In solcher Erfahrung verliert sich das Ich entweder oder aber es findet sich von neuem und auf neue Weise, als ein neues Ich. Solche Findung ist freilich nur möglich, wenn es dem Versuch einer Antwort gelingt, dem Anspruch so zu entsprechen, dass dieser darin zu einer möglichen Entfaltung kommt – dann erst ist er eigentlich vernommen. Was dann erfahren wird, entzieht sich jedem vorausgehenden Zugriff. „Besteht das Wunder der Erfahrung, das jeder Erklärung spottet, nicht darin, dass etwas *zur Sprache kommt*, was nicht schon Sprache ist?" (198)

„Entzugsverlust". Zu einem kritischen Grundgedanken einer Phänomenologie des radikal Fremden

Burkhard Liebsch

Zur Freiheit mögen wir, einem bekannten Diktum Sartres zufolge, „verurteilt" sein, doch bestimmte Freiheiten kann man uns sehr wohl entziehen, sei es teilweise und vorübergehend zu unserem Schutz unter Quarantäne, sei es ganz, auf Dauer und endgültig zu lebenslanger Strafe. Und man kann „auf Entzug" sein, wenn es darum geht, eine pathologische Sucht zu heilen. In diesen gängigsten Fällen der Rede von Entzug ist wie auch in vielen anderen auf den ersten Blick der Erfahrung des Entzugs selbst kein positiver Sinn beizulegen, denn das jeweils Entzogene (wie Freiheiten oder Drogen) *fehlt* und lässt dadurch *leiden*. Ganz anders verhält es sich in der Phänomenologie von Bernhard Waldenfels, die einen drohenden, wenn nicht gar bereits weitgehend eingetretenen „*Entzugsverlust*" diagnostiziert und daran erinnern will, wie unverzichtbar für jegliche *Erfahrung, die ihren Namen verdient, insofern sie sich zu Widerfahrendem responsiv verhält,* gerade das ist, was sich ihr derart radikal entzieht, dass das Sichentziehende nicht einmal als ‚etwas' zu identifizieren ist. So wird Phänomenen des Entzugs anscheinend eine eminent ‚positive' Bedeutung zugewiesen; und zwar gerade insofern, als sie jegliche Positivität unterlaufen. Könnten nun aber gerade diese Phänomene selbst verloren gehen? Sei es auch nur insofern, als man ihnen keinerlei Beachtung mehr schenkt? Dann geriete der zur Diskussion stehende Entzug womöglich in Vergessenheit, wäre uns insofern selbst ironischerweise entzogen – und nicht einmal das wäre am Ende noch nachweisbar. Nichts scheint Waldenfels kritischer zu beargwöhnen als genau dies – ohne allerdings schon eine explizit normative Gegenposition zu beziehen. Ich greife diese Überlegungen auf und führe sie zu bis zu einem Punkt, wo deutlich werden mag, wie das, was wir als Erfahrung begreifen, gegenwärtig radikal auf dem Spiel steht. Entsprechende geschichtsphilosophische Thesen liegen Waldenfels offenbar fern. Er schreibt sich in keinen *endism*[1] ein, weder optimistisch noch pessimistisch. Und doch sind seine Überlegungen nicht nur sozial-, sondern auch geschichtstheoretisch brisant, wie im verfügbaren Rahmen allerdings nur in Ansätzen zu zeigen ist.

Mit seinem jüngsten Buch *Erfahrung, die zur Sprache drängt* setzt sich Waldenfels nicht zum ersten Mal mit einem klinischen, psychoanalytischen Diskursbereich auseinander, mit dem die Phänomenologie, so wie sie von ihm selbst als Phänomenologie *aus* und *von* der Erfahrung vertreten wird, eine grundsätzliche Prämisse gemeinsam zu haben scheint: die auch von bio-medizinischer Seite[2] mehrfach ins Spiel gebrachte Prämisse, dass wir uns von dem her, was uns widerfährt, Phänomenen der Erfahrung und dem Erfahrenen als solchem nähern sollten. Diese Gemeinsamkeit fungiert zunächst als eine Art *Leitfaden,* der dem Pathischen und Pathologischen methodisch Vorrang einräumt, ohne dass von vornherein ausgemacht wäre, ob das, was uns widerfährt, auch schon (und nur) als Störung, Beeinträchtigung oder Gefährdung einer bereits gegebenen Normalität einzustufen ist. Normalisiert und normiert wird allemal nur das, was nicht von sich aus einfach normal *ist,* sondern allenfalls *als* normal aufgefasst, verstanden, gewertet wird. Und dabei ist das Widerfahrende nicht eindeutig als Negatives zu charakterisieren[3], sofern das nahelegt, das Negative sei entweder nur als Kehrseite eines Positiven zu verstehen oder es dränge – gemäß dialektischem Vorbild – von sich aus zur Selbstaufhebung hin. Mit Recht wird auch in dieser Hinsicht immer wieder auf dem allzu oft übersehenen *kleinen ‚als'* insistiert, das bereits in *Der Spielraum des Verhaltens*[4] als signifikative Differenz diskutiert wurde.

Unter diesen Voraussetzungen knüpft Waldenfels an einen der Grundbegriffe der aristotelischen Kategorienschrift, nämlich an das *páthos*, an, ohne es allerdings noch von vornherein der Schirmherrschaft des Guten

---

1 Vgl. Burkhard Liebsch, „Kritische Kulturphilosophie als restaurierte Geschichtsphilosophie? Anmerkungen zur aktuellen kultur- und geschichtsphilosophischen Diskussion mit Blick auf Kant und Derrida", in: *Kantstudien* 98 (2007), Heft 2, S. 183-217.
2 Bes. von Georges Canguilhem mit Bezug auf Kurt Goldstein, in: *Das Normale und das Pathologische*, München 1974 [1943/²1966]; vgl. Heinrich Schipperges, *Homo patiens*, München, Zürich 1985; Burkhard Liebsch, „Vom Logos zum Pathos des Lebendigen", Antrittsvorlesung am Humboldt-Studienzentrum der Universität Ulm (1996), in: *Zu denken geben: Identität und Geschichte*, Ulm 1997, S. 13-38.
3 André Green, *Le travail du négatif*, Paris 2011; Emil Angehrn, Joachim Küchenhoff (Hg.), *Die Arbeit des Negativen. Negativität als philosophisch-psychoanalytisches Problem*, Weilerswist 2014.
4 Bernhard Waldenfels, *Der Spielraum des Verhaltens*, Frankfurt/M. 1980.

oder des Einen unterstellen zu wollen – wie es noch beim Neuplatoniker Plotin der Fall war, der behauptete, die menschliche Seele habe sich ihre „Unverletzlichkeit" verscherzt. Sie finde sich aus eigener Schuld „in die Bande des Leibes" verstrickt und „dem Druck und Stoß aller andern Dinge ausgesetzt", auf die Gefahr hin, jeglichem Übel und jeder denkbaren Strafe in einer endlosen Irrfahrt ausgeliefert zu werden.[5] Im gleichen, ebenfalls noch platonisch geprägten Verständnis wird Boethius seinen das ganze Mittelalter hindurch gelesenen *Trost der Philosophie* schreiben und noch Marsilius von Padua behaupten, nackt werde jeder geboren „und schwach, affizierbar und zerstörbar".[6] Beide lassen ihre Leser*innen glauben und hoffen, dass ihr unausweichliches Ausgesetztsein in der Welt, in der sie auf alle erdenklichen Weisen verletzt, verwundet und vernichtet werden können, nicht ‚das letzte Wort' haben wird und dass die Philosophie einem innerweltlich nicht mehr anfechtbaren Heil auf der Spur ist, das jegliches *páthos* zu überwinden verspricht.

Diese Philosophen wissen offenbar seit langem um das Ausgesetztsein der Seele in der Welt, ihre Affizierbarkeit und Verletzbarkeit, bauen aber darauf, dass alles Üble (*malum*), das ihr widerfährt[7], nur privativ zu verstehen ist und dass es auf Wegen erinnernder Hinwendung zum Guten überwindbar sein wird, wenn nicht diesseits, dann doch jenseits des Todes, der insofern zu einer Heimkehr einlädt – zumindest diejenigen, die daran glauben.

Eine in diesem Sinne alles umgreifende und in sich bergende, universale Ordnung ist aber Waldenfels' früheren Befunden zufolge längst zerfallen. Er wiederholt zwar das aristotelische Diktum, die Seele sei „auf gewisse Weise alles", und sympathisiert offenbar mit dem Gedanken, dass sie „unter die Dinge gemischt" existiert (137)[8], da er zu dem Schluss kommt, auch der Bezug zum Anderen gehe „immer auch durch die Dinge" (152). Wenn auch die Seele selbst kein Ding ist, das wie Kants „Ich" auch ein „Es" sein könnte, das denkt, oder ein „Un-Ding" (Friedrich

---

5 Plotin, *Enneaden* IV 8 [6].
6 Zit. n. Thomas Leinkauf, *Grundriss. Philosophie des Humanismus und der Renaissance (1350–1600), Bd. 1, 2*, Hamburg 2017, S. 830; Boethius, *Trost der Philosophie*, Stuttgart 1986.
7 Canguilhem, *Das Normale und das Pathologische*, S. 151.
8 Wie ein Zitat von Marcel Mauss nahelegt (137).

Schlegel[9]), so kann sie doch nur vermittels der Dinge zu Anderen, zur Welt und auch sich selbst in Beziehung stehen. Aber das will Waldenfels ohne platonische Rückversicherung beim Einen und Guten denken; und er bestreitet, dass wir je in einer alles umfassenden Ordnung aufgehen können (ob wir es wollen oder nicht). Sollten Psychoanalytiker oder Philosophinnen noch eine Art „Seelsorge" offerieren wollen, so müssten sie *insofern* „ohne Zusatzangebote" auskommen, die Linderung seelischen Schmerzes oder Leidens, Therapie, Heilung oder gar ein finales Heil mit Blick auf eine solche Ordnung in Aussicht stellen.

Statt das affizierbare, verletzbare, leidende Leben in der Welt im Rekurs auf eine solche Ordnung sofort zu überspringen, verlangt Waldenfels, es endlich in dem, wie es sich zeigt, ernst zu nehmen und von ihm auszugehen, ohne es bloß als Beraubung (*steresis, privatio*) von etwas Anderen, also privativ zu werten. So öffnet sich im Rückgang auf das Pathische ein weites Feld der Forschung – wieder, möchte man sagen, denn vom Buch *Hiob* über die *Psalmen*, Vergils *Aeneis* und Dantes *Göttliche Komödie* bis hin zur consolatorischen Literatur des Mittelalters und der Gewaltkritik eines Bartolomé de Las Casas hatte man es doch in der Vergangenheit keineswegs nur mit beschönigenden Beschreibungen dessen zu tun, wie wir Menschen dem Pathischen, Schmerzen und Leiden vielfältigster Gestalt ausgesetzt sind.[10] Selbst Hegel wusste darum, wie seine Vorlesungen zur Vernunft in der Geschichte beweisen, die allerdings jegliches Mitleiden und jegliche subjektive Heil- und Trostbedürftigkeit angesichts des Nichtwiedergutzumachenden in der Aussicht auf ein buchstäblich trostloses Ende der Geschichte im Unendlichen relativieren. Trost sei ohnehin nur „im Endlichen zu Hause", wo für die Philosophie letztlich nichts ultimativ Befriedigendes zu gewinnen ist, wie er offenbar meinte.[11]

---

9 Burkhard Liebsch, „Substanz, Un-Ding, Passage. Geschichte, Gegenwart und Zukunft der Seele in deutsch-französischer Perspektive", in: Thomas Ebke, Sabina Hoth (Hg.), *Die Philosophische Anthropologie und ihr Verhältnis zu den Wissenschaften der Psyche*, Berlin, Boston 2018, S. 259-282.

10 Eberhard Schockenhoff, *Kein Ende der Gewalt?*, Freiburg i. Br. 2018, S. 22-41; Burkhard Liebsch, „‚Uralter' Krieg und Neue Kriege. Fordert die neuere Gewaltgeschichte zur Revision der menschlichen *conditio historica* heraus?", in: *Allgemeine Zeitschrift für Philosophie* 43 (2018), S. 193-216.

11 Georg W. F. Hegel, *Vorlesungen über die Philosophie der Weltgeschichte. Bd. I*, Hamburg 1994, S. 78; vgl. Michael Ignatieff, „Wir Menschen sind über Raum und Zeit hinweg Geschwister", in: *DIE ZEIT*, 3 (2020), S. 51; Burkhard Liebsch, Bernhard B. F. Taureck, *Trostlose Vernunft? Vier Kommentare zu Habermas' Konfiguration von Philosophie und Geschichte, Glauben und Wissen*, Hamburg 2021.

Man weiß ungeachtet dessen jedoch seit langem vom ‚unaufhebbar' Üblen, vom Schmerz und vom Leiden – und auch darum, dass Menschen *aus ihm* leben. Verlangt man nicht seit jeher aufgrund der ‚Negativität' am eigenen Leib erlittener Ungerechtigkeit nach Gerechtigkeit (nicht zuletzt für Andere)? Ruft nicht die Gewalt von nicht enden wollenden polemogenen Antagonismen seit langem das Verlangen nach Befriedung der politischen Lebensverhältnisse auf den Plan? Fragt man sich nicht seit langem auch, ob nicht alle ästhetische Vitalität aus einem Leiden sich ableitet, das das Leben geradezu ‚unlebbar' zu machen droht?

Dennoch drängt sich nicht zuletzt bei der Lektüre philosophischer Curricula der Eindruck auf, der Prozess der entsprechenden ‚Erdung' menschlichen Lebens im Ausgang von einer Phänomenologie seiner pathischen Verfasstheit habe allenfalls sporadisch begonnen bzw. als habe er sogar weniger denn je einen Ort freier Auseinandersetzung, wo man in weitgehend verschulten, erfahrungsarmen Instituten *Credit Points* und Drittmittel bewirtschaftet. So sind es, wie so oft, vor allem philosophische Dissidenten, die die Erinnerung an gerade das wachhalten, woraus auch nach Waldenfels' Überzeugung alle Philosophie hervorgeht: aus der prä-disziplinären Nicht-Philosophie eines Lebens, das von Geburt an rückhaltlos den Anderen, der Welt, aber auch sich selbst ausgesetzt ist – auf der vielleicht nie endenden Suche nach einem lebbaren Leben, von dem Christa Wolf mit Blick auf Karoline v. Günderrode und Heinrich v. Kleist sagte, es habe womöglich „keinen Ort" und es sei „nirgends" zu finden.[12] In der Tat muss man bezweifeln, ob uns Philosoph*innen, die davon rein gar nichts ahnen lassen, etwas lehren können – so provisorisch, wie im Dunklen tastend und anfechtbar sich auch alles ausnehmen mag, was in der Forschung nach einem zugleich ausgesetzten und an seiner Lebbarkeit ‚interessierten' Leben bislang zu Tage gefördert wurde. Man denke an Judith Butlers Konzept der *livability* oder an Jean-Luc Nancys Rekonstruktion des menschlichen *corpus* als eines prekär exponierten.[13]

Während Nancy seine Überlegungen dazu quasi in der Form eines Selbstgesprächs entfaltet, öffnet sich Waldenfels weitgehend für das, was in benachbarten Diskursen dazu gesagt wurde, und verpflichtet sie alle darauf, von dem Rechenschaft abzulegen, was sich zunächst auf vor-diskursiven Ebenen abspielt: als das eigentliche Wunder, das darin liegt, dass

---

12 Christa Wolf, *Kein Ort. Nirgends*, Frankfurt/M. 1979, S. 108.
13 Judith Butler, *Precarious Life*, London, New York 2006; Jean-Luc Nancy, *Corpus*, New York 2008.

überhaupt etwas zur Sprache kommt. Eine Philosophie, die nicht in Anbetracht dieses Wunders entwickelt wird, hat das Staunen (*thaumazein*), das sie seit alters für sich in Anspruch nimmt, längst verlernt oder vielleicht nie gekannt. Es sei denn als bloßen Ausgangspunkt, den man mittels einer Wittgenstein'schen Leiter hinter und unter sich lässt, um sich fortan nur noch mit strittigen Geltungsansprüchen zu befassen. Aber kennt sie es noch als unverzichtbares Medium, dessen man sich immer wieder vergewissern muss, wenn auch in vielfältigem Schmerz, wie es bereits Georges Canguilhem nahegelegt hat?[14]

Ob etwas überhaupt zur Sprache kommen kann, um welchen Preis und wie das möglicherweise *nicht* geschieht, nicht geschehen kann oder darf, all das sind Fragen, die sich einem rückhaltlos *ausgesetzten* Leben stellen werden, das spätestens von Geburt an (sicherlich aber schon von der Empfängnis an) Anderen auch *ausgeliefert* ist. Auch das nicht ausgesetzte Kind, das nicht einfach sich selbst überlassen wird, wie es besonders neugeborenen Mädchen vielerorts noch heute widerfährt, *bleibt ein ausgesetztes*, das heißt allem ihm möglicherweise Widerfahrenden ausgesetzt – von elementarer Vernachlässigung über notorisches Nicht-gesehen- und Nicht-gehört-werden, stille Ächtung, unumwundene Diskriminierung und gezielte Verachtung bis hin zu Kriegen und anderen Desastern, denen man sich nur auf die Gefahr hin nähern kann, dass man selbst ‚Sinn und Verstand verliert', ohne jemals zurückzukehren in eine Welt, in der es „heller [wird], wenn jemand spricht", wie Freud sagte.[15]

Was auch immer ‚Philosophie' in dieser Lage in Aussicht stellen kann, um Leidensfreiheit, wie sie Plotin noch vorschwebte, wird es sich nicht mehr handeln können. (Wäre damit nicht auch das menschliche Leben selbst verloren, das sich mangels jeglichen Widerstands geradezu aufzulösen droht, wie Hölderlin behauptete?) Es wird sich allenfalls ausnahmsweise um wirkliche Heilung, viel öfter aber höchstens um eine Art Beihilfe zum Leben mit dem Pathischen und Pathologischen handeln, das zu einem Leben *aus* Leiden und insofern zu *mehr als nur leben* beitragen kann – stets an einer Grenze, wo sich entscheidet, ob wir Anderem und Fremdem nur *ausgesetzt* oder bereits wehrlos *ausgeliefert* sind. Letzteres sollte zunächst die Fürsorge Anderer im Rahmen familialer (wie auch immer inzwischen entkonventionalisierter) Lebensformen verhindern – im Kontext politisch-rechtlicher Strukturen bis hin zur gegenwärtig sich for-

---

14 Canguilhem, *Das Normale und das Pathologische*, S. 65.
15 Sigmund Freud, *Gesammelte Werke, Bd. XI*, London, Frankfurt/M. 1940 ff., S. 422.

mierenden Welt-Bürger-Gesellschaft, die sich Waldenfels gewiss ebenfalls nicht als eine alle vereinnahmende Ordnung vorstellen möchte, ob als globales Dorf, als Weltstaat, als real existierenden Funktionalismus oder exzessiven Finanzkapitalismus. Auch so sind wir ja einander ausgesetzt: als uns selbst und Andere in gedanklichen „Ordnungskäfigen" gefangen Nehmende, die sich merkwürdigerweise von sich aus Auswege ins Nicht-Identische (Adorno), in ein Draußen (Foucault), in eine Exteriorität (Levinas), ins Reale (Lacan), ins Neutrale (Blanchot) oder ins radikal Fremde (Waldenfels) verbauen.

Tatsächlich wurde der Verdacht, wir würden uns mit diesen Konsequenzen im eigenen Leben und Denken gleichsam selbst einmauern, seit langem immer wieder geäußert, nicht zuletzt auch in sozialer Hinsicht.[16] Leicht ist er phänomenologisch allerdings nicht zu erhärten, wenn es denn stimmt, dass es hierbei um „Phänomene" geht, die erst aufzuweisen sind, da sie sich „zunächst *nicht* zeigen" und keineswegs einfach als „Fakten" begegnen. Darin sieht Waldenfels eine Stärke der Psychoanalyse, die ihm weit entgegenkommt: dass sie sich weder in empiristischer Manier auf bloße Fakten beruft, die scheinbar gar keiner Interpretation bedürfen, noch auch in rationalistischer Manier sich über die Erfahrung erhebt. Mit Verve wendet er sich gegen eine regelrechte „Entmachtung der Erfahrung", die als überall von jener signifikativen Differenz unterwanderte allerdings niemals wie eine schlichte Berufungsinstanz fungieren kann, da sie von sich aus der Deutung, der Interpretation und Auslegung bedarf und insofern ohnehin nicht als besonders ‚mächtig' erscheint. So geht es scheinbar darum, aufs Neue zu fragen, was Erfahrung bedeuten kann, wenn sie nicht dem „Bann der natürlichen Einstellung" unterworfen ist – die im Übrigen so natürlich gar nicht ist. Es sei denn, man zählt es gewissermaßen zu ihren Geburtsfehlern, regelmäßig „die grundlegende Frage" verkennen zu lassen, die da lauten soll: „*wovon* sind wir leibhaftig getroffen und *worauf* antworten wir" infolgedessen?

Waldenfels sieht nun eine besondere Verwandtschaft seiner Art, Phänomenologie zu betreiben, zur eher hermeneutisch orientierten Psychoanalyse – von der sich manche fragen werden, ob es sie überhaupt noch gibt, ob sie ihre vielfachen Häresien und Zersplitterungen, Schulbildung und -spaltungen überstanden hat, ob sie die rigorose Kritik ihrer ehemaligen

---

16 Verwiesen sei nur auf François Ewald; vgl. Burkhard Liebsch, *Einander ausgesetzt. Der Andere und das Soziale. Bd. I*, Freiburg i. Br., München 2018, Einleitung und Kap. I.

Deutungsmacht und wiederholte Angriffe aus der Richtung eines positivistischen Wissenschaftsverständnisses oder zuletzt ihre versuchte Reduktion auf *neuroscience* überlebt hat oder überleben wird. Zu den möglicherweise für sie tödlichen Gefahren zählt gewiss auch ihre restlose Überführung in einen weitgehend atheoretischen, soften klinischen Diskurs oder in eine eklektische Theoriesprache, in der von den beiden Freud'schen Topiken über das Lacan'sche Reale bis hin zu Jean-Luc Marions Begriff des Erotischen alles Eingang findet, was gerade passt, und alles ignoriert wird, was gerade nicht passt. Waldenfels knüpft zwar lose an die uralte Rede von der *Seele* an[17], von der man inzwischen technischer als *Psyche* handelt. (Schon dieser semantische Übergang ist nicht unverfänglich, denn seine Seele kann man verkaufen, die eigene Psyche offenbar nicht.[18]) Er tendiert aber deutlich dazu, die oft nur noch in Anführungszeichen auftauchende Psyche als dasjenige, „womit wir eigentlich leben" (294)[19], im Lichte phänomenologisch beschreibbarer Spielräume des Verhaltens zu rekonstruieren, die einem leiblichen Selbst offenstehen. Genau darauf hatte Merleau-Ponty früher seinen Begriff der Existenz gemünzt – nahe bei Autoren wie Karl Jaspers, Martin Heidegger und Paul Ricœur, der zeit seines Lebens von der Überzeugung ausging, die Frage, was es bedeutet *zu existieren?*, könne „nicht von dieser anderen Frage losgelöst werden", was es bedeute *zu denken*. Denn „Philosophie lebt aus der Einheit dieser beiden Fragen und stirbt an ihrer Trennung".[20]

Vielleicht sollte man statt von „Einheit" an dieser Stelle eher von „Verbindung", „Verflechtung" oder „Interferenz" sprechen. Wie dem auch sei,

---

17 So überlebt ein Konzept, das spätestens Mitte des 19. Jahrhunderts für obsolet erklärt worden war. Man denke nur an die entsprechende Bilanz in Friedrich A. Langes *Geschichte des Materialismus* (1866); vgl. Gerhard Knauss, „Anfang und Ende des Denkens von Karl Jaspers", in: Andreas Cesana, Gregory J. Walters (Hg.), *Karl Jaspers: Geschichtliche Wirklichkeit mit Blick auf die Grundfragen der Menschheit*, Würzburg 2008, S. 21-32; Burkhard Liebsch, „Psychologie und Seele als Anachronismen. Rückfragen an K. v. Stuckrad: *Die Seele im 20. Jahrhundert*"; in: *e-Journal Philosophie der Psychologie* (2019), <http://www.jp.philo.at/texte/LiebschB2.pdf>, letzter Zugriff 26.11.2020.
18 Vor diesem Hintergrund wohl bemerkte Hans Carossa: „Eine Psyche hat heutzutage jeder, Seelen aber gibt es weniger denn je." Zit. n. Hans Blumenberg, *Schriften zur Literatur 1945–1958*, Berlin 2017, S. 337.
19 Platon, *Politeia* IV, 445 a; *Sämtliche Werke Bd. 2*, Reinbek ³²2008, S. 347. In der Übersetzung Schleiermachers heißt es: „wodurch wir doch eigentlich leben".
20 Paul Ricœur, „Philosophieren nach Kierkegaard", in: Michael Theunissen, Wilfried Greve (Hg.), *Materialien zur Philosophie Sören Kierkegaards*, Frankfurt/M. 1979, S. 579-596, hier S. 596.

folgt man Ricœur, so müsste man ‚die' Philosophie als weitgehend ‚gestorben' betrachten. Ob man ‚die' Philosophie in diesem Sinne bereits für eine erledigte Angelegenheit halten muss (nachdem ja auch schon die Geschichte und der Mensch ‚am Ende' zu sein scheint, wenn man dem amerikanischen Propheten Francis Fukuyama in dieser Hinsicht glauben darf), kann dahingestellt bleiben, solange man noch mit Waldenfels daran festhält, dass es eine Phänomenologie *von* menschlicher Erfahrung geben können müsste, die auch *aus* ihr entspringt und von ihr inspiriert bleibt. Ihr Begründer Edmund Husserl hatte dabei vor allem die Psychologie im Sinn, die aber nach einigen psychologisch-phänomenologischen Intermezzi ihrerseits ihren ursprünglichen Titelbegriff, unter dem sie vor Ernst H. Weber, Gustav T. Fechner und Wilhelm Wundt etwa bei Karl P. Moritz noch als *Erfahrungsseelenkunde* firmierte, längst hat aufgeben müssen, nachdem sie sich bereits von einer Wissenschaft des Bewusstseins (Wilhelm Wundt) zu einer Wissenschaft des Verhaltens (John Watson, Burrhus F. Skinner) gewandelt hatte, die schließlich in eine Kognitionswissenschaft transformiert wurde, welche sich wiederum längst in *mental science, artificial intelligence* und *neuroscience* aufzulösen droht[21], bei der man Philosophen jedenfalls nicht mehr zu vermissen scheint.

Auch Henri Bergson hatte festgestellt, dass uns die Seele ungeachtet einer zweieinhalbtausendjährigen Begriffs- und Ideengeschichte „kein Stück weitergebracht" habe und dass, „wenn es wirklich ein Problem der Seele gibt", man es „in Ausdrücken der Erfahrung" neu aufwerfen müsse.[22] „Was man früher Seele nannte"[23], scheint sich aber derart weitgehend verflüchtigt zu haben, dass sie (wie bei Cornelius Castoriadis) *nur noch als verlorenes Objekt* infrage kommt – das sich, wie manche vermuten, seinerseits von Anfang an gegen eine ursprüngliche Alterität zu behaupten versucht hat (78). Ob wir nun dennoch weiterhin von ‚seelischem' oder ‚psychischem' Leben oder stattdessen von einem leiblichen Selbst reden, ist am Ende vielleicht nicht so wichtig, vorausgesetzt, es wird deutlich, welchen Erfahrungen man mit Hilfe solcher Begriffe beizukommen versucht. Darunter Erfahrungen des Verlusts, der Abwesenheit, des Fehlens

---

21 Carl F. Graumann, „Bewußtsein und Verhalten. Gedanken zu Sprachspielen in der Psychologie", in: Hans Lenk (Hg.), *Handlungstheorien interdisziplinär*. Bd. 3, 2. Halbbd., München 1984, S. 547-573.
22 Henri Bergson, *Die beiden Quellen der Moral und der Religion* [1932], Hamburg 2019, S. 276.
23 Al Alvarez, *Der grausame Gott. Eine Studie über den Selbstmord*, Frankfurt/M. 1981, S. 233.

und Vermissens Anderer, der Trauer[24], die sich wohl nach wie vor nicht auf Informationen reduzieren lassen[25], deren man sich heute algorithmisch zu bemächtigen versucht. Die entsprechende digitale Vernetzung habe inzwischen auch die Seele erreicht, so Waldenfels (195). Dass ein leibliches Selbst niemals wirklich ‚ins Netz gehen' kann, wie es eine gedankenlose Redeweise besagt, leuchtet ohne Weiteres ein. Aber ist nicht alles, was sich nicht per Information über es ‚in Erfahrung bringen' lässt, schlicht irrelevant, vernachlässigenswert und für ökonomische Zwecke unbrauchbar? Die Frage, was man heute von einem Menschen wissen kann, stand am Eingang von Sartres monumentaler Flaubert-Studie, die mit ihrer progressiv-regressiven Methode immensen hermeneutischen Aufwand betrieb, der heute obsolet zu werden scheint. Die einschlägigen Firmen wissen angeblich längst alles über uns, jedenfalls viel mehr als wir selbst und nächste Angehörige, Freunde usw. Und was sie noch nicht wissen, können sie algorithmisch mit höchster Wahrscheinlichkeit aus dem ableiten, was bereits bekannt ist. Was oder wer wir ‚darüber hinaus' noch sind, wofür sollte das noch Bedeutung haben, zumal man sein Privatleben bedenkenlos preisgibt, da man angeblich „nichts zu verbergen" hat, wie es regelmäßig heißt?

Das sind dringende Fragen in Zeiten eines massiven „Alteritätsverlusts" (19), der einzutreten scheint, obgleich sich der Schleier einer langanhaltenden „Alteritätsvergessenheit" (Marcel Hénaff) gerade erst zu lüften begann. Nicht aber, um zu offenbaren, was ‚dahinter' verborgen ist, sondern, im Gegenteil, um deutlich zu machen, was uns so oder so *entzogen bleibt*. Waldenfels spricht, wie eingangs erwähnt, von einem regelrechten „Entzugsverlust" (137), dem es entgegenzuwirken gelte, so als drohe uns paradoxerweise jeglicher radikale Entzug abhandenzukommen, um schließlich selbst zu fehlen. Es gehe deshalb darum, „Fremdes zu provozieren". Warum aber, wenn es sich doch radikal entzieht, auch wenn es sich in leibhaftiger Präsenz abzuzeichnen scheint, in der es allerdings „niemals völlig" aufgeht, da es sie „immer" überschreitet, da es sich „nie" ganz bewusst machen, identifizieren und normalisieren lässt, so dass wir insofern so wenig wie die Künstler mit ihren Kompositionen je „zur Ruhe kommen" (227) – nicht einmal in einer paradiesischen Gegenwart als „rettende[r] Insel, ungetrübt von Erinnerungen und Erwartungen" (231)?

---

24 Vf., *Revisionen der Trauer. In philosophischen, geschichtlichen, psychoanalytischen und ästhetischen Perspektiven*, Weilerswist 2006.
25 Peter Wehling (Hg.), *Vom Nutzen des Nicht-Wissens*, Bielefeld 2015.

Wenn wirklich „jede Erfahrung über sich selbst hinausweist, anderes mit sich führt" (206), besteht dann überhaupt Grund zur Sorge, die in der Rede von einem befürchteten Entzugsverlust zum Ausdruck kommt?

In die gleiche Richtung weist aus Waldenfels' Sicht, was von psychoanalytischer Seite über das Unbewusste gelehrt wird, das nach wie vor als ihr *Schibboleth,* ihr Losungswort, gelten soll, ohne das man ihr „Reich" angeblich nicht betreten kann. So ist gewissermaßen jeder sich selbst entzogen und kann Anderen nur als ihrerseits sich selbst Entzogenen begegnen. Infolgedessen ist man ist nie (ganz) da, wo man wahrgenommen wird – was möglicherweise auch zu bedauern ist. Droht uns nicht auch das Ganz-da-sein für Andere abhanden zu kommen? Auch dieses steht allerdings vor der Frage, wie man sich mit dem eigenen Unbewussten und mit der Fremdheit des Anderen „vertragen" kann. Wie das gelingen kann, steht dahin, zumal nichts *daran* zu ändern sein wird, dass wir „einander fremd sind und bleiben", was auch immer man dagegen unternehmen wird. An dieser Stelle von Therapie oder Heilung zu sprechen, wäre gänzlich verfehlt. Weder wird man die Fremdheit des eigenen Unbewussten noch auch die des Anderen überwinden. Und dabei wird es niemals zu einer wenigstens vorübergehend durchgängigen Verständigung oder gar zu ‚restloser' Vergemeinschaftung kommen. Vielmehr werden sich auf allen diesen Ebenen des leiblichen Selbstseins, der Kommunikation und der Etablierung sozialer und politischer Lebensformen mannigfaltige Fremdheiten gleichsam überlagern und uns immer wieder mit der „gelebten Unmöglichkeit" konfrontieren, dem jeweils Fremden als solchem gerecht zu werden – was gewiss nicht dadurch gelingen wird, dass sich nun jede(r) als Fremde(r), als Exilierte(r) oder zu einem diasporischen Dasein Verurteilte(r) versteht. So würde sich doch wieder nur der Schleier einer höchst fragwürdigen, fremdheitsvergessenen Einheit über das Soziale legen und dessen befremdende „Ränder", „Risse", „dunkle Reste", „Spalten" und sonstige Unergründlichkeiten kaschieren, von denen immer wieder die Rede ist.

Die beklagte Fremdheits- oder Alteritätsvergessenheit lässt sich auch als Natalitäts- und Generativitätsvergessenheit verstehen, wenn es denn stimmt, dass die Fremdheit unserer selbst in der Vorzeitigkeit unseres leib-

lichen Daseins gründet.[26] Denn wir sind überhaupt nur dank Anderer ‚da'
– und zwar auf eine leibhaftige Art und Weise, die nur verspätet und in
gewissen Grenzen ‚zu sich' kommen kann.[27] Von ihnen her sind wir ‚zur
Welt gekommen', wo wir scheinbar nie ganz ankommen als ursprünglich
und unüberwindlich Welt-Fremde, die nur *vorübergehend, als Vorüberge-
hende* und *im Aneinander-Vorübergehen* gegebenenfalls auch *füreinander
‚da'* sein können. Nur unter dieser sozialen Voraussetzung ist auch das un-
aufhebbare Einander-Ausgesetzt-Sein zu denken, das Waldenfels u.a. mit
Levinas und Didier Anzieu in Betracht zieht. Wir sind uns leibhaftig
selbst, der Welt und Anderen jedoch so ausgesetzt, dass damit unvermeidlich die kritische Frage einhergeht, wie es möglich ist, dass es nicht in
wehrlose *Auslieferung* umschlägt, die jeder Erwachsene Freud zufolge ab-
zuwehren sucht und doch „anerkennen muß", wie er in *Die Zukunft einer
Illusion* schreibt. Diese Abwehr wird umso mehr das spätere Leben als
eine Form bloßen Überlebens bestimmen, wie Andere ihren Aufgaben
nicht entgegenkommen und die Nachkommenden nicht vor traumatogenen
Erfahrungen des Ausgeliefertseins bewahren – von der frühen „Vernich-
tungsangst" über die infantile Sprachlosigkeit bis hin zur späteren Nicht-
einbeziehung und Ächtung, die noch jeden, der im Vollbesitz bürgerlicher
Rechte ist, um sein soziales Leben bringen und einen politischen Tod nach
sich ziehen kann, der an die frühe Angst erinnern mag.

Vor einem *social death*[28] sollen Praktiken der Fürsorge, des Für-Ande-
re-Daseins und der Befähigung[29] bewahren, deren frühen Ausfall oder
Mangelhaftigkeit ein in der Regel viel zu spät kommendes therapeutisches
„helfendes Tun" allerdings kaum zu kompensieren vermag. Es wird allenfalls dazu verhelfen, mit den Folgen zu leben, ohne deren mehr oder weniger weit zurückliegende Ursachen aber noch beheben zu können. Die Rede von Therapie und Heilung sollte nicht darüber hinwegtäuschen, dass
ein Anderen radikal ausgesetztes und ausgeliefertes Leben wie das des

---

26 Beim Begriff der Natalität ist *nicht* allein an H. Arendt zu denken, auf die man ihn immer wieder zurückführt, obgleich sie weder die Leiblichkeit noch auch die Generativität besonders in Betracht gezogen hat; vgl. Burkhard Liebsch, *In der Zwischenzeit. Spielräume menschlicher Generativität*, Zug 2016.
27 Beide elementare Befunde spielen in Heideggers Lehrbuch der Existenzialontologie, *Sein und Zeit*, das heute die philosophische Rede vom Dasein dominiert, so gut wie gar keine Rolle.
28 Ein ursprünglich von Orlando Patterson auf die Sklaverei gemünzter Begriff.
29 Amartya Sen, „The Standard of Living", in: *The Tanner Lectures on Human Values*, March, 11/2 1985.

Neugeborenen, des Kindes und Heranwachsenden nach Antworten verlangt, die von der lobenswerten Achtung der Fremdheit des Anderen allein gewiss nicht eingelöst werden.[30] Mit einem solchen Leben geht unvermeidlich eine besonders von Levinas wieder in Erinnerung gerufene (uralte) Frage einher: *Wo bist du?* Das heißt hier: *Bist du für mich da?* Auf diese Frage ist in generativen Lebensformen zu allererst mit dem eigenen Leben zu antworten, das das Für-den-Anderen-da-sein *praktisch bezeugt.* Erstaunlich ist, wie weitgehend das in Theorien der Identität übersehen werden konnte, die die Frage, *wer* jemand (im Verhältnis zu Anderen und für Andere) ist, unter Rückgriff auf Wilhelm Diltheys Begriff des hermeneutischen „Lebenszusammenhangs" glauben allein in narrativer Hinsicht beantworten zu können. Dieser Zusammenhang konnte sich schon zu Robert Musils Zeiten nicht mehr zu einem Ganzen runden, in dem alle Selbstfremdheit aufgehoben wäre.[31] Einem sich selbst fremdem Selbst, das einem Anderen als Fremdem gerecht zu werden sucht, stehen allerdings noch andere, nicht nur narrative Möglichkeiten dafür zur Verfügung, die bislang zu wenig Beachtung gefunden haben: praktische Formen der Selbst-Bezeugung, in denen sich zeigt, wer man im Verhältnis zu Anderen *als Anderen* gegenwärtig ist – und nicht nur in einer später erzählbaren Vergangenheit gewesen sein wird.[32]

Auch dieses ‚Sich-Zeigen' lässt sich als solches allenfalls ‚aufweisen', nicht beweisen, und verlangt insofern nach einer phänomenologisch-hermeneutischen Explikationsarbeit, die das Ergriffenwerden von der Herausforderung der Bezeugung so wenig wie das *páthos*, um das es Waldenfels geht, *in flagranti* wird erfassen können. Zumal dann nicht, wenn es möglicherweise ein ganzes Leben erfordert, herauszufinden, wie und ‚zu welchem Ende' wir derart ‚ergriffen' und herausgefordert wurden – einmal vorausgesetzt, dass uns dergleichen überhaupt widerfahren ist. Letzteres kann keineswegs als gesichert gelten. So könnte es sein, dass wir es auch mit „Antwortschicksalen"[33] zu tun haben, die paradoxerweise darin lie-

---

30 Vgl. Alfred Schäfer (Hg.), *Kindliche Fremdheit und pädagogische Gerechtigkeit,* Paderborn 2007.
31 Vgl. Boethius, *Trost der Philosophie,* S. 87. Das Grundmotiv des Sich-zum-Kreisrundens bleibt über Hegel bis hin zu Jacques Derridas *Falschgeld. Zeit geben I,* München 1993, bestimmend.
32 Burkhard Liebsch, *Prekäre Selbst-Bezeugung. Die erschütterte Wer-Frage im Horizont der Moderne,* Weilerswist 2012.
33 In Anlehnung an Triebschicksale; vgl. Jan N. Howe, Kai Wiegandt (Hg.), *Trieb,* Berlin 2014.

gen, erst gar nicht einer Responsivität auf die Spur zu kommen, die „zur Sprache drängt". Das betrifft nicht nur das Leben des Einzelnen, sondern auch jede Philosophie, die ihm zur Sprache verhelfen will. Als *pathisch uninspirierte* wüsste sie am Ende gar nichts von befremdlichen Herausforderungen und von womöglich verzweifelten, schließlich scheiternden Versuchen, jemanden auf Erwiderung hin in Anspruch zu nehmen, wer auch immer dieser ‚Jemand' sein wird[34], von dem wir letztlich, wenn es sich um einen *Anderen* im starken Sinne des Wortes handelt, niemals werden wissen können, um wen es sich ‚wirklich' handelt oder gehandelt hat, wie Ricœur halb resigniert, halb hoffnungsvoll eingestand.[35]

So gesehen ist es aber vielleicht doch ein Gewinn radikalen Fragens nach dem/r Anderen als solchem/r, dass wir ihn/sie eingedenk solcher Skrupel davor bewahren, unserem Wissen rückhaltlos ausgeliefert zu werden, das im Zeichen von massiven staatlichen Überwachungspraktiken (wie in China) und algorithmischer Erfassung jeder virtuellen Kommunikation zur nahezu allgegenwärtigen Bedrohung geworden ist. Sie zwingt uns über jene phänomenologisch-hermeneutische Explikationsarbeit hinaus zu normativen und kritischen Stellungnahmen in dissensueller Verständigung darüber, ob wir es *wollen können*, derart erfassbar zu sein, und ob wir Anderen – die als solche wiederum nur dank Anderer ‚zur Welt kommen', ‚da' sein und vorübergehend ‚bleiben' können – überhaupt ein Leben unter der Bedingung seiner durchgängigen Beobachtbarkeit, epistemischen Erfassbarkeit, restloser Verwertbarkeit etc. zumuten dürften. In diesem Sinne gewinnt die angeschnittene Frage nach dem Verhältnis zwischen von Geburt an unvermeidlichem Ausgesetzt-sein einerseits und unzumutbarer Auslieferung an Andere andererseits gegenwärtig welt-geschichtliche Konturen. Hat diese Frage keinen Ort mehr zwischen prä-disziplinärem Leben, inter- und transdisziplinären Diskursen, dann steht zumindest *eine* Antwort scheinbar bereits fest: nämlich die, dass wir als An-

---

34 Bezeichnenderweise geht sogar in religionsphilosophischen Diskussionen die Reduktion von sozialen Lebensformen auf bloßes ‚Problemelösen' unwidersprochen durch; vgl. Burkhard Liebsch, „Religiöse Lebensformen und deren Kritiker*innen in der Kritik", in: Katharina Eberlein-Braun, Dietrich Schotte (Hg.), *Gelingen und Misslingen religiöser Praxis,* Berlin 2020, S. 139-170.
35 Paul Ricœur, *Das Selbst als ein Anderer*, München 1996, S. 426. Hier heißt es, dass der Philosoph zugeben müsse, „daß er nicht *weiß* und nicht sagen *kann*", ob es sich auf der „Spur des Anderen" um einen Anderen handelt, „dem ich ins Angesicht sehen oder der mich anstarren kann, oder [um] meine Ahnen, von denen es keinerlei Vorstellung gibt", oder um „Gott [...] – oder eine Leerstelle". Bei dieser „Aporie des Anderen" bleibe der philosophische Diskurs *nolens volens* stehen.

dere und Fremde in einer Welt, die kein ‚Draußen', keine Exteriorität und keine radikale Fremdheit mehr kennt, auch keine Bleibe haben, nicht einmal vorübergehend, als Vorübergehende(r) und im Vorübergehen – wie es schon Hölderlin zu wissen glaubte, als er schrieb: „Ich habe bei den Menschen / Kein friedlich Bleiben nicht", und wie es noch Blanchot bestätigte, indem er Rilke mit den Worten zitierte: „Bleiben ist nirgends."[36]

---

36 Burkhard Liebsch, *Zeit-Gewalt und Gewalt-Zeit. Dimensionen verfehlter Gegenwart in phänomenologischen, politischen und historischen Perspektiven*, Zug 2017, S. 129-152.

Fremde Ansprüche zu Gehör bringen. Zur responsiv-phänomenologischen Deutung religiöser Erfahrung

Franz Gmainer-Pranzl

Religionsphänomenologische Zugänge, die in der ersten Hälfte des 20. Jahrhunderts den Diskurs über „Religion" maßgeblich prägten, verloren mit einer verstärkt kulturwissenschaftlichen Ausrichtung und einer konsequent empirischen Methodologie der religionswissenschaftlichen Forschung ihre Plausibilität. Hatte Rudolf Otto (1869–1937), einer der klassischen Vertreter der Religionsphänomenologie, in seinem Werk *Das Heilige* (1917) „das Numinose" noch als eine „Kategorie vollkommen sui generis"[1] bezeichnet und die „Idee des Heiligen" als kultur- und vernunftunabhängige Größe verstanden,[2] oder Gerardus van der Leeuw (1890–1950) in seiner *Phänomenologie der Religion* (1933) die Religionsphänomenologie von allen anderen Disziplinen – sogar von der Religionsphilosophie – strikt abgegrenzt[3] und „Religion" als Erscheinung einer überhistorischen Wirklichkeit begriffen,[4] sah etwa Clifford Geertz (1926–2006) die Aufgabe einer (ethnologischen) Analyse von „Religion" in der „Erforschung der Bedeutungssysteme" (die vor allem durch Rituale zur Geltung kamen) sowie im „Inbeziehungsetzen dieser Systeme mit soziokulturellen und psy-

---

1 Rudolf Otto, *Das Heilige. Über das Irrationale in der Idee des Göttlichen und sein Verhältnis zum Rationalen*, München 1991, S. 7.
2 „Nicht Leistung für Kultur, nicht Beziehung auf ‚Grenzen der Vernunft' und ‚der Humanität', die man vorher und ohne sie selber glaubt ziehen zu können, nichts ihr Äußerliches kann im letzten Grunde der Maßstab sein für den Wert einer Religion als Religion. Nur das, was ihr eigenstes Innerstes ist, die Idee des Heiligen selber, und wie vollkommen eine gegebene Einzelreligion dieser gerecht werde oder nicht, kann hier der Maßstab abgeben" (ebd., S. 200).
3 Vgl. Gerardus van der Leeuw, *Phänomenologie der Religion*, Tübingen ³1970, S. 784-787.
4 „Von einer historischen ‚Entwicklung' der Religion weiß die Phänomenologie nichts […], von einem ‚Ursprung' der Religion noch weniger" (ebd. S. 787), so eine bekannte These van der Leeuws.

chologischen Prozessen"⁵. Durch diesen Bezug religiöser Wirklichkeit auf kulturell konstituierte Symbolsysteme, in denen sich nicht einfach ein „Wesen (des Heiligen)" zeigt, sondern eine Bedeutung, die es zu interpretieren gelte, verlor der bisherige religionsphänomenologische Ansatz an Boden: „*Das Heilige* als religionswissenschaftliche Kategorie, als zentralen Begriff zum Kriterium für das Wesen der Religion und zur Erfassung ihrer Eigenständigkeit"⁶ wahrzunehmen, geriet in die Kritik historisch, empirisch, kulturwissenschaftlich bzw. auch postkolonial ansetzender Religionswissenschaft, die der (Religions-)Phänomenologie als solcher vorwarfen, „dass sie Wesensaussagen über Phänomene unabhängig von deren historischen und sozialen Kontexten gewinnen will"⁷. Zudem seien religionsphänomenologische Ansätze in hohem Maß von christlich-theologischen Vorgaben wie etwa biblischen Motiven, dem Glauben an einen Gott oder einem Konzept von „Offenbarung" geprägt.⁸

Dass die vielfach totgesagte Religionsphänomenologie in letzter Zeit wieder eine gewisse Aufmerksamkeit erfährt, hängt – neben einem neuen Interesse für Denker wie Friedrich Heiler (1892–1967) oder Mircea Eliade (1907–1986) sowie für Ansätze einer Intentionsforschung in der Neustil-Religionsphänomenologie von Jacques Waardenburg (1930–2015)⁹ – nicht zuletzt mit dem Beitrag der responsiven Phänomenologie von Bernhard Waldenfels zusammen, der sich nicht nur um einen präzisen und kritischen Begriff phänomenologischen Denkens als solchem bemühte,¹⁰ sondern auch einen spannenden religionsphänomenologischen Neuansatz entwickelte, so bereits im Schlusskapitel seines Buches *Hyperphänomene* (2012)¹¹ und neuerdings im vierten Kapitel von *Erfahrung, die zur Sprache drängt* (142-175). Die Auseinandersetzung mit religiöser Erfahrung, die Waldenfels in seiner phänomenologischen Studie zur Psychoanalyse und Psychotherapie bietet, versteht sich nicht als systematische Religions-

---

5 Clifford Geertz, „Religion als kulturelles System", in: ders., *Dichte Beschreibung. Beiträge zum Verstehen kultureller Systeme*, Frankfurt/M. 1983, S. 44-95, hier S. 94.
6 Günter Lanczkowski, *Einführung in die Religionsphänomenologie*, Darmstadt 1978, S. 39.
7 Klaus Hock, *Einführung in die Religionswissenschaft*, Darmstadt ⁵2014, S. 70.
8 Zur kritischen Auseinandersetzung mit klassischen religionsphänomenologischen Konzepten vgl. Richard Schaeffler, *Phänomenologie der Religion. Grundzüge ihrer Fragestellungen*, Freiburg, München 2017, S. 32-33.
9 Vgl. Hock, *Einführung in die Religionswissenschaft*, S. 67-70.

phänomenologie, sondern als Aspekt des (von Bernhard Waldenfels fingierten) Dialogs der Zeitgenossen Sigmund Freud (1856–1939) und Edmund Husserl (1859–1938), der in „die Anfänge von Phänomenologie und Psychoanalyse" (11) führt und erstaunliche Parallelen und – bei aller bleibenden Differenz – wechselseitige Erschließungen und Anknüpfungsmöglichkeiten von psychoanalytischen und phänomenologischen Ansätzen aufzeigt. Die responsive Phänomenologie erweist sich jedenfalls als Schlüssel, um religiöse Erfahrung so zu interpretieren, dass sie sowohl dem Selbstverständnis des Religiösen als herausforderndem Anspruch als auch der Kritik von Religion, wie sie nicht zuletzt von Sigmund Freud geübt wurde, gerecht wird. Die folgenden Überlegungen verstehen sich als Folge einer inspirierenden Lektüre des Kapitels „Psychoanalyse und Religion zwischen eigenen Wünschen und fremden Ansprüchen" in *Erfahrung, die zur Sprache drängt*; sie setzen (1) bei der psychoanalytischen Religionskritik an, zeichnen (2) die responsiv-phänomenologische Antwort auf Freuds Infragestellung nach und versuchen, aus dieser Auseinandersetzung (3) Impulse für eine kritisch-responsive Religionsphänomenologie zu gewinnen.

10 So etwa in einem Aufsatz aus dem Jahr 1989: „Für eine Phänomenologie, die als Philosophie auftritt und nicht bloß als neutrale oder subsidiäre Beschreibungskunst, sind Phänomene keine realen Vorkommnisse, auf die man mit Fingern zeigen kann. Etwas wird zum Phänomen, wenn die Art und Weise thematisiert wird, in der es als solches, in Zusammenhang mit anderem, für mich und für uns zum Vorschein kommt. Insofern macht Phänomenologie sichtbar, indem sie das Sichtbarwerden des Gesehenen und seine Sichtbarkeit mit in den Blick bringt" (Bernhard Waldenfels, „Das Rätsel der Sichtbarkeit. Kunstphänomenologische Betrachtungen im Hinblick auf den Status der modernen Malerei", in: ders., *Der Stachel des Fremden*, Frankfurt/M. 1990, S. 204-224, hier S. 205). Vgl. eine weitere Definition Waldenfels' aus den frühen 1990er Jahren: „Die Phänomenologie gelangt einzig dann auf ihren Weg, wenn sie in dem, was erscheint, die Art und Weise, wie es erscheint, und die Grenzen, in denen es erscheint, mit bedenkt. Eine Phänomenologie der Erfahrung steht und fällt mit der Voraussetzung, dass Sachverhalt und Zugangsart nicht voneinander zu trennen sind" (Bernhard Waldenfels, „Fremderfahrung und Fremdanspruch", in: ders., *Topographie des Fremden. Studien zur Phänomenologie des Fremden 1*, Frankfurt/M. 1997, S. 16-53, hier S. 19).
11 Vgl. Bernhard Waldenfels, „Religiöse Transzendenz", in: ders., *Hyperphänomene. Modi hyperbolischer Erfahrung*, Berlin 2012, S. 353-412.

I. Freuds Religionskritik als Anstoß einer phänomenologischen Besinnung

Die Kritik Freuds am religiösen Glauben ist zum fixen Bestandteil religionspsychologischer Auseinandersetzung (auch wenn die Psychoanalyse weithin kognitiven Ansätzen gewichen ist) sowie auch fundamentaltheologischer Reflexion psychoanalytischer Religionskritik geworden. Dass Freud religiöse Einstellungen mit Neurosen verglich und als Illusion charakterisierte, gehört gewissermaßen zum tiefenpsychologischen Wissenskanon. Dabei gilt Freud als „Religionspsychologe wider Willen"[12], insofern er als Facharzt für Psychiatrie zunächst nur indirekt mit Religion zu tun hatte und sich diesem Thema aus psychopathologischer Perspektive annäherte. Auch wenn Freud in seinem Beitrag „Die Zukunft einer Illusion" (1927) den Begriff „Illusion" deutlich von „Irrtum" abgrenzte, weil er die Orientierung an Wünschen als stärkende und schützende Strategie der Lebensbewältigung ansah,[13] haftet der Religion der Beigeschmack des Hemmenden und Regressiven an, was die menschliche Entwicklung betrifft: „Der Gläubige lässt sich seinen Glauben nicht entreißen, nicht durch Argumente und nicht durch Verbote."[14] Eine Zerstörung dieser Illusion wäre nach Freud eine „Grausamkeit", weil sich der religiöse Mensch an die Wirkung dieses „Narkotikums"[15] gewöhnt habe. Aber, so der vielzitierte Satz aus diesem Aufsatz: „Der Mensch kann nicht ewig Kind bleiben, er muss endlich hinaus ins ‚feindliche Leben'. Man darf das ‚die *Erziehung zur Realität*' heißen […]."[16] Die Entwöhnung von Religion bzw. die Aufklärung religiöser Erfahrungen gleiche einer Überwindung des „Infantilismus", betont Freud, der damit sowohl an das Säkularisierungs-

---

12 Godwin Lämmermann, *Einführung in die Religionspsychologie. Grundfragen – Theorien – Themen*, Neukirchen-Vluyn 2006, S. 139.
13 „Eine Illusion ist nicht dasselbe wie ein Irrtum, sie ist auch nicht notwendig ein Irrtum […]. Für die Illusion bleibt charakteristisch die Ableitung aus menschlichen Wünschen, sie nähert sich in dieser Hinsicht der psychiatrischen Wahnidee, aber sie scheidet sich, abgesehen von dem komplizierteren Aufbau der Wahnidee, auch von dieser. An der Wahnidee heben wir als wesentlich den Widerspruch gegen die Wirklichkeit hervor, die Illusion muss nicht notwendig falsch, d.h. unrealisierbar oder im Widerspruch mit der Realität sein" (Sigmund Freud, „Die Zukunft einer Illusion", in: ders., *Massenpsychologie und Ich-Analyse. Die Zukunft einer Illusion*, Frankfurt/M. ⁵2000, S. 107-158, hier S. 133 f.).
14 Ebd., S. 151.
15 Ebd.
16 Ebd.

und Entwicklungskonzept des 19. Jahrhunderts[17] als auch an die Religionskritik von Ludwig Feuerbach (1804–1872) anknüpft, der in seinem Werk *Das Wesen des Christentums* (1841) den Glauben an Gott als Projektion des Menschen dekonstruierte.[18]

Bernhard Waldenfels greift diesen psychoanalytischen Verdacht, religiöse Menschen würden „einen auf kindliche Unwissenheit und Hilflosigkeit zurückgehenden ‚Realitätsverlust'" (143) erleiden, auf, folgt aber nicht der traditionellen Gegenüberstellung von „psychischer Normalität" und „religiöser Anomalie", sondern zeigt, „dass Psychoanalyse und Religion sich zwar auf verschiedene Weise, aber doch gleichermaßen an den Rändern der Normalität bewegen" (145); beide berühren einander in der Begegnung mit der Anomalie. Um dieser schwierigen, abgründigen Herausforderung gerecht zu werden und die Spannung zwischen Psychoanalyse und Religion nicht vorschnell aufzulösen, weist Waldenfels auf zwei zentrale Kräfte und Impulse des menschlichen Lebens hin: auf das Wünschen und das Antworten, konkretisiert als Wunschdenken und Andenken; diese beiden bilden „in ihrer jeweiligen Selbst- und Fremdbezüglichkeit einen Kontrast, der an den Nerv von Freuds Religionskritik, aber auch an den Nerv von Religion rührt" (149 f.). Zentral für Freuds Kritik ist die These, Religion sei konstituiert durch ein „infantiles Wunschdenken" (150). In diesem Zusammenhang ist weniger die Frage nach der Existenz Gottes interessant als eher die Frage, ob und wie der Mensch dem „Sog des Wünschens" (ebd.) entrinnen könne. Waldenfels konstatiert bei der Religionskritik (in der Tradition) Freuds eine „mangelnde Würdigung *fremder Ansprüche*, die geeignet wären, den Zirkel der Wunschtriebe und Wunschbilder zu durchbrechen" (152). Dementsprechend steht „der immense Reichtum alteritärer Bezüge", so Waldenfels mit Blick auf Freud, „im Lichtkegel eines Uregoismus, der sich affektiv als ein ursprünglicher

---

17 Prominent vertreten durch Auguste Comte (1798–1857) und seinen *Discours sur l'esprit positif* (1844), in dem er drei Entwicklungsstufen der Menschheit vertritt: das theologische bzw. fiktive, das metaphysische bzw. abstrakte und das positive bzw. reale Stadium.

18 „Das Bewusstsein Gottes ist das Selbstbewusstsein des Menschen, die Erkenntnis Gottes die Selbsterkenntnis des Menschen […]. Gott ist das offenbare Innere, das ausgesprochne Selbst des Menschen; die Religion die feierliche Enthüllung der verborgnen Schätze des Menschen, das Eingeständnis seiner innersten Gedanken, das öffentliche Bekenntnis seiner Liebesgeheimnisse […]. Der Mensch verlegt sein Wesen zuerst außer sich, ehe er es in sich findet. Das eigne Wesen ist ihm zuerst als ein andres Wesen Gegenstand. Die Religion ist das kindliche Wesen der Menschheit […]" (Ludwig Feuerbach, *Das Wesen des Christentums*, Stuttgart 1998, S. 53).

Narzissmus darstellt" (153). Mit anderen Worten: läuft die Religionskritik Freuds nicht Gefahr, „zusammen mit dem beargwöhnten Religiösen auch Überschüsse des Fremden zu tilgen"[19], wie Waldenfels bereits in früheren religionsphänomenologischen Überlegungen fragt. Und bedeutet Religion dementsprechend nicht nur das Resultat (infantilen) Wünschens, sondern auch „einen Ausbruch aus dem Reich der Wünsche" (163)?

II. Responsivität als Charakteristikum religiöser Erfahrung

Waldenfels' kritischer Replik auf Freuds psychoanalytische Infragestellung religiöser Überzeugungen geht es nicht um eine vordergründige Rettung des Religiösen, sondern um ein anthropologisch und philosophisch grundlegendes Anliegen: um die „Antwortlichkeit" als ein wesentliches Charakteristikum dessen, was den Menschen zum Menschen macht.[20] Mit Blick auf die narzisstische Dynamik, in welche die Logik psychoanalytischer Religionskritik geraten kann, weist Waldenfels darauf hin, „dass wir anderswo beginnen, anstatt um uns selbst zu kreisen" (163). Im menschlichen Leben sei es entscheidend, auf uns angehende, unserem Denken und Sprechen je schon zuvorkommende Ansprüche zu antworten.[21] Diese Grundlogik responsiver Phänomenologie, „dass jemand auf das eingeht, was ihm widerfährt, was ihn anrührt, auffordert, anspricht, anblickt, was ihn affiziert oder an ihn appelliert" (163), expliziert Waldenfels mit dem Begriffspaar *Pathos* und *Response*, Widerfahrnis und Antwort. Das „pathische" Moment menschlicher Erfahrung besteht darin, dass uns – originär, nicht nur temporär vorgängig – etwas zukommt, angeht und anspricht; es versetzt die Respondenten unweigerlich in den Dativ, wie dies Walden-

---

19 Waldenfels, „Religiöse Transzendenz", S. 377.
20 Einen wichtigen Impuls für sein Konzept der „Responsivität" empfing Waldenfels, wie er in vielen Publikationen betont, vom Neurophysiologen Kurt Goldstein (1878–1965), der vor allem in seinem Werk *Der Aufbau des Organismus* (1934) Gesundheit als Antwortfähigkeit des Menschen auf die ihn umgebende Umwelt beschrieb, Krankheit hingegen als „Irresponsivität" (vgl. Bernhard Waldenfels, *Antwortregister*, Frankfurt/M. 1994, S. 457-459).
21 „Auf einen fremden Anspruch antworten heißt, auf etwas eingehen, das uns überkommt und zuvorkommt, das *als Anspruch* nicht zur freien Wahl steht. Indem ich eine Antwort gebe, empfange ich, worauf ich antworte. *Der fremde Anspruch gibt etwas zu sagen und zu tun, nicht etwas zu haben oder zu verzehren*" (Waldenfels, *Antwortregister*, S. 614).

fels formuliert.[22] Genau dieses Moment des Pathos komme bei Freud nicht zur Geltung; vielmehr stehe der „Imperativ" (hier als Bild und Motiv eines Anspruchs) „im Banne des Optativs [...], in dem sich die Wünsche des Ichs ausdrücken, andererseits im Banne des Indikativs, der im Modus der dritten Person eine Realität bezeichnet, welche sich um meine Wünsche nicht schert" (160)[23].

Wer es mit Religion zu tun bekommt, begegnet fremden Ansprüchen, wie dies Waldenfels mit einer Geschichte aus der biblischen Tradition verdeutlicht; am Beginn des vierten Kapitels geht er auf die Erzählung des „Barmherzigen Samariters" (Lukas 10,25–37) ein und resümiert: „Sie bringt einen fremden Anspruch zu Gehör, wie immer man darauf antworten mag." (143) Religiös sein bedeutet demnach, eine bewusst religiöse Antwort auf fremde Ansprüche zu geben; religiöse Praxis und Überzeugung erweisen sich als grundlegend responsiv, womit Waldenfels sowohl essentialisierende religiöse Auffassungen als auch die vorgebliche Plausibilität religionskritischer Projektionstheorien in Frage stellt.[24] Wie auch immer jemand zu Religion steht: wer den Antwortcharakter religiöser Erfahrungen bzw. das Doppelereignis von Pathos und Response in der Struktur religiöser Erfahrung nicht ernst nimmt, trifft den entscheidenden Punkt eines religiösen Selbstverständnisses nicht, das – so Waldenfels – nicht im

---

22 „Das Pathos ist kein Akt, den ich mir als Autor zuschreiben kann. Ich bin an ihm beteiligt, aber nicht im Nominativ eines Ich, sondern im Dativ oder Akkusativ eines Mir oder Mich, das mich in einem weiteren Sinne als Patienten bezeichnet" (258).
23 Waldenfels spricht von einer „wunschzentrierten ‚Urszene'" (163), die Freuds Interpretation menschlicher Erfahrung kennzeichne.
24 Die zentrale Passage der Argumentation Waldenfels' lautet: „Nehmen wir an, dass das Religiöse einer originären Erfahrung entspringt und kein bloß biologisches, psychologisches, politisches, ökonomisches oder imaginäres Epiphänomen darstellt, so hat dies zur Folge, dass es an der allgemeinen pathischen und responsiven Ereignishaftigkeit partizipiert. Der Überschuss- und Fremdheitscharakter religiöser Widerfahrnisse ginge verloren, wollte man sie vorweg als religiös oder gottgegeben definieren. Strenggenommen gibt es also keine religiösen Phänomene oder religiösen Erfahrungen, es gibt nur ein Getroffensein und ein Angesprochensein, das sich in der Antwort des Religiösen, des Gläubigen *als religiös*, *als göttlich* erweist – oder eben nicht erweist. Die weitverbreiteten Projektionstheorien tun den zweiten Schritt vor dem ersten, indem sie das nachträgliche Als an das vorgängige Pathos zurückverlegen und Affektionsweisen als Prädikate behandeln. Ein solches Hysteron-Proteron, das dem Ereignis seinen Ereignischarakter raubt, lässt sich vermeiden, wenn man beharrlich fragt, auf welche Weise und unter welchen Umständen etwas als religiös oder als göttlich erfahren wird" (Waldenfels, „Religiöse Transzendenz", S. 364 f.).

Wunschdenken besteht, sondern im Antworten auf das, von dem ich mich in Anspruch genommen weiß. In diesem Sinn hat Bernhard Waldenfels die Bedeutung der biblischen Erfahrung „Der Glaube kommt vom Hören" responsiv-phänomenologisch eingeholt, insofern er von einer „*responsio ex auditu*"[25] spricht, einer Fähigkeit zu hören und zu antworten, für die in besonderer Weise religiöse Menschen stehen.[26] Responsivität erweist sich hier als Schlüssel für das, was „Religion" meint, die letztlich nicht Ausdruck von Wünschen, sondern Antwort auf Ansprüche sein will. Religiöse Praxis ist nicht narzisstisch, sondern responsiv.

III. „Eine Religionsphänomenologie, die sich vom Fremden stimulieren und provozieren lässt [...]"[27]

Was bedeutet es nun für eine Religionsphilosophie im Allgemeinen und eine zeitgenössische Religionsphänomenologie im Besonderen, wenn Religion von Waldenfels im vierten Kapitel seines Buches *Erfahrung, die zur Sprache drängt* als eine Institution bzw. Lebensform charakterisiert wird, die fremde Ansprüche zu Gehör bringt?

Eine solche Wahrnehmung der responsiven Grundstruktur von Religion könnte (1) der Religionsphilosophie und Religionswissenschaft noch deutlicher die Einsicht vermitteln, dass sie jenen Elementen von Religion, die Religionswissenschaft und -philosophie – wissenschaftstheoretisch völlig zu Recht – aus der „Beurteilungsperspektive der dritten Person"[28] (z.B. historisch, soziologisch, psychologisch, ethnologisch usw.) untersuchen, letztlich nur dann gerecht werden, wenn diese von einem Moment des Widerfahrnisses und der Antwort darauf verstanden werden. Religiöse Texte, Rituale, Ämter usw. bringen fremde Ansprüche zu Gehör; auch wenn religionswissenschaftliche bzw. -philosophische Zugänge diesen Ansprüchen distanziert-analysierend begegnen (und nicht partizipativ-kritisch wie die Theologie), dürfen sie den Charakter des Widerfahrnisses

---

25 Waldenfels, *Antwortregister*, S. 250 – in Abwandlung der biblisch inspirierten Formulierung „*fides ex auditu*" (Glaube, der vom Hören kommt, vgl. Römerbrief 10,17); vgl. auch Waldenfels, „Response, Resonanz und Resistenz", S. 283.
26 „Ein Antworten, das aus dem Anhören kommt, beginnt außerhalb seiner selbst, und zwar derart, dass dieses Außen zum Antworten gehört" (Waldenfels, *Antwortregister*, S. 251).
27 Waldenfels, „Religiöse Transzendenz", S. 408.
28 Ingolf U. Dalferth, *Die Wirklichkeit des Möglichen. Hermeneutische Religionsphilosophie*, Tübingen 2003, S. 109.

(theologisch „Offenbarung" genannt) bzw. den Grundimpuls von Anspruch und Antwort nicht aus dem Blick verlieren. Denn – um nochmals auf Freud zurückzukommen – auch eine neurotische Form von Religion kann (teilweise und bruchstückhaft) als Antwort auf einen fremden Anspruch sichtbar werden.[29]

Genau der Anspruchs- und Widerfahrnischarakter dessen, wofür „Religion" steht, ist (2) Grundlage echter Religionskritik, weil die Antwort, die die Religion zu geben versucht, den Anspruch, auf den sie antwortet, niemals einholen und schon gar nicht ersetzen kann – es sei denn, eine Religion erklärt sich selbst zu Gott. Die „responsive Differenz" zwischen dem *Worauf* und dem *Was* der Antwort, die Waldenfels immer wieder einschärft,[30] verunmöglicht die Gleichsetzung einer (religiösen) Antwort mit dem sie konstituierenden Anspruch – welche Identifizierung das Grundmerkmal von Ideologien und Fundamentalismen bildet. Von daher – und das ist für eine kritisch-religionsphänomenologische Auseinandersetzung entscheidend – folgt aus einer responsiv-philosophischen Konzeption, die vom Pathos fremder Ansprüche her denkt, keine Verabsolutierung von Religion(en), sondern genau das Gegenteil: eine grundlegende Relativierung, insofern Religionen nur Ansprüche „zweiten Grades" vertreten; sie bringen fremde Ansprüche zu Gehör, die sich nicht vereinnahmen oder „einordnen" lassen. Kurz gesagt: Religiöser Fundamentalismus ist von einem kritisch-responsiven Ansatz her schlicht unmöglich.

Schließlich könnte eine „Religionsphänomenologie, die sich vom Fremden stimulieren und provozieren lässt"[31], (3) zur Impulsgeberin jeder wissenschaftlichen Auseinandersetzung mit dem Menschen und seiner Gesellschaft werden, die nicht dem Sog des Identitären folgt, sondern sich „an den Rändern der Normalität" bewegt. Gerade in Zeiten neuer Totalitarismen, medial und digital inszenierter Bilder und Phrasen und werbestrategisch vorgegaukelter Perfektionismen bedarf es, wie dies Bernhard Waldenfels am Ende des Kapitels „Psychoanalyse und Religion" ein-

---

29 In diesem Sinn sind Religionen, wie Waldenfels ausführte, zu verstehen als „Komplexe aus Widerfahrnissen, Deutungen, Ritualen, Praktiken, Ämtern, Techniken, Glaubenshaltungen, Konfessionen, Hoffnungen, Heils- und Heilungsangeboten und Machtstrukturen, die jeweils ihren eigenen Stil, ihre eigenen Orte und Zeiten und ihre eigene Geschichte aufweisen, eingebettet in spezielle Formen der Alltäglichkeit und Außeralltäglichkeit" (Waldenfels, „Religiöse Transzendenz", S. 359).
30 So auch in *Erfahrung, die zur Sprache drängt*: „Das *Geben* der Antwort deckt sich nicht mit der *gegebenen* Antwort" (258).
31 Vgl. Fußnote 27.

drucksvoll skizziert, „einer *hyperbolischen* Lektüre der Erfahrung, die in den Rissen und an den Rändern der Erfahrung immer wieder ein Mehr und Anderes aufspürt und jeder wissenschaftlichen oder religiösen Orthodoxie Züge einer Heterodoxie entlockt" (175). Von daher könnte eine responsive Religionsphänomenologie – nicht zuletzt aufgrund ihres „antireduktionistischen" Charakters[32] – aufs Neue den Sinn in der heutigen Gesellschaft dafür wecken, sich von fremden Erfahrungen etwas sagen zu lassen. Mit dieser „Anstiftung zur Responsivität" käme die Phänomenologie den Anliegen der Psychoanalyse schlussendlich näher, als das jemals möglich schien.

---

32 Vgl. Waldenfels, „Religiöse Transzendenz", S. 404.

Die Kunst der Vermittlung. Offenes als ästhetisches Denken bei Bernhard Waldenfels

Judith-Frederike Popp

> Phänomenologie und Psychoanalyse nähern sich so den Künsten, die sich an den Rändern der Worte und Bilder bewegen und dabei Wort- und Bildlosigkeit streifen (20).

I. Hinführung

Bernhard Waldenfels lässt in *Erfahrung, die zur Sprache drängt* eine umfassende interdisziplinäre Hinwendung zu menschlicher Erfahrung und ihren Abgründen Gestalt gewinnen. Ausgehend von seiner phänomenologischen Position bringt er Begriffsanalysen, empirisch-konkrete Beschreibungen und normative Einschätzungen therapeutischer Heilansätze zusammen, was sich auf die Argumentation wie auch auf den methodischen Stil auswirkt. Das Zusammenspiel von Inhalt und Methode soll auch Gegenstand meines Kommentars sein: Inwiefern entwickelt Waldenfels ein Denken, das sich nicht allein mit der Phänomenologie, sondern auch mit anderen philosophischen Positionierungen verbinden lässt? Meiner Ansicht nach konstituiert Philosophie eine lebendige Denkpraxis, wenn sie in der Lage ist, ein spannungsreiches Wechselspiel zwischen Inhalt und Methode zu aktualisieren. Waldenfels praktiziert ein solches Wechselspiel, was besonders deutlich wird, wenn man die Präsenz des Ästhetischen in seinen Überlegungen in den Blick nimmt.[1] Waldenfels erkundet Kunst im Spannungsbereich von Normalität und Pathologie. Dabei wird ihr die Kapazität zugesprochen, den Einbruch des Fremden in der Erfahrung zum

---

1 Mit dieser Bezeichnung soll nicht behauptet werden, es gäbe einen definierten Bereich „des Ästhetischen". Sie dient vielmehr als Behelf, um eine besondere Art der Erfahrung, eine Form der Theoriebildung, sowie eine Dimension philosophischer Vermittlung, die hier diskutiert werden, zusammenzubringen. Der Bereich des Ästhetischen wird somit bewusst sehr weit gefasst, um ein Spielfeld von Inhalt und Methode aufzuspannen.

Ausdruck und zur Wirkung zu bringen.[2] Diese Kapazität ist jedoch nicht allein in künstlerischen Kontexten zu finden. Ästhetische Vermittlungen kommen als sinnliche Qualitäten auch im sprachlichen Ringen darum, was sich der Theorie entzieht, zur Wirkung. Das Ästhetische findet sich somit auch im Philosophieren bzw. in seiner sprachlichen Methodik selbst.

Ich argumentiere für zwei Ideen: Zum einen geht es darum, dass eine solche Verbindung von Inhalt und Methode fruchtbare Ergebnisse zeitigen kann. Zum anderen wird gezeigt, dass diese mit einer kritischen Reflexion auch der innerdisziplinären Implikationen verbunden werden sollte: Die ästhetische Vermittlungskraft von Sprache ermöglicht eine Überbrückung von innerphilosophischen Differenzen. Nach einer Diskussion seiner Ausführungen sowie der Erkundung von Waldenfels' methodischer Vermittlung konkretisiere ich eine solche Überbrückung anhand einer kurzen Gegenüberstellung mit Jonathan Lear. Abschließend wird die Frage erörtert, welche Implikationen sich daraus im umfassenderen Sinn für die Philosophie ergeben können.

II. Ästhetische Bewegungen zwischen Philosophie und Psychoanalyse

Als Grundlage von Waldenfels' Position dient eine phänomenologische Konzeption von Erfahrung: „Die Frage, wie jegliches Gegebene für uns zur Erscheinung kommt und verständlich wird, ist die entscheidende Frage für die Phänomenologie, und damit läuft sie dem erkenntnistheoretischen Streit um die Realität der Außenwelt den Rang ab."[3] Die Position nimmt „sich von Anfang an vor [...], im Logos der Phänomene die Erfahrung zum Sprechen zu bringen." (258) Damit wird zugleich auch die Spracharbeit thematisiert, mit der Waldenfels den Erfahrungsbegriff in ein Netz von Bezeichnungen und ihren Beziehungen einbettet. Dazu gehören Raum und Zeit, Psyche und Körperlichkeit sowie Fremdes, das dem Menschen in jeder seiner Erfahrungen entgegentritt.[4] Dies geschieht durch eine konstitutive Ungleichzeitigkeit zwischen dem in der Welt Sein und seiner Verarbeitung. Bei Waldenfels ist Erfahrung daher durch einen Spalt bzw. Riss gekennzeichnet. Dieser prägt das Zusammenspiel von Pathos und Re-

---

2 Siehe auch Bernhard Waldenfels, *Sinne und Künste im Wechselspiel*, Berlin 2010.
3 Bernhard Waldenfels, *Der Spielraum des Verhaltens*, Frankfurt/M. 1980, S. 13.
4 Daher wird auch von einer „Phänomenologie der Fremdheit" gesprochen. Vgl. u.a. Franz Gmainer-Pranzl, „Der ‚Logos der ästhetischen Welt' zu: Bernhard Waldenfels: Sinne und Künste im Wechselspiel", in: *polylog* 24 (2010), S. 118-119.

sponse (57): Erfahrung ist, getroffen zu werden und mit einer Antwort zu reagieren. Beide Elemente eröffnen durch ihre zeitliche Versetzung einen Spalt im kontinuierlichen Erleben. Die Ungleichzeitigkeit konstituiert ein oszillierendes Verhältnis von Eigenem und Fremden, das auch eine dialogische Ebene aufweist: Erfahrung bedeutet immer auch eine Interaktion mit dem Fremden. Dies bedeutet auch: „Wer man ist, erweist sich allererst darin, wie man auf fremde Ansprüche antwortet." (277)

Diese Überlegungen fundiert Waldenfels nicht mit der verbreiteten Annahme eines „Urnormalen", sondern mit der einer „Urdifferenz" (220). Damit geht auch die Öffnung zur Psychoanalyse einher: Die Psyche erscheint als geprägt von Rissen, aus denen das Fremde als treibende Kraft hervortritt.[5] Waldenfels verortet das Aufspüren von Fremdheit in einer fortlaufenden Zusammenführung von Psychoanalyse und Phänomenologie. Dabei gibt es jedoch eine Tendenz zu Rationalisierungen (84). Daher braucht es einen responsiven dialogischen Ansatz, für den gilt: „die Analyse gelingt nur, wenn in der eigenen Stimme die fremde Stimme durchklingt und in der fremden Stimme die eigene." (310) Für die philosophische Perspektive bedeutet das: Waldenfels tritt für ihre Öffnung gegenüber anderen Disziplinen und gegenüber einer konkreten (Therapie-)Praxis ein, um Fremdheit als Teil von Erfahrung einen auch dialogisch bestimmten Raum in dieser Perspektive zu geben. Für diese Verbindung von Inhalt *und* methodischer Perspektive ist auch das Ästhetische, das inhaltlich im fünften kulturanalytischen Kapitel und im sechsten, kunstbezogenen Kapitel von *Erfahrung, die zur Sprache drängt* behandelt wird, ausschlaggebend. Die Doppelstruktur von Erfahrung kommt auf besondere Weise in ihren ästhetischen Formen zur Wirkung. Sinnliche Artefakte wie Bilder thematisieren in ihrer Verdoppelung von etwas durch die Produktion einer Erscheinung die Urdifferenz und machen sie für Bildproduzentin und Zuschauerin erfahrbar.[6] Indem zum Beispiel das Bild die Betrachterin mit einem anderen Blick konfrontiert,[7] erfasst es sie und provoziert eine Antwort, es manifestiert sich eine Balance zwischen sehendem und gesehenem Sehen (211). Solche ästhetischen Erfahrungsdimensionen werden in den Denkraum zwischen Phänomenologie und Psychoanalyse eingebettet.

---

5 Dabei nennt er u.a. die Fremdheitspsychoanalyse von Jean Laplanche (82).
6 Waldenfels, *Sinne und Künste im Wechselspiel*, S. 42.
7 Ebd., S. 82.

Dabei übt Waldenfels auch Kritik an der psychoanalytischen Ästhetik:[8] Mit Bezug auf Kunst geht es darum, die „Zwischenwelt der ikonisch, rhythmisch oder verbal verkörperten Bedeutungen" (181) angemessen zu erfassen. Sigmund Freud tendiert dazu, diese Zwischenwelt vorschnell mit Verweis auf Triebwünsche und Lustgewinn zu fixieren (192). Dabei kommt zu kurz, wie ästhetische Phänomene am Fremden teilhaben und sich dadurch einer eindeutigen Aneignung entziehen: Am Anderen „partizipieren auch die Künste, indem sie dem blinden Fleck des Unsichtbaren und der Stille des Unhörbaren Beachtung schenken." (214)

Ästhetische Mechanismen vermögen so die Abgründe der Erfahrung zum Ausdruck zu bringen. Waldenfels argumentiert im sechsten Kapitel für die Ansicht, dass Kunst und Pathologie eine Partizipation am Pathischen wie am Anomalen teilen: Sie eröffnen einen Spalt, aus dem ein Überschuss heraustritt, der uns anrührt, den wir aber nicht beherrschen können. Er argumentiert außerdem für eine explanative Verbindung von Normalem und Pathologischem, da sich nur so ein explanativer Zirkel vermeiden lässt. Diese Verbundenheit eröffnet auch eine wechselseitige Durchlässigkeit, die wiederum in der Kunst offenbar wird (225). Dabei geht es Waldenfels nicht um deren Pathologisierung. Er setzt sich mit der Sammlung Prinzhorn auseinander, um „den Kontrast von Künstlerischem und Pathologischem an der Bildgestalt und am Bildgeschehen aufzuweisen." (218) An den Bildern, deren Einordnung zwischen *Art Brut* und Anstaltskunst changiert,[9] stellt Waldenfels gebrochene Formen der Erfahrung als Pathos ohne Response oder Response ohne Pathos vor (286). Die behandelten Werke oszillieren allerdings auch *zwischen* Pathos und Pathologie und ihre Bestimmung ist auf den sozialen und historischen Kontext angewiesen (233). Sie fallen nicht per se aus der Kunst, sondern vermitteln in ihrem Zwischenstatus, dass die Initiierung von Deformierungen auch Neues hervorbringen kann (221).

Ästhetische Überlegungen decken bei Waldenfels nicht einfach nur einen philosophischen Sonderbereich ab. Sie bilden bei ihm vielmehr eine Mittlerposition: zwischen Theorie und Empirie, zwischen abstrakter Begriffsanalyse und exemplarischer Konkretheit. Ästhetische Phänomene konfrontieren philosophische Perspektiven nachhaltig mit der Herausfor-

---

8 Eine solche Kritik findet sich z.B. auch in Theodor W. Adorno, *Ästhetische Theorie*, Frankfurt/M. 2003, S. 19-26.
9 Ingrid von Beyme, Thomas Röske (Hg.), *Dubuffets Liste. Ein Kommentar zur Sammlung Prinzhorn von 1950*, Heidelberg 2015, S. 13 f.

derung, diese Pole miteinander zu verbinden, auch um dem Fremden in ihnen gewahr zu bleiben. Waldenfels integriert dabei nicht nur kunstästhetische Phänomene und ästhetische Theorie in seine Perspektive. Er macht auch deutlich, wie ästhetische Phänomene sich performativ in der philosophischen Bearbeitung manifestieren: Ästhetisch ist diese Bearbeitung nicht allein in ihrem Bezug auf ästhetische Phänomene, sondern auch als sprachlich verfasste Vermittlung, in ihrem methodischen Zugriff.

III. Methode im Prozess sinnlicher Vermittlung

Grundsätzlich sollte Theoriepraxis einen Weg finden, das Oszillieren von Erfahrung in Worte zu fassen, ohne es einseitig zu rationalisieren. Waldenfels stellt sich dem auch dadurch, dass er Phänomenologie und Psychoanalyse oszillierend im Rahmen einer lebensweltlich verankerten Theoriepraxis zusammendenkt. Er spürt in beiden Bereichen eine beteiligte Perspektive auf, in der „anonym fungierendes Ich und thematisch analysierendes Ich sich im Zuge einer Selbstbewußtwerdung miteinander verschränken." (123) Eine solche Perspektive ist geeignet, um das Fremde zu erfassen *und* in einer performativen Praxis der Responsivität zu vermitteln. Dabei verbindet Waldenfels Begriffsanalyse, sprachliche Vermittlung und die praktische Wirksamkeit gesprächstherapeutischer Zusammenhänge. Es geht in seinen Texten nicht allein um abstrakte Begriffsanalysen, sondern um eine konkrete Verständigungspraxis. Innerhalb dieser spricht Waldenfels somit auch ein dialogisches Gegenüber an, um ihm oder ihr zu vermitteln, wie sich das Wechselspiel von Pathos und Response erfassen lässt. Diese Vermittlung ereignet sich selbst als zeitlich strukturierter Prozess mit eigenen Wirkmechanismen. Darin vollziehen sich auch Waldenfels' Ausführungen im Wechselspiel von Pathos und Response, das er in der Erfahrung seines Texts weitergibt: „Der Hiatus zwischen Anspruch und Antwort erweist sich vielmehr als ein Ort des Zögerns, Wartens, Erprobens, besetzt mit Vorahnungen, durchsetzt mit Vor- und Nachklängen, mit Vor- und Nachbildern." (259) Waldenfels orientiert sich auch am Psychoanalytiker, der in einem „antwortende(n) Hören" das Fremde aufnimmt und in einem fortlaufenden Verstehensprozess weiterträgt (283).

Das Weitertragen führt auch an den Rand propositionaler Sprache als Ort des Fremden, das in Waldenfels' Sprachpraxis einen Spielraum findet. Dieser Spielraum eröffnet sich strukturell in der dialogischen Ansprache der fremden Leserin: „so geschieht dies über eine Schwelle hinweg, die

Vertrautes von Fremdem trennt und zugleich mit ihm verbindet."[10] Als Erfahrungsqualität *in* die Sprache findet das Fremde über sinnliche Qualitäten. Waldenfels realisiert dies unter anderem durch Sprachbilder, assoziative Verknüpfungen und literarische Stimmen.

Er spricht sich allerdings in seiner Analyse des Resonanz-Begriffs von Hartmut Rosa auch *gegen* einen übertriebenen bzw. zu laxen Einsatz von metaphorischen Vergleichen aus (262 f.) und argumentiert dabei mit Adorno gegen eine inflationäre Verwendung von Sprache im Anführungszeichenmodus (265). Grundsätzlich stellen sich jedoch beide Autoren der Herausforderung, mit ihrer sprachlichen Vermittlung zu experimentieren und diesen Einsatz zu reflektieren.[11] Beide versuchen so dem gerecht zu werden, was sich der identifizierenden Begriffsanalyse immer wieder entzieht und dennoch im Sprechen durchzuklingen vermag. Waldenfels vermittelt dabei seine Theoriepraxis auch durch eine Sprache, die von Bildlichkeit geprägt ist. Im vorliegenden Buch wird, wie auch in früheren Werken, beispielsweise ein sich bewegender Boden sichtbar: Es kommen erdbezogene Termini zur Sprache, sei es die Mineralogie bei Karl Marx (121), Spurenelemente (227) oder der Boden selbst (256). Selbststrukturen kommen durch das Fremde in Bewegung, werden in einer „Kernspaltung" (61) aufgebrochen oder ein Verlust von Erdhaftung kommt zur Sprache (120). Mit Cornelius Castoriadis spricht Waldenfels auch vom Unbewussten in der Daseinsform eines „Magmas" (ebd.). Diese Verflüssigung erinnert wiederum an das Bild eines unregelmäßigen Fließens der Zeit (57). Die versteinerten Strukturen, die in Bewegung geraten, finden einen Ausdruck auch in der positiv besetzten „Aufsprengung" durch die Psychoanalyse[12]: Fällt der Bruch weg, schließt sich der erkenntnisfördernde Spalt, und das „affektive Relief" wird in einem unterschiedslosen Grau eingeebnet (286). Diese Bildsprache ruft die Intuition auf, dass philosophische Überlegungen immer auch auf schwankendem Boden stehen: Sie versuchen, die schwankende Erfahrung des Fremden zu erfassen. Waldenfels realisiert und reflektiert dies, indem er diese Erfahrung durch Sinnstrukturen und Sinneindrücke vermittelt. Dies sind Gesprächsangebote, auf die sich die Leserschaft einlassen muss: Schwankender Boden bewährt sich,

---

10 Einführung Waldenfels in diesem Band, S. 22.
11 Siehe z.B. Theodor W. Adorno, „Der Essay als Form", in: ders., *Noten zur Literatur* (Gesammelte Schriften Bd. 11), Frankfurt/M. 1997, S. 9-33.
12 Bernhard Waldenfels, *Bruchlinien der Erfahrung. Phänomenologie, Psychoanalyse, Phänomenotechnik*, Frankfurt/M. 2002, S. 286. Hier ist außerdem ebenfalls noch einmal von Spurenelementen die Rede.

wenn jemand seine Schritte darauf ausbalanciert. Bei diesem Angebot bindet Waldenfels auch literarische Stimmen von Robert Musil oder Theodor Fontane ein (199 f.).

Als weiteres Element des Wechselspiels von Sinnlichkeit und Sprache erscheinen assoziative Verknüpfungen: Übergänge vom „verzeichnen" zum „ver-zeichnen" (11) oder von „abgesetzt" über „ent-setzt" zum „affektiven Entsetzen" im Rahmen von „Selbstsetzung" (54).[13] Es gibt auch die Verknüpfung von „Anstößigkeit", „Anstoß nehmen" und „Anstöße":[14] Waldenfels thematisiert die anstößige Erschütterung, welche die Psychoanalyse für festgefahrene Philosophien bereit hält. Sie liefert so auch einen Anstoß, diese über sich selbst hinaus zu treiben.

Damit öffnet sich der Blick auf eine übergeordnete Zuordnung sinnlicher Vermittlung durch Bilder und Klänge: Psychoanalyse und Philosophie teilen auch eine *ästhetische* Spracharbeit. Philosophische können psychoanalytischen Perspektiven, die in der *und* von der klinischen Praxis berichten, ähneln, wenn sie reichhaltig erzählen. Sie vermitteln so ästhetische Qualitäten, die eine Nähe zum dialogischen Gegenüber sowie zu den Phänomenen herstellen. Sie lassen unter anderem durch Verschiebungen (Metonymien) und Verdichtungen (Metaphern) Sinnbildungen hervortreten (20), die den Spalt zwischen Wovon und Worauf zum Ausdruck bringen (203). So wird das Einbrechen des Fremden erfahrbar: Im bildhaften Sprechen manifestiert sich performativ das *Wie* als *Was*, denn die ästhetische Wirkung der Sprache lässt das Fremde als Überschuss Gestalt gewinnen. In diesem Prozess kann so Fremdes als Neues aufscheinen, ohne es endgültig festzustellen (224). Setzt man ästhetische Dimensionen sprachlicher Vermittlung ein, lassen sich Bedeutungen für die weitere Verarbeitung offenhalten.[15] Narrativ-literarisch-ästhetische Dimensionen philosophischer Theoriepraxis ermöglichen es dabei auch, die Phantasie der Leserin miteinzubeziehen. Damit wird ebenso ein absolutistischer Deutungsanspruch der philosophischen Perspektive relativiert: Auch diese ist der Ungleichzeitigkeit von Widerfahrnis und Reaktion unterworfen und kann sich ihrer Vermittlung nie ganz sicher sein: Die Theoriepraxis bleibt einem schwankenden Boden verhaftet. Dieser lässt jedoch auch Raum für perfor-

---

13 In diesem Bereich bewegen sich auch alliterative Verbindungen wie „Die Geste des Gebens übersteigt den Gehalt der gegebenen Gabe." (137)
14 Waldenfels, *Bruchlinien der Erfahrung*, S. 292.
15 Darauf verweist auch Martin Seel in seinem Plädoyer für die literarische Dimension philosophischen Denkens. Siehe ders., „Formen des Denkens. Stilfragen kritischer Theorie", Manuskript (Zitation mit Zustimmung des Autors), Frankfurt/M. 2019.

mative Reflexionen der eigenen Sprachvermittlung.[16] Er lässt sich außerdem nutzen, um mit anderen philosophischen Perspektiven daran anzuknüpfen.

IV. Parallelen auf offenem Terrain: Waldenfels und Lear

Ich ziehe an dieser Stelle einen Philosophen hinzu, der kein Phänomenologe ist und dessen Werk dennoch viele Überschneidungen mit Waldenfels aufweist: Jonathan Lear. Lear argumentiert als Psychoanalytiker *und* Philosoph für eine reichhaltige Perspektive auf menschliche Erfahrungen.[17] Beide Autoren gehen von einer grundlegenden Verletzlichkeit des Menschen aus, die sich in einer Grundspannung, Konflikthaftigkeit oder Urdifferenz äußert, die es immer wieder von Neuem zu berücksichtigen gilt.[18] Im Zuge ihrer Ausführungen positionieren sich beide gegen eine lineare Professionalisierung von Philosophie und Psychoanalyse: Deren Perspektiven lassen sich nicht fixieren (21).[19] Bei ihrer Erkundung menschlicher Selbstvergegenwärtigung berufen sich beide auf ein einbrechendes Fremdes, seine körperliche Dimensionen sowie seine Gestalt in einer oszillierenden Spannung zwischen Widerfahrnis und Reaktion: Letztere findet sich bei Lear in Selbst-Unterbrechungen, wobei er wie Waldenfels die unheimliche Qualität dieser (Selbst-)Heimsuchung hervorhebt (82).[20] Lear aktualisiert Körperlichkeit vor allem in einem Zusammenklang von rationalen wie nichtrationalen Stimmen der Psyche, der nicht auf Harmonie ausgerichtet ist, sondern als Ort des physischen Widerhalls von Konflikten wie Auflösungen fungiert.[21] Diese ereignen sich wiederum in einer konstitutiven Bezogenheit auf den Anderen. Selbstunterbrechungen aktualisieren sich in ironischen Erfahrungen der Selbstheimsuchung durch verdrängte Anteile seiner selbst. Die Ironie verweist dabei darauf, dass Men-

---

16 Ästhetische Wirkmechanismen können in philosophischen Überlegungen eine ähnliche Performativität entwickeln wie diskursive Rationalität: Beide können zugleich als Inhalt und Methode verhandelt werden (26 und Kapitel 6).
17 Ich beziehe mich hauptsächlich auf Jonathan Lear, *Open Minded. Working out the Logic of the Soul*, Cambridge 1998; ders., *A Case for Irony*, Cambridge 2011; ders., *Wisdom Won from Illness*, Cambridge 2017.
18 Beide Autoren werden in der Vulnerabilitätsforschung behandelt. Siehe z.B. Robert Stöhr u.a. (Hg.), *Schlüsselwerke der Vulnerabilitätsforschung*, Wiesbaden 2019. Zu diesem Thema bei Lear siehe z.B. *A Case for Irony*, S. 31.
19 Und Lear, *Open Minded*, S. 5.
20 Und Lear, *A Case for Irony*, S. 46.
21 Lear, *Wisdom Won from Illness*, „ Integrating the Nonrational Soul", S. 30-49.

schen sich immer schon in einem Spannungsfeld von Angewiesenheit auf andere und dem Vorgeben, dem Tragen einer Maske in sozialen Kontexten befinden.[22]

Darüber hinaus, und hier kommen nun die methodischen Parallelen mit Waldenfels in den Blick, entwirft Lear seine Theoriepraxis als dialogisches Ereignis. Mit Verweis auf Platon verhandelt er in seinen Texten seine Vermittlungsposition mit. Dabei macht er deutlich, wie wichtig es für ein ethisches Denken ist, dass philosophische Theorien auf Zusammenhänge hinweisen, ohne sie festzustellen: Es braucht Philosophinnen, die ihre Überlegungen spielerisch zur Disposition stellen, damit diese weitergedacht und als veränderte Perspektive wirksam werden können.[23] Auch bei Lear ist somit eine Aktivierung zur Praxis hin erkennbar. Dies ist nicht gleichzusetzen mit Waldenfels' Idee einer responsiven Therapie, beide teilen jedoch den philosophischen Schritt in die praktische Verantwortung. Darüber hinaus manifestiert sich auch Lears Position wesentlich in seiner sprachlichen Vermittlung und deren ästhetischer Wirkungsdimensionen: Selbstunterbrechung wird zum Beispiel präsent dort, wo Lear sich in seinen eigenen Überlegungen spannungsvoll selbst unterbricht und gerade so an seine Leserschaft vermittelt, was dabei auf dem Spiel steht und inwiefern dies einzigartige sinnliche Qualitäten zeitigt.[24]

Diese Parallelen machen noch einmal deutlich, welche Potenziale Waldenfels' Überlegungen bereitstellen: Sie eröffnen auch eine *inner*philosophische Reflexion von Inhalt und Methode. Dabei braucht es nicht zwangsläufig einen phänomenologischen Hintergrund – verstanden als philosophische Teildisziplin –, um an Waldenfels anzuknüpfen. Es braucht ein selbstkritisches und offenes Philosophieverständnis im Ganzen.

V. Von disziplinären Grenzen und disziplinenübergreifenden Möglichkeiten

Der Vergleich von Lear und Waldenfels zeigt, wie Denktraditionen zusammengeführt werden können, um zu erkunden, wie sich Philosophie in und durch eine vielfältige Form sprachlicher Vermittlung selbstkritisch praktizieren lässt. In Waldenfels' Analysen werden dafür mindestens drei Fun-

---

22 Lear, *A Case for Irony*, S. 3-41.
23 Lear, *Wisdom Won from Illness*, „The Psychic Efficacy of Plato's Cave", S. 227-243.
24 Die Analyse dieser Dimensionen einer impliziten Ästhetik bei Lear entwickle ich in Judith-Frederike Popp, *Irrationalität als Wagnis. Philosophische Theorie und psychoanalytische Praxis*, Weilerswist 2019.

damente gelegt: Zunächst die Konfrontation abstrakter Zusammenhänge mit der komplexen Realität von Erfahrung. Waldenfels identifiziert hier die Orientierung am Logos der Phänomene als zentralen Ansatzpunkt. Wesentlicher Bestandteil dieser Vorgehensweise ist die Annahme einer Urdifferenz und, dass Erfahrung durch Einbrüche des Fremden gekennzeichnet ist. Um dies angemessen zu erfassen, braucht es eine Theoriepraxis, die der Fragilität eingedenk bleibt, indem sie sich selbst unterbricht, um sich für ungeahnt auftretende Sinnzusammenhänge zu öffnen. Dabei fungiert die Auseinandersetzung mit psychoanalytischen und psychotherapeutischen Perspektiven als Geburtshelferin. Im sprachlichen Begreifen und seiner Vermittlung sind außerdem ästhetische Dimensionen von Bedeutung: Die vermittelnde Auseinandersetzung mit ästhetischen Qualitäten vermag performativ deutlich zu machen, wie philosophische Theoriepraxis selbst auf brüchige Erfahrungen an den Rändern der Sprache angewiesen ist. Um diese Fragilität anzuerkennen, braucht es kritische Selbstreflexion in der Philosophie. Diese ist auch auf eine interne Befragung der philosophischen Disziplin selbst angewiesen. Dabei sollte die Annäherung an Gegenstände der Betrachtung im Logos der Phänomene auf jeden Fall als zentraler Fluchtpunkt fungieren. Um dies sprachlich umzusetzen, braucht es einerseits eine Reflexion ästhetischer Wirkmechanismen, aber auch der Frage, inwieweit es sich ausgerechnet die Philosophie durch ihre Verbindungen zu Forschung, Kritik und Literatur leisten kann, auf diese zurückzugreifen. Bei diesen Fragen geht es nicht mehr nur um Phänomenologie. Es geht darum, inwieweit *alle* Richtungen der Philosophie an dieser Diskussion teilhaben sollten.[25] Die Zusammenführung von Waldenfels und Lear zeigt die Potenziale einer philosophischen Perspektive, die jenseits fachlicher Vereinzelungen eine Balance zwischen Eigenständigkeit und Verbindungen zu finden versucht. Dieses Potenzial anschaulich zu vermitteln ist ein wichtiger Verdienst von *Erfahrung, die zur Sprache drängt*.[26]

---

25 Ein weiterer Schritt kann daher sein, die sprachliche Vermittlung von (post-)analytischen Philosophien mit den hier verhandelten eher kontinentalen Ansätzen zu vergleichen.
26 Dieser Aufsatz wurde mit Unterstützung eines Stipendiums im Rahmen des Postdoc-Programms des DAAD ermöglicht.

Den Leib wiedergewinnen – zu den Tonfiguren einer Anorexie-Patientin

Sonja Frohoff

Wie kann in einem kunsttherapeutischen Setting der Leib inmitten von selbst-destruktivem Verhalten und starker Körperabwehr über das Arbeiten mit Ton wiedergewonnen werden? Welche Erfahrungen mit dem eigenen Körper/Leib kommen dabei zum Ausdruck? Wie werden sie im therapeutischen Prozess in Sprache übersetzbar? Welche Rolle spielen dabei Resonanz und Response? Das ist der Fragehorizont, in dem sich folgende Vignette mit Überlegungen zum therapeutischen Prozess einer Anorexie-Patientin auf einer psychosomatischen Station bewegen. Im ersten Teil stehen zwei Tonfiguren der Patientin im Vordergrund, im zweiten geht es um die Herausarbeitung heilsamer Aspekte der Gestaltungstherapie mit einem besonderen Fokus auf das Phänomen der Zwischenleiblichkeit und der Bedeutung von Resonanz und Response.

1 Zwei Tonfiguren

Körper haben und Leib sein: Unsere besondere Doppelnatur, einerseits Körper im Sinne einer physikalischen Größe und andererseits belebter, erlebter, gefühlter und betroffener Leib zu sein, tritt in Entfremdungserfahrungen besonders hervor. Unsere Fähigkeit zur Exzentrizität erlaubt uns, zeitweise Distanz zu uns als Leib und Körper einzunehmen. Der selbstverständliche leibliche Hintergrund ist im Sinne eines Vermögens, das mir die Welt eröffnet, als Leib-Apriori nicht objektivierbare Quelle und Zentrum des Lebensvollzugs, des Weltbezugs und der eigenen Subjektivität. Versuche, ihn zum beherrschbaren Körper zu machen, haben die paradoxe Konsequenz, dass er als selbstverständliches Zuhause verloren geht. In der Essstörung transformiert diese Entfremdung des Leibselbst vom Körper das eigene Erleben so radikal, dass Zwang und Kontrolle bis zur Inkaufnahme des Todes den Umgang mit dem Körper dominieren.[1]

Frau K., Medizinstudentin, Anfang zwanzig wird wegen Ess- und Brechanfällen mit einem Body-Mass-Index von 14 auf einer psychosomatischen Station aufgenommen und nach mehr als fünf Monaten mit einem Body-Mass-Index von 18 wieder entlassen. Neben Einzelgesprächen, Körpertherapie, Yoga, Gruppentherapien und Essbegleitung fanden auch wöchentliche kunsttherapeutische Sitzungen statt. Zehn Tage nach Aufnahme besuchte sie das erste Mal die Kunsttherapie, drei Wochen später entstand die erste Figur (Abb. 1). Vorab wurde die Gestaltungsphase mit Atemübungen und leichten Bewegungen zur vertieften Selbstwahrnehmung eingeleitet. Zur Inspiration wurden Sätze des russischen Körper- und Theatertherapeuten Vladimir Iljine, auf die in der Integrativen Therapie nach Hilarion Petzold häufig rekurriert wird, verlesen.[2] Dabei ging es um eine atmosphärische Verdichtung und Lenkung der Wahrnehmung, nicht um eine Analyse der Sätze hinsichtlich ihres Wahrheitsgehaltes.

Frau K. genoss nach eigenem Bekunden den Umgang mit dem Ton. Sie mochte das Taktile, Haptische und Erdige des Tons und schlug ihn gerne weich. Sie war sehr überrascht über ihre eigene Tonfigur und wie nah sie ihr leibliches Erleben zu dieser Zeit spiegelte. Eine Gestalt mit kleinem Kopf, kräftigen Armen und Händen sowie angedeuteten, klumpigen Füßen bildet eine Schale. Beine und Oberkörper sind in eins verschmolzen, zu einer Fläche gedehnt, die den Hohlraum der Schale formt. Massive Treppenstufen führen zwischen Kopf und Arm ins Innere hinab. Oder sind es Pakete, die aufgestapelt im Arm liegen? Auf der Bauchhöhe liegt ein Haufen aus Kugeln. Ein solcher befindet sich auch auf dem kugelrunden Kopf, an dem auf Ohrenhöhe die Schultern ansetzen, die mit den Armen den Rand der Schale bilden. Die Hände liegen wie große Pfoten an der In-

---

1 Aus phänomenologischer Sicht vgl. Thomas Fuchs, „The Disappearing Body. Anorexia as a Conflict of Embodiment", in: *Eating and Weight Disorders*, 2021 [im Druck]; Maria Isabel Gaete, Thomas Fuchs, „From Body Image To Emotional Bodily Experience In Eating Disorders", in: *Journal of Phenomenological Psychology* 47 (2016), S. 17-40.

2 „Habe ich meinen Körper verloren, so habe ich mich selbst verloren; finde ich meinen Körper, so finde ich mich selbst. Bewege ich mich, so lebe ich und bewege die Welt. Ohne diesen Leib bin ich nicht und als mein Leib bin ich. Nur in der Bewegung aber erfahre ich mich als Leib, erfährt sich mein Leib, erfahre ich mich. Mein Leib ist die Koinzidenz von Sein und Erkenntnis, von Subjekt und Objekt. Er ist der Ausgangspunkt und das Ende meiner Existenz." (zitiert aus einem Ausbildungshandout)

nenwand der Schale. Augen und Nase sind Löcher, der Mund ist minimal als Kratzer im Ton zu sehen und kaum vorhanden.

Frau K. beschrieb ihre Körperwahrnehmung zu diesem Zeitpunkt als „vollgestopft" und sehr angespannt. Sie fühlte sich wie eingeklemmt und wisse auch nicht, ob es eigentlich darum ginge, die Steine heraus- oder hineinzutragen. Noch Monate später als diese Figur bereits ein Stück weit überlebt war, konnte sie die träge Schwere darin empfinden und benannte sie als „dicke Tonne". Zunächst aber musste sich ihr Körper ans Essen gewöhnen. Frau K. grübelte sehr viel und merkte, dass ihr schwieriges Verhältnis zu ihrem schleichend wachsenden Bauch auch mit diesem Grübeln zu tun hatte. Sie sah einen Zusammenhang zwischen den Steinen auf dem Kopf der Skulptur und denen im Bauch.

Es ist ein merkwürdiges Paradox, dass die Patientin, die in der Realität noch viel zu dünn ist und eine hohle Tonfigur formt, diese als besonders voll und schwer wahrnimmt. Dieser Gegensatz lässt sich zunächst im Zusammenhang mit einer vorhandenen Körperschema-Störung verstehen, an deren Verbesserung in der Bewegungstherapie über Konfrontation mit Körperabmessungen und Selbsteinschätzungen gearbeitet wurde. Darüber hinaus zeigt die Figur aber auch ein bestimmtes Verhältnis zur Welt. Beim Betrachten wird eine starre und gespannte Haltung der Figur spürbar sowie bei aller Leere der Eindruck vollgestopfter Backen, die trotz des zugekniffenen Mundes, das Essen wieder ausspucken möchten. Der Kopf steckt zwischen den Schultern, die Figur wirkt ausgeliefert. Die eckigen Stufen bzw. Pakete drücken schwer auf den Arm, wirken wie Fremdkörper und erlauben anderen, hinein und hinaus zu trampeln. Sie kontrastieren der Größe und Form nach zu den Kugeln, die aber ebenso wie belastende, drückende Steine wirken. Auch Assoziationen zu Nahrung, Fäkalien, fruchtbaren Eiern oder auch Kopfschmuck werden wach.

Zugleich strahlt die Schale bei aller ertragenden Unzufriedenheit der Figur eine fast meditative Ruhe aus. Einige Parallelen lassen sich zwischen der Tonfigur und Frau K.'s Erleben zu dieser Zeit entdecken. Die Figur kann nicht sprechen oder sich wehren. Auch bei Frau K. ging es in den folgenden Wochen der Behandlung darum, Worte für schwierige, destabilisierende Beziehungserfahrungen mit ihrer anorektischen und suchtkranken Mutter zu finden, die sie meint, schützen zu müssen. Nach und nach fand sie den Mut, Gefühle spüren zu dürfen und sich mit ihnen sich selbst und anderen zuzumuten. Frau K. klagte häufig über Nackenschmerzen, starkes körperliches Unwohlsein und war immer wieder depressiv verstimmt. In den Essverträgen stand zu dem Zeitpunkt als die Figur entstand, noch die Sondenkost als drohende Konsequenz von außen, die sie unbedingt verhindern wollte. Der eigene Körper konnte nur sehr schwer als sicherer und genussvoller Ort erlebt werden. Besonders der Bauch blieb lange der Kulminationspunkt für das Unwohlsein. Wie Isabella Marcinsinski mit Rekurs auf Susan Bordo und viele Erfahrungsberichte anorektischer Patientinnen analysiert, konzentriert sich im Bauch häufig die Weichheit und Weiblichkeit, die kaum ertragen werden kann und zugleich ersehnt wird.[3] Frau K. erinnerte sich, dass eine scheinbar beiläufige Bemerkung, in der die Mutter ihren Bauch als dick geworden beschrieb, sie wohl doch mehr getroffen habe, als sie dachte.

Vier Monate später entstand eine kräftige Figur zum Thema „Verwandlung", die auf dem rechten Bein kniet, während das linke aufgestellt ist, als sei sie im Begriff, aufzustehen (Abb. 2). Der linke Arm ist nach hinten gestreckt und balanciert eine Kugel, der rechte vor dem Körper ein Dreieck. Der grobe, eckig wirkende Körper ist leicht nach hinten gebeugt, als hole er gerade Schwung, um sich in der Balance-Haltung zu erheben. Die kräftige Figur wirkt stark, gespannt und hochkonzentriert. Nach wie vor bestimmen eine runde Kugel und ein eckiges Objekt (ähnlich den Kugeln und Paketen der ersten Figur) die Atmosphäre und Haltung der Figur, insofern sie in Balance gehalten werden (müssen). Diese „Fremdkörper" blockieren aber im Unterschied zur ersten Tongestaltung nicht mehr intrusiv die Figur, die besonders Ausgeliefertsein ausstrahlte, sondern aktive Beweglichkeit und Kontrolle stehen im Vordergrund. Es wird vorstellbar, dass die im Aufstehen und Sich-Erheben begriffene Figur vielleicht demnächst die Gegenstände ablegt und Arme und Schultern entspannt.

Frau K. beschrieb sich zum Zeitpunkt dieser zweiten Figur im Modus des Abwägens zwischen verschiedenen schwankenden Gefühlszuständen und dem Für und Wider verschiedener Perspektiven nach dem Klinikaufenthalt. Vorausgegangen waren unter anderem Erfahrungen eigener, überschäumender Energie, Wut und Nervosität sowie Auseinandersetzungen mit ihrer Rolle zwischen den zerstrittenen Eltern. Sehr oft bemühte sie sich um Ausgleich.

Der Abschied von der Station kündigte sich an und die Entscheidung, ob sie zunächst eher bei der Mutter oder dem Vater bleiben wird, war zu treffen. Ein sehr gefürchtetes Gespräch mit der Mutter stand noch bevor. Auch vier Wochen später außerhalb der Klinik war ihr diese Figur noch

---

3 Isabella Marcinski, *Anorexie – Phänomenologische Betrachtung einer Essstörung*, Freiburg, München 2014, dort besonders Kapitel 6.6., S. 100-103.

sehr nahe und sie beschrieb die innere Aufgabe, Balance zu finden zwischen Nähe und Distanz zu anderen, verschiedenen Gemütszuständen, Leistung und Ruhe, laut und leise, Essensgenuss und Essenskontrolle und zwischen Vater und Mutter. Nach wie vor fiel ihr Ruhe schwer, weil dann eher unangenehme Gefühle lauter wurden. Wie Gaete und Fuchs verdeutlichen, ist die Anorexie gerade auch aus der Abwehr überfordernder unangenehmer Gefühle heraus zu verstehen. Gerade deshalb ist es so wichtig, sich bei der Behandlung nicht nur auf die Korrektur von verzerrten Wahrnehmungen einer Körperbildstörung zu konzentrieren, sondern die Objektivierung des Körpers als Schutz vor negativen Gefühlen zu verstehen.[4] Diese Gefühle anzuerkennen und zu integrieren kann dazu beitragen, dass aus dem als widerspenstig und unangenehm erlebten Körper (wieder) ein gefühlter Leib wird, der stillschweigend im Hintergrund die Beziehungen zur Welt vermittelt.[5]

Dabei geht es um eine Beweglichkeit und Schwingungsfähigkeit innerhalb der existenziellen Ambiguität, Körper, den ich habe und Leib, der ich bin, sowie Objekt *und* Subjekt für andere zu sein. Dass im Blick des Anderen ein verdinglichendes Moment liegen kann, stellt gerade in Phasen der Adoleszenz und den einhergehenden körperlichen Veränderungen eine Verunsicherung dar, welche die Entwicklung von Autonomie und Identität negativ beeinflussen kann. Das Hungern intensiviert zwar zunächst die Körperwahrnehmung und wird nicht selten auch als identitätsstärkend und als vermeintliche Stärkung gegenüber den Einflüssen von außen und dem Training der eigenen Distanzierungsfähigkeit erlebt. Dabei wird der Leib zunehmend ausschließlich in seiner widerspenstigen, störenden Körperhaftigkeit wahrgenommen. Bei Frau K. hat vermutlich der verdinglichende Blick, der Umgang mit ihrem Körper feste Muster in der Selbstwahrnehmung hinterlassen, sowohl jener der Mutter als auch der des ersten Freundes, der die Beurteilung der äußeren Erscheinung verstärkte.

Man könnte jetzt entlang symbolischer und psychoanalytischer Deutungsansätze zum Beispiel Interpretationen anvisieren, ob und inwiefern die Kugeln mehr der Mutter, die Pakete mehr dem Vater zuzuordnen sind, aber derlei steht hier nicht im Vordergrund. Zunächst ist deutlich, dass zwischen ihrer ersten und der zweiten Figur eine Entwicklung hin zu mehr Kraft, Selbstvertrauen und Beweglichkeit sichtbar und ihr selbst spürbar wird. Frau K. ist darüber hinaus weiterhin auf dem Weg, ihren Leibkörper

---

4 Gaete/Fuchs, „From Body Image", S. 24.
5 Fuchs, „The Disappearing Body", o. S.

als sicheren und genussfähigen Ort kennenzulernen und ihm in seiner Abhängigkeit und Bedürftigkeit zu vertrauen. Hilfreich für diese Neu-Aneignung des eigenen Leibes war und ist es unter anderem, die Basis der Zwischenleiblichkeit, die uns das gesamte Leben als Raum des Miteinanders und der Feinabstimmungen begleitet, zu stärken. Die Frage, welche Aspekte der Kunsttherapie dabei unterstützten und durch welche Elemente dies in der kunsttherapeutischen Sitzung im konkreten Fall gefördert wurde, soll im Folgenden beleuchtet werden.

II. Heilsame Aspekte der Gestaltungstherapie

Sich auszudrücken ist ein vielschichtiger Prozess, in dem nicht einfach innere Vorstellungen übersetzt werden, sondern die vorhandene Verwobenheit mit der Welt aufgenommen wird, beispielsweise durch das Abarbeiten und Sich-Einrichten am Material, die Atmosphäre der Umgebung, spontane Einfälle usw. Ein Ausdruck ist keine lineare Übersetzung von Erfahrung oder Absicht, sondern Momentaufnahme und Resultat einer Auseinandersetzung.[6] Was in der kunsttherapeutischen Sitzung von den Anfangsimpulsen, dem Gruppensetting, der Enge von Vorgaben, über die individuelle Gestaltungsphase bis hin zur Rezeption in der Besprechung hin passiert, ist ebenfalls ein komplexes Geschehen. Aus diesem seien hier nur ein paar Aspekte herausgegriffen.

Gerade die Arbeit mit Ton lädt dazu ein, das subjektive Erleben im Gestaltungsmoment in einer Figur plastisch werden zu lassen. Der haptische Bezug zum erdigen Material weckt nicht nur Kindheitserinnerungen und leibliche Erfahrungen mit Matschen und hält auch wütendes Schlagen aus, sondern lässt die Finger dreidimensional einen Körper erschaffen. Dadurch kommt das gefühlte Körperhafte bereits beim Tun spielerisch in den Fokus. Dabei ist nicht die Konfrontation von Realität und Erleben wie in der Körperbild-Arbeit zentral, sondern die dreidimensionale Figur steht als Ausdruck für das präsente leibliche Erleben. Als „Textur der Erfahrung"[7] werden Gesten des Daseins ins Material eingeschrieben.[8] Gerade

---

6 Zu den Prozessen und der Verflochtenheit von Ausdrucks- und Rezeptionsgeschehen siehe: Sonja Frohoff, *Leibliche Bilderfahrung. Phänomenologische Annäherungen an Werke der Sammlung Prinzhorn*, Dordrecht 2018. Außerdem: Sonja Frohoff, Elisabeth Faulhaber, „Phänomenologische und psychoanalytische Skizzen im Ausgang von Merleau-Ponty", in: *Psychoanalyse im Widerspruch* 59 (2018), S. 65-92.
7 Maurice Merleau-Ponty, *Das Sichtbare und das Unsichtbare*, München 1986, S. 159.
8 Frohoff/Faulhaber, „Phänomenologische und psychoanalytische Skizzen", S. 82.

die Tonarbeit wird von Anorexie-Patientinnen häufig als wohltuend empfunden, es sei denn die Körperablehnung ist zusätzlich mit einer starken Abwehr gegenüber Schmutz verbunden. Einen Moment Kind sein dürfen, knüpft zunächst an die Abwehr und Angst vor dem Erwachsenwerden an, was viele der Patientinnen begleitet. Der Freiraum im Gestalten entlastet zudem oft von dem Leistungsdruck, mit dem sie sich selbst kasteit haben. Das, was im kreativen Produzieren und Sich-Ausdrücken als Gegenstand entsteht, ist eng mit der Schaffenden verbunden und steht ihr doch getrennt als eigene Präsenz gegenüber. Dies hilft im Sinne eines Übergangsobjektes (Winnicott), Verbindung und Getrenntheit zugleich zu erfahren.

Ein weiterer wichtiger Aspekt des kunsttherapeutischen Prozesses ist die „Resonanzrunde" bzw. der Rezeptionsprozess. Dabei steht das Entstandene im therapeutischen Kontext der Gruppe bzw. des Therapeuten als Drittes im Raum. Dieser Teil der Sitzung ist durch das Mitteilen von erfahrenen Gefühlen, Gedanken und Prozessen, oft eine Mischung aus der Schilderung persönlicher Ereignisse und gemeinsamer Bild-*Erfahrung, die zur Sprache drängt.* Im Gespräch konzentriert sich zunächst jeder auf die eigene Resonanz zu der Figur und ist aufgefordert, diese Wahrnehmungen assoziativ mitzuteilen. Die jeweiligen Rezipierenden gehen mit ihrer spezifischen Leiblichkeit auf das Werk zu, bringen Hintergründe, eine bestimmte Perspektive und ihre eigene Phantasie mit. So entsteht der kreative Ausdruck in der Betrachtung noch einmal neu. Die Hörenden prüfen, ob sie die Assoziationen und spontanen Resonanzen der Anderen annehmen wollen oder nicht. Eine mögliche Widerständigkeit und dass Aussagen eventuell mehr zum Sagenden gehören, als zum Hörenden, ist als Wissen in der Gruppe etabliert und akzeptiert.

In der Wahrnehmung und der Annäherung an die Wirkung des Entstandenen entsteht eine besondere Schwellensituation. Sie betrifft zum einen den Kontakt zwischen den Personen und dem Gegenstand, aber auch den zwischen den anwesenden Personen. Ersteres lässt sich gut mit dem Begriff des Bewohnens von Merleau-Ponty beschreiben, den er einer äußerlichen Kategorisierung und Identifikation entgegensetzte.[9] Damit wollte er erkenntnistheoretisch den immer wieder aufs Neue unhintergehbaren Primat der Wahrnehmung herausstellen, den uns unsere leibliche Verfasstheit aufträgt. Dieser Wahrnehmungsprimat wird in der gemeinsamen Bilderfahrung in der Rezeption trainiert. Im Versuch, den Gegenstand zu bewoh-

---

9 Maurice Merleau-Ponty, „Das Auge und der Geist", in: Christian Bermes (Hg.), *Das Auge und der Geist, Philosophische Essays*, Hamburg 2003, S. 275-317.

nen, richten wir uns im Betrachten im Gegenüber ein, ohne je ganz darin anzukommen. Einverleibung im Blicken und Aufgehen im Ausdruck berühren sich.

Außerdem betrifft die entstehende Schwellensituation die Bezogenheit zwischen den anwesenden Personen, die indirekt über die Verständigung über ein Drittes verläuft. Nicht nur bezeugen die Anderen das Entstandene und sehen und erkennen damit etwas genuin Subjektives und Individuelles der schöpfenden Patientin an, das damit sichtbar wird. Vielmehr bildet die entstandene Figur darüber hinaus eine Brücke für das Erfahren von Zwischenleiblichkeit. Im Idealfall werden eine bezogene Feinspürigkeit des Eigenen und Hören und Sehen des Anderen in vielen kleinen Schritten erfahren.[10] Das ist häufig gerade etwas, das in der Rigorosität und Entfremdung anorektischen Umgangs mit sich selbst besonders verloren gegangen ist oder nie erlebt wurde. Die Einfühlung und Besprechung der erfahrenen Prozesse und entstandenen Figuren schafft einen Resonanzraum, in dem eine Zwischenleiblichkeit lebendig ist, die zur Heilung beitragen kann.[11] In der Zwischenleiblichkeit, in der Solidaritätserfahrung und dem Mitteilen und Gehört werden, „bekundet sich ein Ethos der Leiblichkeit" (268).

Dabei ist es allerdings genau betrachtet nicht einfach nur die Resonanz, die wichtig ist, sondern die Erfahrung von Response. Bernhard Waldenfels differenziert in *Erfahrung, die zur Sprache drängt* ausführlich zwischen Resonanz und Response und ihren Zusammenhängen. Seine Überlegungen sind gerade zum Verständnis von therapeutischen Prozessen äußerst hilfreich. Entlang der Analyse verschiedener Phänomene zeigt er, dass ein bloßes Mitschwingen den Dynamiken des Selbstbezugs und des Widerständigen, welche mit der leiblichen Präsenz der Anderen gegeben sind, nicht gerecht wird. Vielmehr ist von einem diastatischen Geschehen auszugehen, das besagt, „dass das, was an uns appelliert, unserer eigenen Initiative zuvorkommt, dass es ungeahnte Antworten hervorruft, die nicht nur Vergangenes wiederholen oder auf Gegenwärtiges reagieren" (282).

Es gibt in diesem Antworten immer einen Selbstbezug und einen Fremdbezug, der weder mit Reagieren, wechselseitigem Feedback noch mit einem Annähern von Schwingungen einer Resonanz ausreichend be-

---

10 Waldenfels geht darauf zum Beispiel hinsichtlich leiblicher Echowirkung ein: „Kern der leiblichen Echowirkung ist Akt des Sichsprechenhörens, verbunden mit dem Fremdwerden und Entschwinden der eigenen Stimme, auf die man immer nur antwortend zurückkommt." (280)
11 Fuchs, „The Disappearing Body", o. S.

schrieben ist. Vielmehr beziehen sich leiblich verfasste Personen auf andere *und* auf sich selbst. Damit sind Achsen des Bezuges immer zueinander verschoben und eine bleibende Fremdheit ist ihnen immer inhärent. Insofern ist Response immer mehr als Resonanz, auch wenn sie nicht unabhängig von ihr zu denken ist. Vielmehr „findet sie ihren körperlichen Rückhalt in einer Resonanz, die uns auf das Zu-Beantwortende einstimmt" (270), ohne dass sie sich auf bloße Gestimmtheit oder Stimmung reduzieren ließe. Für die Bilderfahrung am Ende einer kunsttherapeutischen Sitzung bedeutet dies, dass diese Nuancen, auch wenn sie nicht explizit gemacht werden, spürbar werden. Resonanzen *und* Dissonanzen bilden so gesehen die Basis von Response. Es ist nicht nur das Synchrone, sondern auch das Asynchrone, das eine Schwingungsfähigkeit möglich macht oder sie blockiert. Selbst wenn Teilnehmende schweigen, bezeugen und antworten sie durch ihre Anwesenheit und Präsenz. „Solange ein Zuhörer da ist, gibt es ‚kein Sprechen ohne Antwort', selbst wenn das Sprechen auf Schweigen stößt." (282)

Die Kunsttherapie kann sich Waldenfels' Überlegungen zunutze machen, um diese Tiefen und Möglichkeiten entstehender Zwischenräume im Rahmen einer responsiven Therapie auszuloten (290-310). Ein großer Schritt zur Heilung wäre dann primär die Stärkung der Responsivität und damit einer Beweglichkeit und eines Flusses zwischen Selbst-, Fremd- und Weltbezug (300).

Dieser Fluss kann durch die feinspürige Wahrnehmung eines gemeinsamen Dritten erfahren und geübt werden. Spannend ist dabei auch der Fluss zwischen Wahrnehmung und Sprache. Denn er lässt sich, so zeigt die Erfahrung dieses Momentes in der Therapie, wirklich als „Drängen" beschreiben, in dem die Wahrnehmung hin zu bestimmten Begriffen kulminiert. Diese wiederum eröffnen einen Horizont, der mal treffender, mal weniger treffend sein kann, immer aber ihrerseits Resonanzräume im zwischenleiblich Erfahrenen eröffnen. Wie Peter Sinapius verdeutlicht, sind es nicht unmittelbar Fakten, sondern individuelle und intersubjektive Erfahrungsräume, die sprachlich übersetzt werden[12] – oder, so könnte man weiterführend sagen, sich in Sprache verwandeln. Diese steht manchmal im Kontrast zu Diagnose-Stellungen oder notwendigen Abkürzungen und

---

12 Peter Sinapius, „Bilder der Sprache – Sprache der Bilder, Kriterien für die Qualität von Dokumentationen künstlerisch therapeutischer Praxis", in: Micheal Ganß u.a. (Hg.), *Ich sehe dich so gern sprechen. Sprache im Bezugsfeld von Praxis und Dokumentation künstlerischer Therapien*, Frankfurt/M. 2008, S. 219-235.

Einordnungen im medizinischen Alltag. Sie sind hingegen wohltuend offene Räume lebendiger leiblicher Erfahrung, in denen verbale und nonverbale Ausdrucksweisen ineinanderfließen und Sprachliches im Bildlichen und Bildliches im Sprachlichen vermitteln. Frau K. bekundete, dass es gerade diese Freiräume waren, die ihr guttaten und sie dem Gefühl für ihr Erleben näherbrachten.[13]

---

13 Ich danke der Patientin (hier anonymisiert) und der Station von Weizsäcker der Klinik für Allgemeine Innere Medizin und Psychosomatik an der Universitätsklinik Heidelberg für die Ermöglichung dieses Textes.

Tonfiguren einer Anorexie-Patientin

Abb. 1:

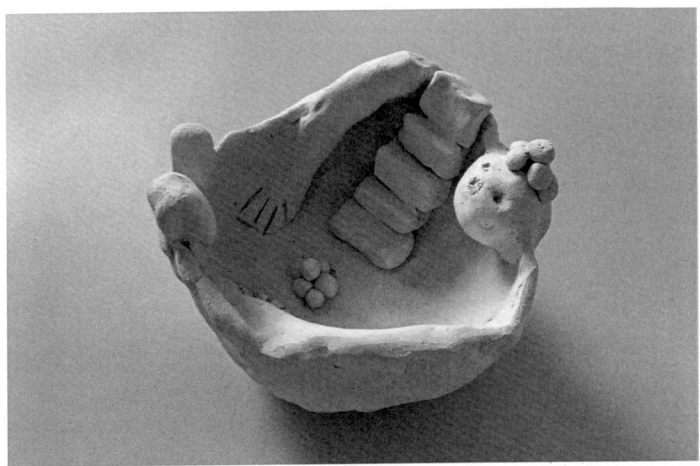

Abb. 2:

Die unendliche Vielfalt des Fremden. Postkarte an Bernhard Waldenfels

Wolfgang Müller-Funk

Fremde in all ihren Schichtungen ist ganz augenscheinlich ein Thema, das Kultur-, Human- und Sozialwissenschaften im Allgemeinen, Philosophie und Kulturtheorie im Besonderen auch im 21. Jahrhundert nicht so schnell verlassen dürfte. Das hat nicht nur mit den bekannten gesellschaftspolitischen Phänomenen wie der Migration und dem Transfer von Menschen, Gütern und Ideen zu tun und nicht nur damit, dass die schon lange nicht mehr nur okzidentale Moderne sich durch ganz spezifische Erfahrungen von der Fremdheit der Welt auszeichnet, sondern auch deshalb, weil Fremdheit einen spezifischen und unhintergehbaren Komplex darstellt, der tief im Menschlichen verankert ist und in eben dieser Moderne zum Vorschein gekommen ist.

Die Erfahrung, von der Waldenfels mit Husserl und Freud ausgeht, entzündet sich an jenem Punkt, der mit dem Narrativ des Drängens zur Sprache zusammenhängt. Es hat den Anschein, als ob dabei ein spezifisch menschlicher Typus von Erfahrung zur Sprache kommt, eine die über die Sprache und nur über sie vermittelt ist. Offenkundig hat dieser Drang mit einer bestimmten Form von Liminalität zu tun. Der Mensch stößt an eine Grenze, die den Symbolismus der Sprache in Gang setzt. Lacans Horizont-Begriff des „Realen", Thema in Waldenfels jüngster Studie (47), hat mit dieser Grenze ebenso zu tun wie Hans Blumenbergs Grenzterminus des „Absolutismus der Wirklichkeit" in seinem wohl prominentesten Werk *Arbeit am Mythos*. Blumenberg zufolge reagiert der Mensch auf diese Erfahrung des Ausgeliefertseins an Übermächtig-Fremdes mit einem Akt der Aneignung: „Welt zu haben, ist immer das Resultat einer Kunst, auch wenn sie in keinem Sinne ein ‚Gesamtkunstwerk' sein kann."[1] Bekanntlich steht für Blumenberg der Mythos im Zentrum dieser menschlichen Selbstermächtigung, aber mit Seitenblick auf Ernst Cassirers *Philosophie der symbolischen Formen*, dessen Einfluss auf Blumenberg un-

---

1 Hans Blumenberg, *Arbeit am Mythos*, Frankfurt/M. 1979, S. 13.

übersehbar ist, lässt sich zeigen, dass der Mythos nur *eine*, gewiss zentrale symbolische Form darstellt, die indes in einem Abhängigkeitsverhältnis von einer anderen steht, nämlich von der Sprache. Denn ausdrücklich und ausführlich erzählen lässt sich nun allemal am besten in Gestalt der Sprache. Die symbolische Form der Sprache ist es also, in der sich die Erfahrung, um die es bei Waldenfels geht, zeigt. Sie setzt immer schon ein Moment des Irritierenden und Fremden voraus, das sich in zu Sprache geronnener Erfahrung mitteilt. Bleibt im Neokantianismus Cassirers der Begriff der Erfahrung auch unterbelichtet, so wird doch sinnfällig, dass die Sprache ein dynamisches Prinzip darstellt, das nicht einfach etwas, Erfahrung oder Erkenntnis, abbildet, sondern welterschaffend ist. Durch die „Kunst" der sprachlichen Aneignung des Fremden entsteht etwas, das bisher nicht vorhanden war. Daraus baut sich, so Cassirer, „die Welt des ‚Wirklichen' wie die des Geistigen, die Welt des Ich" auf.[2]

Aber damit rückt ein scheinbar Peripheres und Schattenhaftes wie das Fremde ins Zentrum des menschlichen Dramas. An ihm entzündet sich Erfahrung, die zum Symbolismus und zur Semiotik drängt. Das Fremde ist stumm, es entzieht sich, es verweigert sich der Selbstverständlichkeit. Die Sprache wäre dabei der paradoxe, gelingende wie misslingende Versuch, sich das Fremde anzueignen und dabei eine sekundäre Welt aufzubauen.

Im gegenwärtigen transdisziplinären Diskurs über Alterität spielen Phänomenologie und Psychoanalyse eine nicht zufällig maßgebliche Rolle.[3] Im (post-)phänomenologischen Diskurs von Husserl, Heidegger, Merleau-Ponty, bis zu Sartre, Levinas, Ricœur, Blumenberg und Waldenfels – um nur einige Namen ins Spiel zu bringen – ist das selbst heterogene Fremde zwiefach zugegen, im Sinne einer Weltfremdheit, die im Selbstreflexionsprozess der Moderne sichtbar wird und als personale Konfiguration jenes Anderen, das dem Selbst immer schon zuvorkommt.

Schon von daher ist es naheliegend, die psychoanalytische Kategorie des Unbewussten in den xenologischen und ‚alteristischen' Diskurs einzubeziehen und dieses als einen genuinen Beitrag zum Verständnis des Fremden anzusehen, wie das Julia Kristeva und eben Bernhard Waldenfels unternommen haben. Kristeva knüpft dabei an Lacans Neuformulierung der Psychoanalyse an, macht doch schon der frühe Aufsatz des französischen Psychoanalytikers über das Spiegelstadium sinnfällig, dass sich das Ich nur durch ein fremdes Spiegelbild seiner selbst zu konstituieren ver-

---

2 Ernst Cassirer, *Philosophie der symbolischen Formen*, Darmstadt 1953, S. 24.
3 Wolfgang Müller-Funk, *Theorien des Fremden*, Tübingen 2016, S. 73-133.

mag und so von vornherein als ein Anderer, als ein fremdes Gegenüber in Erscheinung tritt. Die Fremdheit beginnt von daher nicht bei einem äußeren Gegenüber, sondern im Drama unseres eigenen Selbst-Werdens.[4] Eine zentrale Rolle nimmt bei Kristeva indes Freuds Aufsatz über das Unheimliche ein, wird dieses doch von ihr als eine spezifische Ausformung einer erschreckenden Erfahrung von Fremdheit interpretiert, die sich im Umgang mit kulturell Fremden zu artikulieren vermag.[5] Nicht umsonst sind in E. T. A. Hoffmanns Erzählung *Der Sandmann* die Protagonisten des Unheimlichen (von denen die Leserschaft nicht weiß und nicht wissen kann, ob sie am Ende nicht doch identisch sind), nämlich der Alchemist wie der Optiker, kulturell und sprachlich Fremde, nämlich Italiener.[6]

In *Erfahrung, die zur Sprache drängt* fasst Waldenfels das Unbewusste als eine ganz spezifische Form von Fremdheit und betont dabei verschiedene Bedeutungen dieser zentralen Kategorie Freuds, die vor ihm in der deutschen Romantik und bei Eduard von Hartmann auftaucht. So erscheint dieses „innere Ausland" zunächst einmal als bloße Negation, als ein abgeschwächter Grad und als ein „Ausfall von Bewußtheit". Ferner ist das „Konzept des Un-bewußten" allzu sehr an das „*Wissen*" angelehnt (41). Im Gegensatz zur Konnotation des Terminus enthält es – das wäre die dritte Bedeutung – ein Moment an Reflexivität, das sich aus dem Tatbestand herleitet, dass dem Betreffenden – Waldenfels nennt die mythische Person des Ödipus, aber auch Sokrates – „etwas verborgen bleibt oder [...] entgeht" (43). Die Reflexion hat ihren Ort im Mangel, in der Erfahrung des Entzugs. Dieser ist in allen drei Bedeutungen des Begriffs manifest, als Nicht-Bewusstsein, als Unwissen und als Entzug bzw. als Verborgen-Sein, das heißt als Geheimnis.

Eine paradoxe Bedeutung, die mit der latenten Reflexivität des Unbewussten zusammenzuhängen scheint, wäre nachzutragen, umso mehr als Waldenfels Freuds *Traumdeutung* ins Spiel bringt: Ich *weiß,* dass mir etwas entgeht, etwa der Sinn und die Bedeutung meiner Träume, die Freud als die Manifestationen des Unbewussten schlechthin betrachtet hat. Kann denn, lässt sich im Anschluss an Freuds theoretische wie praktische Anstrengungen fragen, etwas vollständig „unbewusst" sein, von dem andau-

---

4 Jacques Lacan, „Das Spiegelstadium als Bildner der Ichfunktion", in: ders., *Schriften I*, hg. Norbert Haas, Olten, Freiburg 1973, S. 61-70.
5 Julia Kristeva, *Fremde sind wir uns selbst*, übers. Xenia Rajewski, Frankfurt/M. 1990.
6 Müller-Funk, *Theorien des Fremden*, S. 90.

ernd die Rede ist? Drängt nicht am Ende „das Unbewusste" in Kunst, Literatur, Philosophie und Psychoanalyse „zur Sprache" und damit zu einer paradoxen Selbstauflösung? Und wie verändert sich dadurch das Fremde? Kann man dieses und andere Formen des Fremden und Alteritären nicht bis zu einem gewissen Grade kennenlernen, ohne dass dieses Kennenlernen je zu einem Abschluss käme? Eine strukturelle Ähnlichkeit mit jenen Mystikern drängt sich auf, die ständig und behände, sprachlich überaus virtuos vom unaussprechlichen Andern reden, das als Transzendenz in der Immanenz erfahren wird.

Die Lacan-Schule hat diesem Paradox der Versprachlichtheit des Unaussprechlichen eine theoretische Wendung gegeben. Diese besteht nicht nur im Konzept eines gedoppelten Ich, sondern auch darin, dass sie „das Unbewusste" als Sprache begreift. Ein solches Verständnis scheint bei Freud schon insofern antizipiert, als der Verfasser der *Traumdeutung* bereits unser Augenmerk auf Phänomene wie Verdichtung und Verschiebung lenkt, was unter dem Einfluss der strukturalistischen Sprachtheorie mit den Tropen der Metapher und der Metonymie verbunden wird.[7] In dieser Untersuchung wird sichtbar, dass „das Unbewusste", dessen Spuren sich in der Traumarbeit manifestieren, als eine schöpferische und dynamische Kraft verstanden werden kann, die den eigentlichen Trauminhalt verfremdet und entstellt.[8] Der psychoanalytischen Traumdeutung, in deren Zentrum die Spurensuche, semiotisch gesprochen das Indexikalische, steht, kommt dabei die Aufgabe zu, die Entstellung, die durch Verdichtung und Verschiebung entsteht, zu erkennen und in gewisser Weise rückgängig und damit manifest zu machen. Sich mit dem eigenen Fremden zu konfrontieren, bedeutet aus dieser Perspektive eine Art von sekundärem Lesen-Lernen.

Was die Psychoanalyse charakterisiert und anziehend macht, besteht nicht zuletzt in dem Versprechen, dass sie, wie provisorisch auch immer, lebensweltliche Vertrautheit jenes Anderen von, in mir und außerhalb meiner herstellt, jenes Fremdartigen, für das es keine positive Zuschreibung gibt und geben kann. Es handelt sich um eine Form von Selbstumgang mit

---

7 Sigmund Freud, *Die Traumdeutung*, Frankfurt/M. 1991, Kap. VI: „Die Traumarbeit", S. 284–314.
8 „Der Erfolg dieser Verschiebung ist, daß der Trauminhalt dem Kern der Traumgedanken nicht mehr gleichsieht, daß der Traum nur eine Entstellung des Traumwunsches im Unbewußten wiedergibt. Die Traumentstellung aber ist uns bereits bekannt; wir haben sie auf die Zensur zurückgeführt, welche die eine psychische Instanz im Gedankenleben gegen eine andere ausübt." (Ebd., S. 312 f.)

sich selbst, die die Erfahrung der Selbstfremdheit und der Identitätsauflösung miteinschließt.

Erinnert sei an dieser Stelle daran, dass Fremdheit weder substanziell noch attributiv ist, sondern vielmehr eine Relation bezeichnet. Relationen zeichnen sich indes dadurch aus, dass sie sich verändern. Wenn sich also „das Unbewusste" theoretisch als ein spezifisches Fremdheitsphänomen verstanden werden kann, dann unterliegt unser Verhältnis zu diesem „Unbewussten" der Dynamik der Veränderung. In diesem Sinne ließe sich das, was wir heute als klassische Moderne verstehen, durch eben den mitunter auch schmerzhaften Wandel im Umgang mit Fremdem bestimmen.

Dass diese im Fall von Husserl und Freud, zwei Diskursbegründern, einen gemeinsamen kulturellen Erfahrungshorizont besitzen, erwähnt Waldenfels scheinbar mit leichter Hand und am Rande, wenn er die gemeinsame Herkunft aus der mährischen Provinz, die Erfahrung als Jude trotz allem Fremder zu bleiben und die kulturelle Vielfalt und Gespaltenheit erwähnt, die den Herrschaftskomplex der späten Habsburger Monarchie kennzeichnete, Erfahrungen, die auch im Werk von Robert Musil, einem Lieblingsautor Waldenfels', überaus präsent sind. Alle diese Autoren enden überdies in der Fremde, im Exil (11).

Waldenfels'Studie ist eine Synopse, aber keine vorschnelle Synthese, eine Zusammenschau, die nach Ähnlichkeiten und Überlappungen Ausschau hält. Die Kategorie des Unbewussten und des Fremden unterscheiden sich: Der erste, spezifischere Terminus ist dadurch charakterisiert, dass er keine positive Zuschreibung beinhaltet, markiert doch das unscharfe *un* wie jede Form der Negation eine Schranke, eine Grenze. Das deutsche, etymologisch unspektakuläre Wort *fremd* hingegen und wohl auch das englische, mittlerweile auch im Wortschatz der deutschen Alltagssprache angekommene Wort *strange* (befremdlich) sind hingegen konnotativ betrachtet schwach kodiert, wenn man von dem Unterton des Merkwürdigen einmal absieht, das wohl das maßgebliche Elixier zu sein scheint, dass Erfahrung als Verarbeitung von etwas Neuem und Unerwartetem konstituiert. Erfahrung heißt nämlich, dass mir etwas widerfährt, von dem ich zuvor nicht gewusst habe und das mich zwingt, es in mein bisheriges Weltverständnis einzubetten und das zugleich etwas ist, das dieses modifiziert. Der theoretische Zugewinn besteht also darin, dass durch die dialogische Zusammenführung von Konzepten aus verschiedenen Diskursen ein theoretischer Zugewinn entsteht, der darin besteht, der Bedeutung des Fremden eine neue Facette hinzuzufügen, eben jene des Entzug und des Mangels, was nicht zuletzt vor dem gegenwärtigen gesellschaftspolitischen

Hintergrund eine Korrektur an allzu romantischen Vorstellungen vom Fremden möglich macht, die übrigens auch schon bei Kristeva angelegt sind.[9]

In *Theorien des Fremden* habe ich vorgeschlagen, Fremdheit und Alterität als Relation zu verstehen und verschiedene Ausprägungen des Alteritären zu unterscheiden. Im Wesentlichen handelt es sich dabei um drei Formen des Anderen: Andersheit, Fremdheit, Ausland. Damit korrespondieren erstens die Figur des/der Zweiten, also das Double, zweitens jene des/der Unbekannten und drittens des/der Ausgeschlossenen, der potentiellen Feinde etwa jenseits einer sichtbaren oder unsichtbaren Grenze.[10] Derlei Unterscheidungen sind weder absolut noch exklusiv, mit Überlappungen ist schon deshalb zu rechnen, weil zwischen diesen Formen des Alteritären Ähnlichkeiten bestehen. Dass das fremde Unbewusste im Gefolge der Freud'schen Psychoanalyse als eigenes oder inneres Ausland tituliert wird, ist hierfür ein plastisches Beispiel. „Das Unbewusste" Freuds scheint übrigens alle Ausformungen und Konfigurationen des Alteritären zu kennen: das Double, das Unbekannte und das Ausgeschlossene.

Für die Frage nach dem Verhältnis von phänomenologischen und psychoanalytischen Diskursen ist indes noch eine andere Unterscheidung wesentlich, nämlich ob man von dem Fremden als einer persönlichen Konfiguration spricht oder von einem verborgenen und zugleich allgegenwärtigen Element, von einer Struktur, einer verborgenen Macht in mir oder von einer Matrix wie eben dem „Es", wie Freud und lange zuvor schon Lichtenberg.

Die Stimme bei Levinas, die mich ruft oder auch das Antlitz, das sich mir zeigt, sind keineswegs mit jenem Es identisch, das weniger als ein chaotisches und unbestimmtes Bündel von Wünschen und Begehrnissen, sondern vielmehr auch als eine höchst widersprüchliche, aber doch mit einer bestimmten Logik versehene Triebdynamik beschrieben werden kann. Die Abstinenz von Levinas gegenüber der Psychoanalyse hat triftige Gründe, zielt doch seine Philosophie auf eine Ontologie, in der das Ethische, das Gewissen immer schon anwesend und stets eingeschrieben ist. Wir sind in einem nicht-banalen Sinn einsam, aber niemals allein. Wir tragen das Gewicht des Anderen in uns selbst. Der Andere zählt. Ethik setzt

---

9 „Auf befremdliche Weise ist der Fremde in uns selbst: Er ist die verborgene Seite unserer Identität [...] Wenn wir ihn in uns erkennen, verhindern wir, daß wir ihn selbst verabscheuen." (Kristeva, *Fremde sind wir uns selbst*, S. 11)
10 Müller-Funk, *Theorien des Fremden*, S. 16-24.

Entscheidung voraus, ein Antworten auf eine personale Instanz. „Das Unbewusste" im Sinne Freuds ist nicht die seelische Instanz des Ethischen, es etabliert sich, um auf Freuds Kategoriensystem zurückzukommen, eher in der Beziehung zwischen Ich beziehungsweise Es und Über-Ich.

Die Psychoanalyse hat auch anderen ethischen Ausgangspunkt und Impetus. Selbsterkenntnis, das Γνωθι σεαυτον (*gnothi seauton*), ist nicht mehr ausschließlich das Ideal einer post-antiken Lebensphilosophie, sondern enthält schon bei Freud eine ethische Verpflichtung: Die Veränderung des Verhältnis zu sich selbst, die Hinwendung zum eigenen Fremden bildet die Voraussetzung für ein verändertes Verhältnis zum Fremden und Anderen außerhalb unserer selbst, personifiziert oder auch unpersönlich, und generiert Aufmerksamkeit für Fremde und Fremdes. Dabei spielt eine trans-egoistische Gemeinsamkeit eine wesentliche Rolle, haben wir doch miteinander gemein, dass wir alle Fremde unserer selbst sind. Wir tragen alle ein „Unbewusstes" in uns, das Gegenstand der psychoanalytischen Theorie und, damit verbunden, ihrer Reflexion oder Therapie ist. Nicht nur Lebenskonzept einer privilegierten Elite (wie im antiken Griechenland), nicht nur ein Therapiekonzept für psychische Störungen oder Traumata, sondern ein ethisches Gebot, mit dem Anderen unserer Selbst, dem „Unbewussten" umgehen zu lernen.

Was die phänomenologische mit der psychologischen Fremdheit verbindet, ist die Vorgängigkeit des Anderen, des „Unbewussten" wie des/der personal Anderen und ihrer Manifestationen in Stimme und Gesicht. In beiden Fällen befinden sich Eigenes und Fremdes, Identität und Differenz nicht in einer binären Opposition, sondern sind vielmehr Pole eines dynamischen Geschehens mit wechselnden Relationen. Insofern enthält das Buch Waldenfels' auch ein Konzept eines Selbst, das nicht ist, wofür es sich hält und das zwischen Selbst- und Fremdentzug, zwischen Sinnentzug und Sinnkonstruktion hin und her geworfen ist (49-61).

Das hat zwangsläufig Auswirkungen auf die Befindlichkeit(en) jenes Selbst, das heute zumeist in der Kategorie der Identität verhandelt wird. Die Fremdheitsdiskurse in Phänomenologie und Psychoanalyse führen vor, dass es mit unserer Identität nicht so weit her ist. Was immer Identität auch sein mag, sie besitzt eine in sich gebrochen Struktur. Die damit verbundene Botschaft lautet: Und das ist auch ganz gut so. Wir sind keine kompletten und geschlossenen Entitäten. Monaden sind bzw. wären nicht, um einen Seitenblick auf das vorletzte Kapitel von *Erfahrung, die zur Sprache drängt* zu werfen (254-289), response- und resonanzbedürftig, wohl aber Lebewesen, die sich eingestehen, dass sie sich, ungeachtet vieler Unterschiede und Differenzen, einigermaßen stark ähneln. Entfremdung, in einem ganz bestimmten Sinn des Wortes, als Gegenstück zu einer in sich ruhenden Identität, ist abgesagt, und, damit verbunden, die Erzählung von einem glücklichen Zustand in Einheit mit uns selbst, zu dem wir zurückkehren wollen und sollten.

Die Begegnung zwischen Psychoanalyse und Phänomenologie, die Waldenfels theoretisch nicht zum ersten Mal ins Werk setzt, verändert wie jeder Dialog beide Seiten, ohne dass sich die betreffenden Diskurse auflösten. „Es gibt Verschwiegenes, das zur Sprache drängt, aber nicht schon von Grund auf in ihr beheimatet ist." (9) Aber dieses Verschwiegene verändert sich im Gefolge seiner Sprachwerdung. Insofern steht die Sprache quer zu jeglichem Fremden.

Im Zwischenreich der Therapie: Anmerkungen zu Georges Devereux' Realität und Traum

Bernhard Leistle

I. Bernhard Waldenfels zur Ethnopsychiatrie

In Kapitel 7 von *Erfahrung, die zur Sprache drängt* beschäftigt sich Bernhard Waldenfels mit der Ethnopsychiatrie. Damit setzt er einerseits seine Studien zu den „Fremdheitswissenschaften" fort[1] und knüpft andererseits an frühere Überlegungen zur psychologischen Theorie und psychotherapeutischen Praxis an[2]. Die Grundzüge von Waldenfels' responsiver Phänomenologie des Fremden sind wohlbekannt, da von ihm selbst und anderen vielfach beschrieben[3], und müssen hier nicht nochmals dargestellt werden. Es genügt anzumerken, dass sich die psychologische Therapie besonders als Beispiel für ein responsives Geschehen anbietet, in dem die Beteiligten auf Ansprüche des Fremden antworten und das in einem Zwischenbereich stattfindet, welcher keinerlei Regel unterworfen werden kann, da er als Ursprungsgrund jeglicher Regelhaftigkeit fungiert. In der ethnopsychiatrischen Therapie, die durch eine kulturelle Differenz zwischen Arzt und Patient gekennzeichnet ist, findet sich dieses Zwischensein um eine weitere Dimension vertieft. In erwähntem Kapitel spricht Waldenfels daher von einer „doppelten Fremdheit" in der Ethnopsychiatrie, was allerdings keinesfalls im Sinne einer Addition eines Mehr an Fremdheit zu verstehen ist. Das Kernmotiv in Waldenfels' Phänomenologie des Fremden besteht ja gerade darin, das Fremde nicht substanziell,

---

1 Bernhard Waldenfels, *Topographie des Fremden. Studien zur Phänomenologie des Fremden 1*, Frankfurt/M. 1997, S. 85-109; ders., *Vielstimmigkeit der Rede. Studien zur Phänomenologie des Fremden 4*, Frankfurt/M. 1999, S. 117-151.
2 Vgl. z.B. Bernhard Waldenfels, *Grenzen der Normalisierung. Studien zur Phänomenologie des Fremden 2*, Frankfurt/M. 2008, S. 95-111; S. 112-144.
3 Vgl. insb. Bernhard Waldenfels, *Grundmotive einer Phänomenologie des Fremden*, Frankfurt/M. 2006; für eine einführende Darstellung in englischer Sprache, vgl. Bernhard Leistle, „Responsivity and (some) other approaches to alterity", in: *Anthropological Theory* 16/1 (2016), S. 48-74.

sondern relational und okkasionell zu bestimmen, als etwas, das „sich dem Zugriff der Ordnung entzieht"[4]. Diese relationale Definition des Fremden hat zur Folge, dass sich verschiedene Fremdheitstypen niemals in absoluten Begriffen voneinander abgrenzen lassen. Genauer gesagt: Radikale Fremdheit und kulturelle Fremdheit können sich auf vielerlei Weise vermischen und überlagern. Der Andere in der eigenen Kulturwelt, der Nachbar, kann einem fremder sein, als der fremdkulturell Andere, mit dem man vielleicht weltanschauliche, berufliche oder persönliche Gemeinsamkeiten aufweist (244 f.). Das Kulturelle wird zur Dimension einer Erfahrung, die als vielfältiger Differenzierungsprozess zwischen Eigenem und Fremden konzipiert wird. Man kann „Kultur" nicht als Gegenstand betrachten, der aus dem Erfahrungsprozess herauszulösen und dann als „Variable" zu isolieren wäre. Die Verdoppelung der Fremdheit, von der Waldenfels im Falle der Ethnopsychiatrie spricht, ist also als „Vervielfältigung" im Wortsinn zu verstehen, als Hinzukommen einer Faltung im Gewebe zwischen Eigenem und Fremden.

Was hat dies nun für die Ethnopsychiatrie zu bedeuten, insbesondere für sie als therapeutische Praxis? In *Erfahrung, die zur Sprache drängt* konzentriert sich Waldenfels auf die wissenschaftstheoretischen und – philosophischen Implikationen seiner Phänomenologie. Das ethnopsychiatrische Beispiel, das er heranzieht, stammt von Wolfgang Blankenburg, der darin als forensischer Gutachter auftritt. Demgegenüber möchte ich Waldenfels' Ansatz auf einen Fall ethnopsychiatrischer Therapie anwenden. Dabei lasse ich mich besonders von einem Satz in Waldenfels' Text leiten: „Es gibt keine [...] reine Kultur, sondern stets nur ein vielfältiges Geflecht von Kulturen, das ein *Mehr oder Weniger an Fremdheit* zuläßt." (246) Damit betont Waldenfels die Vorgängigkeit der Interkulturalität vor jeder Scheidung zwischen eigener und fremder Kultur. Wenn zudem zutrifft, dass „Kultur" nicht aus dem Gesamtzusammenhang menschlicher Existenz herauszulösen ist, müsste sich die ethnopsychiatrische Psychotherapie als zugleich zwischenmenschliches und interkulturelles Geschehen verstehen lassen.

II. Georges Devereux' Realität und Traum

Ich kenne keinen Text, der sich besser für ein solches Vorhaben eignet als Georges Devereux' *Realität und Traum – Psychotherapie eines Prärie-In-*

---

4 Waldenfels, *Topographie des Fremden*, S. 20.

dianers[5]. Devereux, ein Autor, den Waldenfels öfter zitiert, beschreibt darin den Verlauf einer psychoanalytisch orientierten Gesprächstherapie, die er Ende der 1940er mit Jimmy Picard durchführte, einem Angehörigen jenes Segments der indigenen Bevölkerung Nordamerikas, das manchmal als „Prärieindianer" bezeichnet wird[6]. Um eine Identifizierung seines Patienten zu vermeiden, erfindet Devereux eine fiktive Gruppe, die „Wolf", die wie die Crow, die Cheyenne, die Blackfoot, die Sioux und andere eine Untergruppe der „Prärieindianer" bilden.

Realität und Traum ist einmalig in der ethnopsychiatrischen Literatur, indem es den therapeutischen Prozess vollständig und in seiner ganzen Komplexität darstellt. Das Buch enthält nicht nur theoretische Überlegungen Devereux', sondern auch Angaben zu therapeutischen Methoden und Zielvorstellungen, ebenso wie Reflexionen zum stufenweisen Ablauf der Therapie und sogar einen ausführlichen Abschnitt mit allen ausgeführten psychologischen und medizinischen Tests, inklusive Röntgenbilder von Picards Schädel. Insbesondere finden sich in *Realität und Traum* wörtliche Transkriptionen aller insgesamt 30 Therapiesitzungen. In diesen Gesprächsaufzeichnungen zeigt sich die wahre Einzigartigkeit dieses Buches, zumindest in den Augen des phänomenologischen Ethnologen, denn was sich hier auftut, ist ein Einblick in die Begegnung zweier Menschen, die sich mit allen ihnen zur Verfügung stehenden Kräften bemühen, sich über kulturelle Unterschiede hinweg miteinander zu verständigen. Mehr als das, sie erreichen dabei eine Ebene der Kommunikation, auf der es dem einen möglich wird, dem anderen zu helfen, seine Erfahrung in therapeutisch wirksamer Weise zu restrukturieren.

Dies war beileibe keine Selbstverständlichkeit, denn Jimmy Picards Leiden war durchaus dramatisch und verschaffte sich Ausdruck in einer ganzen Reihe von schwerwiegenden Symptomen[7], welche die Ärzte des Veteranenkrankenhauses, in das Picard als ehemaliger Weltkriegssoldat eingewiesen wurde, eine psychotische Erkrankung vermuten ließen[8]. De-

---

5 Georges Devereux, *Realität und Traum. Psychotherapie eines Prärieindianers*, Frankfurt/M. 1985.
6 Als Ethnologe, der in Kanada lebt und arbeitet, bin ich mir der Problematik des Begriffs durchaus bewusst. Um umständliche und gestelzte Formulierungen wie die obige zu vermeiden und weil er eine spezifische konzeptuelle Bedeutung in Devereux' Buch besitzt, behalte ich den Begriff bei, verwende ihn aber nur dort, wo er durch seine Spezifizität unvermeidbar ist.
7 Devereux, *Realität und Traum*, S. 153-155.
8 Ebd., S. 26.

vereux, der aufgrund seiner ethnopsychiatrischen Forschungen zu den Mojave und wegen seiner ethnologischen Kenntnisse zur Konsultation herangezogen wurde, schloss die Möglichkeit der Schizophrenie schnell aus[9]. Durch eine Therapie mit einem „expressiv-unterstützenden" Ansatz, die sich einer psychoanalytisch orientierten Theorie der Persönlichkeit und des Unbewussten bediente und die Trauminterpretation als Methode einsetzte, gelang es Devereux, innerhalb von sechs Wochen eine vollständige und allem Anschein nach dauerhafte Remission von Picards Symptomen zu erreichen.

III. Interkulturalität und Responsivität in Realität und Traum

Realität und Traum ist voll von gegenseitigen Sympathiebekundungen der beiden Hauptprotagonisten und Devereux macht keinen Hehl daraus, dass zwischen ihm und Picard einfach „die Chemie stimmte". Sie mochten sich and respektierten einander als Personen, wie Devereux nochmals in der Einleitung zur zweiten Auflage des Buches betont:

> Wenn ich Jimmy Picard geholfen habe, so nicht deshalb, weil er ein Wolfindianer war, sondern weil er Hilfe brauchte und es in meiner Macht stand, ihm zu helfen. Und wenn ich viel dabei gewonnen habe, dann nicht deshalb, weil meine ihm gewährte Hilfe meine nicht vorhandene Schuld gegenüber dem mißhandelten Indianer verringerte, sondern weil Jimmy Picard ein guter Mensch in unverdienter Not war: Er gab genauso viel, wie er empfing.
> Was immer sich zwischen Jimmy und mir auf der persönlichen Ebene ereignete, es geschah zwischen zwei Menschen guten Willens, und es betraf nur uns beide: zwei Menschen auf der Suche nach gemeinsamen Formen der Verständigung und der gegenseitigen Achtung, vereint in ihrem gemeinsamen Menschsein, dessen Eckstein ihrer beider Individualität ist.[10]

Die Passage ist recht typisch für Devereux' argumentativen und literarischen Stil: Zwar erkennt er die Reziprozität des therapeutischen Prozesses – und damit die Unmöglichkeit einer vollständigen Kontrolle durch den Therapeuten – durchaus an („Er gab genauso viel, wie er empfing"); er

---

9 Dabei gilt es allerdings anzumerken, dass Devereux keinesfalls ein Kulturrelativist ist, was den Begriff der Normalität anbelangt. Ganz im Gegenteil, er hält fest, dass es absolute Maßstäbe für geistige Gesundheit und Krankheit gibt, die für alle Kulturen Gültigkeit besitzen, vgl. ebd., S. 224. Für eine ausführliche Begründung seiner Haltung, vgl. den titelgebenden Aufsatz in Georges Devereux, *Normal und Anormal. Aufsätze zur allgemeinen Ethnopsychiatrie*, Frankfurt/M. 1974.
10 Devereux, *Realität und Traum*, S. 41 f.

scheint sogar auf eine irreduzible Fremdheit im Zentrum der Therapie anzuspielen („Was immer sich ereignete, [....] es betraf nur uns beide"). Am Ende jedoch versucht er, die entstandene Öffnung zum Fremden mit universalisierenden Begriffen wieder zu verschließen („vereint in ihrem gemeinsamen Menschsein"). Demgegenüber bietet sich mit Waldenfels eine Lesart von *Realität und Traum* an, die dem Zwischen den Vorrang einräumt, sowohl vor jeder Universalisierung als auch jeder Individualisierung. Im Folgenden werde ich versuchen, diesen Zwischenbereich aufzuzeigen, der sich in Devereux' Schilderung der Therapie Picards andeutet, oft entgegen der expliziten Intentionen des Autors. Hierbei beschränke ich mich auf vier Aspekte: Die sozio-kulturellen Identitäten der Beteiligten, die Funktion des ethnopsychiatrischen „Dritten", die Interkulturalität des therapeutischen Gesprächs und schließlich die Vielstimmigkeit des Textes selbst.

Interkulturelle Identitäten

Oberflächlich betrachtet scheinen die beiden unmittelbar an der Therapie beteiligten Personen gänzlich verschiedenen Welten anzugehören: Auf der einen Seite Devereux, der weiße Akademiker, aus Europa stammend, privilegiert durch seine Ausbildung und Autorität als Angestellter der Klinik, anscheinend „gesund" im Sinne der gesellschaftlichen Funktionsfähigkeit; auf der anderen Seite Picard, krank, nicht „funktionsfähig", Mitglied der indigenen Bevölkerung Nordamerikas, einer diskriminierten, traumatisierten und „sichtbaren" Minderheit (*visible minority*), auf der Reservation aufgewachsen und zumeist dort lebend. Auf den ersten Blick scheint es, als könnte der ethnische, kulturelle und soziale Gegensatz kaum größer sein. Sieht man jedoch genauer hin, gerät er beträchtlich ins Wanken und weicht einer Zwischensphäre, einem „Geflecht von Kulturen", in welchem beide Personen Positionen zu beziehen vermögen, wenn auch unterschiedliche. Denn Devereux ist zwar ein weißer Akademiker, Anthropologe und Psychoanalytiker, aber er ist kein weißer Amerikaner. Mehrere Male bringt er diesen Umstand in das therapeutische Gespräch ein, betont, dass er „Franzose" ist[11]. Doch auch das ist nur eine Chiffre für eine viel komplexere Identität: Geboren wurde Devereux 1908 als György Dobó in eine jüdische Familie im ungarischen Teil Österreich-Ungarns. Den Namen „Devereux" nahm er erst an als die Familie nach dem ersten Weltkrieg nach Frankreich zog, wo Devereux in Paris Ethnologie studierte. Zur Biographie und der komplexen Identität Devereux' gäbe es sicherlich viel Interessantes zu sagen, was aber eingehenderer Forschung bedürfte. Fest scheint allerdings zu stehen, dass Devereux nicht einfach einer definierbaren Kulturwelt zugehörte.

Unbestimmbarkeit und Nicht-Zuordenbarkeit ziehen sich auch wie ein Leitmotiv durch Devereux' wissenschaftliche Karriere: als in Europa ausgebildeter Ethnologe lebte und arbeitete er lange in den USA und geriet dort in Kontakt mit und unter den Einfluss einer anderen akademischen Kultur. Als Psychoanalytiker, der die Ethnopsychiatrie mitbegründete, setzte er sich zwischen die etablierten Disziplinen. Diese Interdisziplinarität begrenzte Devereux' intellektuellen Einfluss und führte zu einer gewissen Marginalisierung, die erst spät in seiner Karriere einer allgemeineren Anerkennung wich[12].

Heterogene Identität und intellektuelle Hybridität vereinigten sich in der Person von Georges Devereux. Als Therapeut traf er auf einen Patienten, der ihm in mancherlei Hinsicht nicht unähnlich war. Jimmy Picard war nach dem Krieg am College gewesen, wenn auch in einem praktischen Fach. Als Soldat hatte er in Frankreich gedient, ein Aufenthalt, der bei ihm, wie bei so vielen nicht-weißen US-Soldaten, gute Erinnerungen hinterlassen hatte. Wichtiger noch als diese biographischen Konvergenzen ist der Umstand, dass auch Picard keine Kultur unhinterfragt als seine eigene bezeichnen konnte. Zur Zeit seiner Begegnung mit Devereux befanden sich die verschiedenen Kulturen und Gesellschaften der indigenen Bevölkerung Nordamerikas in einem rapiden Angleichungsprozess, sowohl untereinander, als auch an die von Weißen dominierte amerikanische Mehrheitsgesellschaft und -kultur. Picards Identität war, zumindest nach Einschätzung von Devereux, mehr die eines allgemeinen „Prärieindianers", als die eines spezifischen „Wolf". Gleichzeitig allerdings bewegte

---

11 Am deutlichsten, als er Picard darauf hinweist, dass Franzosen, ebenso wie „Prärieindianer", weniger prüde als Amerikaner sind, was Sex anbelangt, eine Aufforderung an den Patienten, offen mit Devereux über seine Sexualität zu sprechen. Die Offenheit Picards in dieser Hinsicht gehört in der Tat auch heute noch zu den bemerkenswerten Aspekten des Buches. Darüber hinaus gibt ihm seine europäische Herkunft die Möglichkeit, sich an der gegenwärtigen Situation der indigenen Bevölkerung als „unschuldig" zu betrachten, s. das obige Zitat. In der Beziehung zu Picard war das sicherlich kein unwichtiger Umstand und ich bezweifle, dass ein amerikanischer Anthropologe oder Psychoanalytiker in der Lage gewesen wäre, so schnell einen derart guten Rapport herzustellen.

12 Vgl. Erich Wulff, „Einleitung: Fragen an Devereux", in: Devereux, *Normal und Anormal*, S. 7-17.

Picard sich am Rande der weißen amerikanischen Gesellschaft, hatte eine Vielfalt von Kontakten und Beziehungen zu deren Kultur, die darüber auch Einzug in sein Selbst gehalten hatte. Jimmy Picard sprach im Alltag meist Englisch und träumte auch in dieser Sprache.

In *Realität und Traum* treffen also zwei Individuen aufeinander, die beide nicht klar abgrenzbaren kulturellen Welten zuordenbar sind. Für beide stellt sich, in je spezifischer Weise, die Frage nach dem Verhältnis zwischen Eigenem und Fremden. Ihre Begegnung in der Therapie kann als ein Versuch betrachtet werden, diese Frage in einem bestimmten Kontext zu beantworten.

Der „ethnopsychiatrische Dritte" als Balanceakt

Dieser Kontext wurde maßgeblich definiert durch die Erkrankung Picards, die ihm die Rolle des Patienten zuwies und Devereux jene des Arztes; ihre Beziehung war notwendigerweise asymmetrisch. Es besteht kein Zweifel, dass die medizinische Beziehung dem Arzt bzw. der Ärztin die Verantwortung auferlegt, die Interaktion mit dem oder der Patient*in zu steuern, zu dirigieren und, soweit möglich, zu kontrollieren. Waldenfels erkennt diese Notwendigkeit explizit an: Er spricht von einer „unentbehrliche[n], doch auch problematische[n] Rolle des Dritten", als der Position, die das Denken einnehmen muss, um Vergleiche anzustellen, Modelle zu bilden, Diagnosen zu erstellen, etc. In einer responsiven Konzeption des Erfahrungsprozesses, so Waldenfels, kann der Dritte allerdings niemals „den Unterschied zwischen Eigenem und Fremdem *übergreifen*", sondern „nur klärend, verstehend und regulierend *eingreifen*." (241) Wenn die Einnahme der Position des Dritten in der Medizin also einerseits unvermeidlich ist, weil der Arzt versuchen muss, dem Kranken zu helfen, so kann es sich dabei andererseits nur um einen *relativen* Standpunkt handeln, gewissermaßen einen Dritten „auf Abruf". Dies müsste besonders in der ethnopsychiatrischen Therapie gelten, wo die Etablierung des Dritten eine interkulturelle Dimension aufweist.

In der Tat tritt diese provisorische, improvisatorische Qualität des ethnopsychiatrischen Dritten besonders deutlich in *Realität und Traum* hervor. Der substanzielle theoretische Teil des Buches, etwa 150 Seiten lang, lässt sich nicht nur als Beitrag zur ethnologischen und psychoanalytischen Theorie der Zeit lesen, sondern in erster Linie als Versuch, die Position des Dritten in einer Art von Balanceakt zu etablieren und zu erhalten. Devereux verwendet viele Seiten darauf, die für die Behandlung Picards richtunggebenden therapeutischen Entscheidungen theoretisch zu untermauern. Dabei ordnet er allerdings ausdrücklich die Theorie der therapeutischen Zweckmäßigkeit unter[13], was seiner theoretischen Position eine charakteristische Heterogenität und Offenheit verleiht.

In besonderem Maße trifft dies auf Devereux' grundsätzliche theoretische Orientierung zu, die Freud'sche Psychoanalyse. Es ist erstaunlich zu sehen, wie dieses Theoriegebäude in der Lage ist, einen Gesprächsrahmen zwischen zwei Personen herzustellen, die sich – bei aller beschriebenen internen Interkulturalität – doch in verschiedenen Welten bewegen. Die Verbindung stellt sich her – und wird von Devereux therapeutisch genutzt – durch eine geteilte Wertschätzung für Träume: Die Kulturen der Psychoanalyse und der „Prärieindianer" stimmen darin überein, dass Träume etwas Essentielles über den Menschen und seine Beziehungen zur Welt aussagen. Auf der Basis dieser sehr allgemeinen Übereinstimmung gelingt es Devereux, Picard zu motivieren, über seine Träume zu sprechen und sie therapeutisch zu interpretieren. Das hat allerdings wenig mit klassischer psychoanalytischer Trauminterpretation zu tun und Devereux widerspricht in der zweiten Auflage seines Buches all jenen wohlmeinenden Rezensionen, in denen behauptet wurde, er hätte mit Jimmy Picard eine, wenn auch kurze, Psychoanalyse durchgeführt[14].

Dabei muss festgestellt werden, dass Devereux durch das ganz Buch hindurch an der Psychoanalyse als Theorie festhält. Nicht ein einziges Mal zweifelt er an ihrer Richtigkeit, stets laufen die Diskussionen der therapeutischen Ereignisse auf eine Bestätigung der psychoanalytischen Perspektive hinaus. Sie ist das Gesetzte, das dem Therapeuten die Position des Dritten ermöglicht. Und doch gewinnt der/die Leser*in von *Realität und Traum* den seltsamen Eindruck, dass die Psychoanalyse umso stärker ihre Unzulänglichkeit zeigt, je mehr sie den Dritten mit Absolutheit für sich beansprucht[15]. Ihre Funktion in Jimmy Picards Therapie gleicht mehr einem vielseitigen Werkzeug, das sich für allerlei Zwecke verwenden lässt, aber für keinen dieser Zwecke maßgefertigt ist. In anderen Worten, sie wird zum Mittel der Improvisation, zum Teil eines responsiven Repertoires, dessen letzter Sinn darin besteht, den Therapeuten in die Lage zu versetzen, kreativ auf den fremden Anspruch durch den Patienten zu antworten.

---

13 Devereux, *Realität und Traum*, S. 143.
14 Ebd., S. 32.

Bei allem Festhalten an der „Richtigkeit" und „universellen Gültigkeit" der Psychoanalyse, nähert sich Devereux bisweilen dieser responsiven Konzeption der Therapie an. Die Begründung der Entscheidung darauf zu verzichten, seine Hypothesen zu Picards Therapieverlauf schriftlich festzuhalten und im Gespräch zu prüfen, liest sich wie der Versuch, eine Zwischensphäre offenzuhalten, in der Responsivität im Sinne von Waldenfels unterstützt wird:

> Hätte ich mir den Zwang auferlegt, meine Eingebungen „sich bewahrheiten" zu lassen, unter gleichzeitiger Berücksichtigung der Theorie einer dynamischen Psychologie und anthropologischer Theorien über die Persönlichkeitsstruktur der Wolfindianer, wäre die Behandlung zu einer mechanischen Anwendung von Rezepten und Tricks (im vulgärsten Sinne des Wortes) verkommen, in gröbster Mißachtung der Rechte und Probleme eines leidenden Menschen. Hätte ich auf der anderen Seite die psychoanalytische wie die anthropologische Theorie einfach von mir geschoben und mich nur auf mein „drittes Ohr" und auf schriftlich fixierte Vermutungen und Erwartungen verlassen, so hätte ich es versäumt, alle und jede mir zur Verfügung stehenden Waffen gegen die Beschwerden des Patienten zum Einsatz zu bringen, und die Behandlung wäre ein leerer „Dialog des Unbewußten" geworden, ein Gesellschaftsspiel frei flottierender Ideen oder eine narzißtische Zurschaustellung der „Intuition", die ich, in welcher Form auch immer, besessen haben mochte.[16]

Die Interkulturalität der Therapiesprache

Anstelle von dogmatischer Anwendung findet in *Realität und Traum* so etwas wie eine interkulturelle Hybridisierung der Psychoanalyse statt. Einer der faszinierendsten Aspekte des Buches ist, wie Devereux und Picard in den Therapiesitzungen eine ganz eigene Sprache hervorbringen,

---

15 Ein besonders deutliches Beispiel hierfür liefert in meinen Augen die Therapiesitzung XXIV, in der sich Jimmy Picard über Kopfschmerzen wegen einer verstopften Toilette beklagt, welche Devereux hartnäckig als Überempfindlichkeit prägenitalen Ursprungs gegen Fäkaliengestank interpretiert, eine Deutung, von der er auch in den nachträglichen Reflektionen zum Therapieverlauf nicht abweicht. (vgl. ebd., S. 424-427; S. 556-559) Dabei gibt Picard auch an, dass er bereits seit einigen Tagen erfolglos versucht, die Klinikverantwortlichen auf das Problem aufmerksam zu machen. Angesichts der Tatsache, dass Picard als Indigener beständig systematische rassistische Diskriminierung erfährt, erscheint es mir als mindestens ebenso plausibel, diese Kopfschmerzen auf Stress zurückzuführen, ausgelöst durch den Umstand, dass die Klinik nicht auf seine berechtigte Forderung eingeht.
16 Devereux, *Realität und Traum*, S. 501.

die sich weder dem einen noch dem anderen zuordnen lässt, vielmehr aus einem genuin interpersonalen und interkulturellen Bereich hervorgeht. Dieser Prozess geht weit über die einseitige Anwendung ethnologischen Wissens durch den Therapeuten hinaus. Vielmehr eröffnet sich in *Realität und Traum* ein „Zwischenreich der Therapie", wie man in Anspielung auf ein frühes Buch von Bernhard Waldenfels sagen könnte[17]. Eine gute Illustration dieser Zwischenweltlichkeit bietet das Motto, das Devereux seinem Buch voranstellt[18]. Es handelt sich dabei um eine Geschichte über den berühmten Crow Häuptling Plenty-Coups, dem in einer Vision der Häuptling der Zwerge in der Rolle eines spirituellen Ratgebers erscheint. In der Geschichte eröffnet der Häuptling der Zwerge Plenty-Coups, dass er diesem keine magischen Hilfsmittel geben wird, weil Plenty-Coups bereits alles besitzt, was er braucht, um ein großer Häuptling zu werden. Devereux liest Picard diese Geschichte gegen Ende der Therapie vor und dieser zeigt sich davon sehr beeindruckt[19]. Hier scheint noch einmal alles zusammengefasst zu sein, was Devereux seinem Patienten kommunizieren wollte: dass wahre Stärke nicht in magischen Hilfsmitteln zu suchen ist, sondern nur aus echter, realistischer Selbstkenntnis und der daraus erwachsenen Selbstständigkeit entsteht. Im Verlauf der Therapie versucht Devereux häufig, solche Verbindungen zur mutmaßlichen kulturellen Gedankenwelt von Picard zu etablieren und Picard antwortet darauf mit einem gesteigerten Interesse an der eigenen Kultur, oder besser, dem kulturell Eigenen. Besonders fasziniert ist er von den Büchern von James Willard Schultz, einem weißen Pelzhändler und Forscher, der eine Blackfoot-Frau heiratete und viele Jahre bei ihnen lebte. Es zeigt sich hier eine Reflexivität, die für indigene Kulturen in modernen Kontexten charakteristisch ist: durch den Kontakt mit der „weißen", „westlichen" Kultur mit einem fremden Blick auf sich selbst konfrontiert, sehen sie sich gezwungen, sich eben dieser Außenperspektive zu bedienen, um die entstandene Entfremdung zu überwinden. Dabei geht es nicht darum, ob Schultz' Bücher gut oder schlecht, verständnisvoll oder vorurteilsbehaftet sind. In jedem Fall sind sie Übersetzungen der beschriebenen Kultur in ein anderes Idiom und damit Aneignungen des Fremden, die dann wiederum vom Fremden zur Darstellung seiner Eigenheit re-appropriiert werden. Dies ist sicherlich keine aus-

---

17 Bernhard Waldenfels, *Das Zwischenreich des Dialogs. Sozialphilosophische Untersuchungen im Anschluss an Edmund Husserl*, Den Haag 1971.
18 Devereux, *Realität und Traum*, S. 47 f.
19 Ebd., S. 453 f.

schließlich moderne Dynamik; vielmehr beschreibt sie den Prozess, durch den Kultur als „Geflecht von Eigenem und Fremden" zustande kommt. In modernen, kolonialen und post-kolonialen Kontexten gewinnt dieser grundlegende Vorgang allerdings eine besondere Kraft und diese zeigt sich in *Realität und Traum*. Denn auch die Geschichte von Plenty-Coups und dem Zwergenhäuptling, unter deren Motto Devereux seine Begegnung mit Picard stellt, stammt von einem weißen Pionier und Schriftsteller mit engen Kontakten zu indigenen Gruppen, Frank Bird Linderman[20]. Was Devereux Picard als Zeugnis von dessen eigener Kultur anbietet, ist also bereits durch eine fremdkulturelle Perspektive aufgearbeitet und damit ein interkulturelles Produkt. Und im Grunde trifft das natürlich auf die Gesamtheit von Devereux' anthropologischem Wissen über die „Wolf" und die „Prärieindianer" zu, sowie letzten Endes selbst auf seine eigenen, direkten Forschungserfahrungen bei den Mojave und anderen Völkern. Nirgendwo lässt sich hier „Reinheit" oder „Substanz" finden, eine interkulturelle Zwischensphäre ist jeder Eigenheit vorgängig.

Die Vielstimmigkeit des Textes

Als Therapeut versucht Devereux, dieses Zwischenreich offenzuhalten, und sich und seinen Patienten darin zu halten, gegen die Kräfte, die sie herauszuschleudern drohen. Gleiches gilt für den Autor Devereux: die textuelle Form von *Realität und Traum* bildet ein Analogon zur Interkulturalität des Inhalts. Sie ist charakterisiert von einer Heterogenität, die sich wie ein vielstimmiges Gespräch lesen lässt. Diese Vielstimmigkeit findet sich bereits in der Originalauflage des Buches von 1951, aber noch stärker in der zweiten Auflage von 1968, welche der deutschen Übersetzung zugrunde liegt. Hier antwortet Devereux durch substanzielle Hinzufügungen einer Kritik, die die berühmte Kulturanthropologin Margaret Mead in ihrer Einleitung an einem Aspekt seiner Theorie der ethnischen Persönlichkeit übte, so wie er auch an anderen Stellen auf Kritiken und Kommentare zu seiner Arbeit eingeht. Neben Meads Einleitung stammen auch andere Teile des Textes im Wortsinn von anderen: die Anmerkungen der Anthropologin Goldfrank, einer Spezialistin für die Kultur der „Prärieindianer"[21], die in ihren zahlreichen Fußnoten manchmal alternative Deutungen der Äußerungen Picards abgibt sowie die medizinischen Dokumente im

---

20 Frank B. Linderman, *American: The Life Story of a Great Indian*, New York 1930.
21 Vgl. z.B. ebd., S. 157-160.

Schlussteil des Buches mit den psychologischen Tests, die vom Klinikpsychologen Dr. Robert Holt durchgeführt und ausgewertet wurden. Darüber hinaus enthält *Realität und Traum* eine große Anzahl von Referenzen zu Klinikpersonal und anderen Individuen, mit denen Picard in Kontakt kam. Die Psychotherapie von Jimmy Picard stellt sich damit als sozialer Prozess dar, an dem eine ganze Reihe von Personen mittelbar und unmittelbar beteiligt waren, mit der „Klinik" als maßgeblichem institutionellem Kontext.

In ihrem Vorwort sagt Margaret Mead, dass man die verschiedenen Teile des Buches in beliebiger Reihenfolge lesen könne[22]. Dies mag stimmen, aber im Zentrum des Buches stehen die Interviews zwischen Devereux und Picard, dort platziert von Devereux. Hier erleben wir das Geschehen der Therapie in seiner Responsivität und hier werden wir mit der Einmaligkeit einer Person konfrontiert, die sich ihrer Vereinnahmung durch die Interpretation und Erklärung entzieht. Jimmy Picard spricht mit eigener Stimme, wenn auch in einer geborgten Sprache (Englisch, Psychoanalyse, therapeutisches Idiom); wir lernen ihn kennen, seine intimsten Geheimnisse, seine Ängste, seine Verletzungen. Er kommt uns nahe und doch bleibt er uns auch fern, in der „Abwesenheit des Gegenwärtigen", in der sich bei Waldenfels das Fremde bekundet. Dieser Selbst-Entzug Jimmy Picards vollzieht sich auch in der Dialogisierung seiner eigenen Stimme: Die Therapie besteht nicht zuletzt darin, ihn selbst seine eigenen Träume in ego-unterstützender Weise interpretieren zu lassen und so sehen wir Picard sich gewissermaßen selbst verdoppeln, sogar vervielfachen (Picard im Traum; Picard, der den Traum erzählt; Picard, der den Traum interpretiert). Ihm gegenüber steht im Text ein Therapeut, der sich ebenfalls verdoppelt und vervielfältigt: in der theoretischen Reflexion, vor allem aber in der retrospektiven Diskussion des Therapieverlaufs[23]. Hier blickt Devereux zurück auf sein früheres, ein Jahr zurückliegendes Selbst und versucht auseinanderzuhalten, was ihm damals bewusst war and was nicht. Auch der Therapeut und Autor zeigt sich also als nicht vollständig „eins mit sich selbst", präsentiert sich als ein Geflecht von Eigenem und Fremden.

---

22 Margaret Mead, „Vorwort", in: ebd., S. 11-21, hier S. 12 f.
23 Devereux, *Realität und Traum*, S. 498-575.

IV. Schlussbemerkung

Die responsive Lektüre von *Realität und Traum*, die hier nur umrisshaft skizziert werden konnte, zeigt, dass der geschilderte Erfolg der Therapie Jimmy Picards mit einer außergewöhnlichen Interkulturalität der therapeutischen Situation und Praxis einhergeht. In phänomenologischer Hinsicht gibt es für mich keinen Zweifel, dass der Therapieerfolg in der aufgezeigten Zwischenweltlichkeit begründet liegt. Wie wir sehen konnten, weicht diese Deutung allerdings von der vom Autor und Therapeuten selbst gegebenen ab. Daraus ergeben sich eine Reihe von Fragen für das Verhältnis von responsiver Phänomenologie und Ethnopsychiatrie. Hat die responsive Phänomenologie das Recht, sich in gewissem Sinne über die/den Autor*in zu stellen und eine Art hermeneutische Oberhoheit zu beanspruchen? Als *Philosophie* hat sie dieses Recht meiner Ansicht nach und kann es durch ihre Konzeptionen der Erfahrung und der Darstellung geltend machen. Meine Reflektionen zu Devereux' *Realität und Traum* führen mich jedoch auch zu anderen Fragen: Behält Devereux nicht auch Recht gegenüber der Philosophie, trotz der oder gerade durch die Widersprüche, in die er sich manchmal verstrickt? Gibt es nicht etwas in der medizinischen Heilkunst, das sich dem Perfektionsstreben philosophischen Denkens radikal widersetzt? Ist es für die Rolle der Therapeutin oder des Therapeuten vielleicht wichtiger, eine Position zu beziehen, wie Devereux dies mit der Psychoanalyse tut, als sich im Zwischen zu halten, selbst wenn sich die bezogene Position als philosophisch unhaltbar erweist? Anders gesagt: Kann es therapeutisch fruchtbar sein, philosophisch zu irren? Keine dieser Fragen stellt eine echte Herausforderung für die responsive Phänomenologie dar. Gleichwohl erscheint mir ihre Beantwortung wichtig, um Waldenfels' Denken auf dem Gebiet der Ethnopsychiatrie praktisch wirksam zu machen. Ein Schritt hin zu einer Antwort ist das empirische Studium konkreter therapeutischer Praktiken aus responsiver Perspektive, wie *Realität und Traum* dies in exemplarischer Weise ermöglicht.

Antworten statt Vernichten. Responsivität in Konfrontation zum Nationalsozialismus und seinen Langzeitwirkungen

Jürgen Müller-Hohagen

Eine Frau steuert ihr kleines Auto durch eine Tiefgarage, parkt unsicher ein, setzt zurück, rammt eine langsam vorbeifahrende Limousine. Deren Fahrer, eleganter Geschäftsmann, stürzt heraus und schreit: „Was haben Sie sich gedacht?" Keine Antwort. Stattdessen fährt sie in die andere Richtung, nach vorne – gegen die Wand. Der Airbag geht los. Sie schaut in Richtung des wütenden Mannes, der die Fahrertür aufgerissen hat. Mit großen Augen. In aller Erbärmlichkeit. Da geschieht etwas in ihm. Er brüllt zwar weiter, aber nun: „Machen Sie ihn aus!" Offensichtlich ist sein berechtigter Zorn dabei, in Sorge umzuschlagen, weniger wahrscheinlich um sein sowieso lädiertes Auto, vielmehr in Befürchtung eines weiteren Desasters. Und auch in Sorge um diese eigenartige Frau.

Diese Szene stammt aus einem Werk der dänischen Filmemacherin Susanne Bier: *All you need is love* von 2010. Sie erinnert an die berühmte Passage bei Emmanuel Levinas:

> Das ‚Du sollst nicht töten' ist das erste Wort des Antlitzes. Das aber ist ein Gebot. In der Erscheinung des Antlitzes liegt ein Befehl, als würde ein Herr mit mir sprechen. Dennoch ist das Antlitz des Anderen zur gleichen Zeit entblößt; hier ist der Elende, für den ich alles tun kann und dem ich alles verdanke.[1]

Seit ich diese Zeilen vor bald dreißig Jahren zum ersten Mal gelesen habe, begleiten sie mein Denken und Fühlen. Sie sprangen mich an in der Radikalität ihrer Forderung – und in der so intensiv dargelegten Schutzlosigkeit des Antlitzes.

Mit Antlitzen habe ich viel zu tun. Ich weiß nicht, wie viele tausend Menschen mir schon gegenüber gesessen sind in mehr als vierzig Jahren psychotherapeutischer Tätigkeit. Schutzlosigkeit ist dabei ein großes The-

---

1 Emmanuel Levinas, *Ethik und Unendliches*, Wien 1986, S. 68.

ma. Sich so persönlich einem zunächst völlig fremden Menschen, einem „Fachmann", preiszugeben, das ist die eine Seite. Noch mehr aber geht es um Erfahrungen von Schutzlosigkeit aus schwierigen Vergangenheiten. Dass diese in Sprache kommen können, dauert oft lange. Hier sind wir beim Titel, den Bernhard Waldenfels für sein Buch gewählt hat: *Erfahrung, die zur Sprache drängt*. Und bei dem, was für mich in dessen Mittelpunkt steht: Responsivität. Ständig bin ich damit befasst. Mein therapeutisches Bemühen kreist um den gemeinsamen Versuch, trotz tief gestörter Responsivität gemeinsam Wege zu suchen für ein Begegnen mit so lange im Unsagbaren Verschlossenem.

Ein Beispiel: Im Zusammenhang einer schon länger dauernden Therapie kam Herr D. darauf zu sprechen, dass sich tief in ihm ein Schutzraum befinde. Dieser war bis dahin extrem abgeschirmt. Nach außen galt das sowieso, aber auch für ihn selbst hatte es nur noch ein dunkles Ahnen gegeben, dass da etwas sein könnte. Der Schutzraum war ihm nicht wirklich verfügbar gewesen als Zufluchtsort, in den er sich bei Gefahr bewusst zurückziehen könnte. Stattdessen hatte, wie uns immer deutlicher geworden war, ein blinder Mechanismus das Sagen gehabt – bei Anzeichen von Gefahr ein unvermittelt einsetzender, radikaler Rückzug. Dieser allerdings war kaum als solcher erkennbar gewesen. Er tarnte sich sozusagen. In Liebesbeziehungen sah das so aus: „Das ist nicht die richtige Frau für mich" und im beruflichen Bereich: „Ich bin wohl für diese Arbeit nicht geeignet." Nur dadurch, dass vieles immer wieder ähnlich ablief im Privaten wie im Beruf, war uns allmählich klar geworden, dass es sich hier um das Wirken tief eingravierter Muster handeln musste. Und jetzt hatte er die Existenz des inneren Schutzraums zur Sprache gebracht – oder war ich es gewesen, der zunächst so etwas angetippt hatte? Das kann gut sein, denn oft lässt sich ein Zugang zu solch heiklen Gebieten erst finden, wenn von außen her eine Vorleistung erfolgt ist, ein Möglichkeitsraum geöffnet wurde.

Herr D. war als Kind extremer Gewalt ausgesetzt gewesen. Angesichts dessen war für uns beide die Entdeckung eines solchen inneren Schutzraums sehr bewegend. Und es war klar, dass diese Öffnung eng mit dem allmählich sicherer gewordenen therapeutischen Raum zusammenhing. Innen und Außen bewegten sich hier in einem Kontext zunehmenden Vertrauens, dem Gegenteil dessen, was damals gewesen war. Setzen wir dieser Kurzbeschreibung eine Passage von Bernhard Waldenfels zur Seite:

Von heiklem Gewicht ist die *Alterität*, das heißt die spezifische, irreduzible Fremdheit des Anderen. [...] Eine besondere Rolle spielen hierbei Motive wie das fremde Angesicht, das uns frontal entgegentritt, und die Zwischenleiblichkeit, die uns in einer Zwischenwelt situiert. [...] Fremdheit und Eigenheit bilden ein Geflecht, aus dem sich soziale Fäden aussondern. Die klassische Psychoanalyse stellt uns vor die Frage, ob psychopathologische Phänomene primär Symptome eines Triebkonflikts sind, der zu einem Realitätsverlust führt, oder ob sie nicht ebensosehr Symptome einer mangelnden Responsivität sind, die einen Alteritätsverlust nach sich zieht (19 f.).

Die letztere Variante spricht mich besonders an. Was Waldenfels hier in philosophisch-phänomenologischer Sicht ausführt, deckt sich erheblich mit dem zuvor über Herrn D. Dargestellten. Oder vielleicht noch zutreffender: Beide Zugänge überlagern sich, bestätigen sich wechselseitig, ergänzen und erweitern sich. Für mich als Psychotherapeuten jedenfalls bedeuten gerade seine Ausführungen zur Alterität eine wichtige Unterfütterung für meine Arbeit.[2] Alterität, unser Verhältnis zum anderen als Anderer, ist für Waldenfels kein sozusagen idyllischer Bezug zwischen zwei autark in sich ruhenden Menschenwesen.[3] Vielmehr steht, wie soeben gehört, Fremdheit mitten zwischen ihnen. Mit dieser Fremdheit meint er nicht etwas bisher nur noch nicht Bekanntes, vielmehr sieht er sie als etwas grundsätzlich Gegebenes.[4] Und Fremdheit besteht nicht nur nach au-

---

2 Siehe auch diese Worte. „Um das Fremde zu denken, reicht es also nicht aus, von Intersubjektivität zu sprechen, als stünden handfeste und standfeste Subjekte einander gegenüber. Es reicht nicht, von Beziehung zu reden, als ließen Eigenes und Fremdes sich in Form getrennter Bezugsglieder einander zuordnen. Schließlich wäre es verfehlt, auf einen symmetrischen Austausch zwischen Eigenem und Fremdem zu bauen. Vielmehr haben wir es mit Wesen zu tun, deren Fremdheit in Form einer Zwischenleiblichkeit aufeinander übergreift und ineinandergreift, ohne sich je völlig in eine umfassende Gemeinsphäre einzugliedern. *Wir sind und bleiben einander mehr oder weniger fremd.*" (85 f.)
3 „Die defizitäre und privative Auffassung des Fremden rührt daher, dass ein libidinöses Selbst den Anfang macht, als verstünde sich die Eigenheit meiner selbst und die Anhänglichkeit an mich selbst von selbst. [...] Letzten Endes geht es um die Grenzen des narzißtisch besetzten Ich, das sich zwar verkennt und sich in Frage gestellt sieht, das aber nicht vom Anderen her und durch den Anderen überhaupt erst zu sich kommt." (67)
4 „Aus der Perspektive einer Phänomenologie des Fremden betrachtet zeigt Fremdheit sich nicht als ein zu behebender Mangel, als eine Spielart [...] der privatio, der etwas zum Ganzen fehlt. Und Fremdes zeigt sich nicht als etwas, das *noch nicht* bekannt, *noch nicht* verstanden, *noch nicht* angeeignet ist, vielmehr entpuppt es sich als ein originärer *Entzug*, als leibhaftige *Abwesenheit*, als *Ferne* in der Nähe." (47)

ßen, sondern ebenso nach innen.⁵ Hier korrespondieren seine phänomenologischen Einsichten mit verschiedenen Ansätzen aus der Psychoanalyse, etwa bei Arno Gruen.⁶ Waldenfels schreibt: „Die Bemühungen um eine adäquate Phänomenologie des Fremden haben mich zunehmend an die Psychoanalyse herangeführt." (18)⁷

In diesem Sinne an Herrn D. gedacht, möchte ich es so ausdrücken: Das lebendige Verhältnis von „Pathos" (Erleiden) und „Response", von „Widerfahrnis und Antwort" (ebd.) war bei ihm durch äußere Gewalteinwirkung massiv gestört worden. Teil dieser ganz speziellen „untilgbaren Verletzlichkeit" (ebd.) war neben verschiedenen traumatischen Folgeerscheinungen zum Glück aber auch die Ausbildung jenes inneren Schutzraums. Damit dieser aber durch die als total erlebte Gewalt nicht auch noch zerstört werden könnte, musste er sogar dem bewussten Zugang von Herrn D. entzogen werden. Das lockerte sich erst auf in einem langdauernden, komplexen Prozess der Annäherung zwischen uns, einem Hin und Her von Äußern und Antworten, von Betrachtung nach innen und nach außen, von Bewegungen zwischen uns, in denen, so scheint es mir, das aufschien, was Waldenfels mit Zwischenleiblichkeit meint. Und immer war Fremdheit dabei. Auch zwischen uns. Ein Ringen um Verständigung. Sehr bemerkenswert: Letztere entwickelte sich besser, wenn wir uns nicht gegenübersaßen, sondern uns über Telefon oder Mail austauschten. So stark war für ihn das Gesicht des anderen mit der Gewalt des Feindes durchtränkt. Waldenfels bezeichnet Feindschaft als „einen Testfall der Fremdheit" (95). Und schreibt: „Radikal betrachtet bedeutet Feindbildung, *daß man jemanden in etwas verwandelt*, nämlich in etwas, das man nach eigenem Belieben manipulieren, benutzen, als menschliches Kapital in Rechnung stellen und am Ende auch vernichten kann." (110) – „Vernichten", wieder so ein starkes Wort mitten in einem philosophischen Text, ähnlich wie Levinas' Rede vom Antlitz, das uns gebietet, nicht zu töten. Ist das nicht überspitzt, abgehoben von der Realität?

Genau das Gegenteil ist der Fall, leider. Hier kommen wir zum zentralen Punkt dessen, um was Barbara Schellhammer mich für diesen Beitrag bat. In ihrer Anfrage schrieb sie:

---

5 „Speziell bleibt zu fragen, wie sich die Fremdheit meiner selbst mit der Fremdheit der Anderen verträgt." (62)
6 Arno Gruen, *Der Fremde in uns*, Stuttgart 2000.
7 Siehe hierzu auch die wechselseitige Bezugnahme mit dem Psychoanalytiker Joachim Küchenhoff: *Sich verstehen im Anderen*, Göttingen 2019, etwa S. 20.

Prinzipiell ist es wirklich so, dass Sie einfach gemäß der Beschreibung Waldenfels' von „Pathos und Response" etwas aufgreifen können, das Sie anspricht. Wie unten erwähnt, wäre es sicher sehr reizvoll, wenn Sie die Ausführungen im Buch mit Ihrer Praxis in Verbindung bringen. Ich finde gerade angesichts der politischen Situation in Deutschland die seelischen Spuren der Vergangenheit, die Sie „bearbeiten", ganz besonders wichtig – auch um die dunklen Spuren aufzudecken und der Heilung eine Chance zu geben. Vielleicht gelingt Ihnen ein Bezug zu den Nachwirkungen der NS-Zeit, von Krieg und Gewalt...? Ich weiß, dass das auch Herrn Waldenfels umtreibt.[8]

Auf dieses Angebot konnte ich unmöglich mit „Nein" antworten. Es verstärkte auch noch die Motivation aufgrund der folgenden Sätze aus der vorhergehenden Mail:

> Ich finde, der interdisziplinäre Austausch zwischen Psychologie und Philosophie ist nach wie vor leider sehr unterbelichtet und es gibt nur wenige Autor*innen, die sich explizit auf die Tabuzonen in den Graubereichen zwischen den Disziplinen einlassen. Deshalb fände ich es schön, wenn wir das neue Buch von Herrn Waldenfels für einen solchen Dialog fruchtbar machen könnten.[9]

Von diesem „Zwischen" ist immer wieder die Rede bei Bernhard Waldenfels. Sie gehört ja konstitutiv zur Alterität. Response, Fremdheit und Feindschaft sind spezielle Ausformungen dieses Zwischen. Er schreibt:

> Diese radikale Form der Fremdheit, die auf nichts anderes zurückgeführt werden kann, prägt auch den *eigenen Leib*, der zugleich als *Fremdleib* auftritt, und sie durchzieht die allgemeine Lebenswelt, die sich von Anfang an in *Heimwelt* und *Fremdwelt* zerteilt. In beiden Fällen ist nicht an eine strikte Trennung von Eigenem und Fremdem zu denken, sondern an mannigfache Übergänge, so daß eine Zwischenleiblichkeit, eine Zwischenwelt, ein Zwischenmensch entsteht. Dieses *Zwischen* ist mehr als eine bloße Redensart, es ist ein Ingrediens jeder Fremderfahrung (235 f.).

> Der Zwischencharakter des Leibes, den wir im Auge haben und der mit der Fremdheit des Unbewußten korrespondiert, geht über den bloßen Leib hinaus. Er verdichtet sich in Form von Zwischendingen, von ‚Übergangsobjekten' im Sinne von D.W. Winnicott (34 f.).

> Phänomenologisch betrachtet bedeutet der Zwischencharakter des Leibes, daß der Selbstbezug des eigenen Leibes mit einem Zugleich von Selbstentzug und

---

8 E-Mail von Barbara Schellhammer vom 11.2.2020.
9 E-Mail von Barbara Schellhammer vom 10.2.2020.

Fremdbezug einhergeht. [...] So beginnt die Fremdheit am eigenen Leib, und die Fremdheit der Anderen hat ihr Pendant in der Fremdheit meiner selbst (35).

Was mich betrifft, so verliefen meine Wege von früh an in so manchem Zwischen. Beruflich bewegte sich das zwischen Psychologie (Diplom) und Psychoanalyse (intensive, aber nicht abgeschlossene Weiterbildung), Philosophie (Promotion) und Soziologie. Ebenso zwischen Theoriebezogenheit und der Praxis eines psychoanalytisch fundierten Psychotherapeuten, aber auch psychologischen Erziehungsberaters. Und zwischen München, wo uns 1981 die Wohnung gekündigt wurde, und dem sehr speziellen „Zufluchtsort" Dachau, an dem ich so etwas wie eine neue Lehranalyse begann, nicht auf der Couch, sondern in Auseinandersetzung mit der Geschichte, im Austausch mit meiner Frau, mit ehemaligen Häftlingen und zeitgeschichtlich Tätigen – und meinen eigenen Blockierungen und Schubladen. Zugleich bestand ein großer Spannungsbogen zwischen der hier mit großem Glück bezogenen ehemaligen Künstlervilla und 25 Jahren Berufstätigkeit im Münchner „Problemviertel" Hasenbergl. Und seit mehr als 20 Jahren begleite ich eine Gruppe von Menschen mit jüdischem und nicht-jüdischem Elternteil – ihr Name: *Zwischen zwei Welten*. Insgesamt blicke ich also auf Bewegungen zwischen recht verschiedenen Welten zurück. Aber: Gilt Ähnliches nicht auch für Sie, die das hier lesen?

Von daher kann uns doch gemeinsam das Herz aufgehen bei dem, was Bernhard Waldenfels immer wieder so wunderbar zu diesem „Zwischen" schreibt. Das gilt insbesondere mit Blick auf den großen Bogen dieses Buches, die Begegnung zwischen Phänomenologie und Psychoanalyse, dabei diese beiden jeweils in deutschen und französischen Ausprägungen. Subtil legt Waldenfels die Folie des „Eigenen", der Phänomenologie, über das in großer Kennerschaft durchdrungene „Andere", die Psychoanalyse. Er hat sich Letzterer geöffnet, von ihr gelernt (siehe die zitierte Stelle zur Fremdheit), scheut in aller Freundlichkeit zugleich nicht vor kritischen Fragen zurück, insbesondere zu den theoretischen Grundannahmen, dabei gerade zur Bedeutung des Anderen. Insgesamt liegt für mich hier modellhaft ein gelingender, beiderseits fruchtbarer Austausch zwischen Eigenem und Fremden vor.

Das alles ist weit entfernt von jeder Idylle. Solch ein Zwischen einschließlich der damit untrennbar verbundenen Fremdheit ist vielmehr in mannigfaltiger Weise störbar. Diese Fragilität nicht genügend auszuhalten, macht dann, so versteht es Waldenfels, einen entscheidenden Baustein für

Feindschaft und Gewalt aus. Dazu findet sich folgende Aussage: „Vernichten wie ein wildes Tier, doch *kann* man den Anderen wirklich vernichten? Man kann es nur, indem man ihn verleugnet. Dies schließt eine ‚Wiederkehr des Verleugneten' nicht aus." (111) – „Vernichten wie ein wildes Tier", dies klingt wieder nach einer überzogenen Metapher. Doch das Gegenteil ist der Fall. Menschen, die für „anders" erklärt wurden, nicht als Mitmenschen anzuerkennen, stattdessen ihnen gegenüber als „Gegenmensch" (Jean Améry) aufzutreten, sie zu vernichten, war das zentrale Projekt Nazi-Deutschlands. Ganz real. Millionenfach.

Mit dessen seelischen Langzeitfolgen befasse ich mich seit Jahrzehnten. Ich nenne dazu ein Thema, das mich sehr beschäftigt. In einer Gruppe zusammen mit zwei Soziologinnen, einer Künstlerin und einer Psychoanalytikerin haben wir uns in diesem Zusammenhang über Jahre hinweg mit den Positionen befasst, die Hitler während seiner Münchner Zeit entwickelt hat, also zwischen dem Ende des Ersten Weltkriegs und dem Beginn seiner Kanzlerschaft.[10] Diese Forschung brachte uns an die Grenzen unseres Fassungsvermögens. Nur in der Gemeinsamkeit unserer Arbeit war es dennoch möglich durchzuhalten. Hitlers Vernichtungsdenken so intensiv zu begegnen, war dabei das eine. Die andere Seite unseres Erschreckens rührte daher, wie sehr sein Vernichtungsfuror von Anfang an in die Öffentlichkeit getragen wurde. Das waren keine Geheimprogramme. Die Menschen, die ihm zujubelten und ihn wählten, konnten, ja mussten davon wissen. Sie haben es gutgeheißen, zumindest billigend in Kauf genommen. Das aber waren ganz konkret die Vorfahren von uns Heutigen. Auch darin liegt so viel an Unheimlichkeit. Ich nenne einige von uns zusammengetragene Äußerungen Hitlers aus dieser Zeit:

> Wenn Menschen leben wollen, sind sie gezwungen, andere zu töten. Der ganze Lebenskampf ist ein Hineindrängen in Lebensmöglichkeiten und ein Herausdrängen von anderen aus diesen Lebensmöglichkeiten.[11]

---

10 Ausgangspunkt war unser gemeinsames Interesse, Geschlechterverhältnisse im Nationalsozialismus näher zu untersuchen. Mehr als uns eigentlich erträglich war, kamen wir dabei an Hitler nicht vorbei. Fatale, das heißt vernichtungsorientierte Männlichkeit war die eine Linie. Ihr zur Seite gestellt wurde von ihm eine Weiblichkeit, die wir „kollusiv" genannt haben, weil sie jener Männlichkeit zwar untergeordnet, aber zugleich eng mit ihr verstrickt wurde. Vgl. Lerke Gravenhorst, u.a., *Fatale Männlichkeiten. Kollusive Weiblichkeiten. Zur Furorwelt des Münchner Hitler. Folgen über Generationen*, Hamburg 2020.
11 Ebd., S. 72.

Am Ende siegt ewig nur die Sucht nach Selbsterhaltung. Unter ihr schmilzt die sogenannte Humanität als Ausdruck einer Mischung von Dummheit, Feigheit und eingebildetem Besserwissen wie Schnee in der Märzensonne.[12]

Wenn ein Mensch entschlossen ist, dem andern Menschen den Schädel einzuschlagen, nutzt tiefste Lebensweisheit dem andern nicht mehr.[13]

Ein Wesen trinkt das Blut des andern, indem das eine stirbt, ernährt sich das andere. Man soll nicht faseln von Humanität. Diese Welt ist nicht grausam, sondern aufgebaut auf eine Höherzucht durch Kraft, Genialität, Tatkraft, ewigen Kampf.[14]

Damit sind wir nicht eine Gemeinschaft von jämmerlichen und erbärmlichen Kriechern, sondern eine Gemeinschaft von Kämpfern und des Hasses.[15]

Dies waren einige Äußerungen, in denen sich auf allgemeiner Ebene die Grundmaximen des Hitler'schen Denkens zeigten. Sie sind das Gegenteil dessen, was Waldenfels als Responsivität beschrieben hat. Fremdes im Anderen wird nicht ausgehalten, sondern gerade seinetwegen gilt es, den Anderen zu vernichten.

Jetzt gebe ich zwei Zitate wieder, die sich auf denjenigen Teil der Menschheit beziehen, der für Hitler am allerstärksten den zu vernichtenden Anderen darstellte, Jüdinnen und Juden:

Als Volksgemeinschaft des Kampfes können wir nicht diejenigen als Gleichberechtigte anerkennen, die nicht unseres Blutes sind, die uns nie verstehen werden, und die von Natur aus der ewige Antipode sind von unserem eigenen Wesen. […] Wir sehen in ihnen nicht, wie andere, Nomaden, sondern wir sehen in ihnen Parasiten.[16]

Man bleibe uns fern mit der Phrase „Versöhnung". Hass, brennenden Hass wollen wir in die Seelen der Millionen unserer Volksgenossen gießen, so lange, bis einst eine Flamme von Zorn in Deutschland aufbrennt, die die Verderber unseres Volkes zur Rechenschaft zieht.[17]

Was Hitler in solchen Reden und Texten an das Publikum gebracht hat, hieß also: „Wir" und die „Anderen", da gilt nur das „Recht des Besseren", und die von Natur aus „Besseren", das sind natürlich „wir". Es fand kein

---

12 Ebd.
13 Ebd., S. 71.
14 Ebd., S. 70.
15 Ebd., S. 68.
16 Ebd., S. 130.
17 Ebd., S. 95.

Ringen mit den Anderen um ihre tatsächliche oder vermeintliche Andersheit statt, kein Reflektieren auf sich selber, vielmehr war die eigene Position unverrückbar, „von Natur aus" festgelegt, und das war die des Mannes als Kämpfer. So lautete seine zentrale Aussage: „Damit ist der Nationalsozialismus zunächst eine herrliche Lehre, nicht des Selbstverzichts oder der Selbstentmannung, sondern eine männliche Lehre des Kampfes, zugleich eine männliche Lehre der Ordnung, die ewig gebunden ist an den Wert der Person, und eine Erkenntnis von dem Wert der Rasse."[18] Unter der Perspektive von Alterität solche Sätze (und davon ausgelöste Praktiken) genauer zu betrachten, rührt an den Kernbereich dieses Tötungsfurors. Hier geht es zentral um das Streben nach vollständiger Auslöschung von Andersartigkeit. Wenn wir dies im Auge haben, versteht sich eine zunächst schockierend klingende Schlussfolgerung unseres Buches vielleicht besser. Sie lautet:

> Deshalb zeigt unser Versuch schließlich, dass in Hitlers Fall ein normativmentales Gebilde von blutig-todbringender Männlichkeit mit großer Wahrscheinlichkeit aus vielfältigen Quellen aufgefüllt und beglaubigt worden ist. In diesem Zusammenhang meinen wir, dass es eine Reihe von Hinweisen dafür gibt, dass Hitlers Ausmordungsdrang nicht primär mit seinem Rassismus und seinem Antisemitismus erklärt werden kann. Es drängt sich uns eher auf, dass dieser Rassismus und dieser Antisemitismus für Hitler als ideologische Instrumente zum Aufbau und zur Verteidigung seiner eigenen fatalen Vorstellung von Männlichkeit dienten.[19]

Damit untrennbar verknüpft war Hitlers Vernichtungsfuror. Dieser, und damit das dahinterstehende Auslöschen von Alterität, wäre also primär. Zurückhaltend ausgedrückt, ist das eine zumindest sehr bedenkenswerte Perspektive. Und, so meine ich, sie passt zu Waldenfels' Darlegungen, in denen, wie zitiert, Alterität und Vernichtung in einen Zusammenhang gebracht wurden. Wir hörten: „Doch *kann* man den Anderen wirklich vernichten? Man kann es nur, indem man ihn verleugnet. Dies schließt eine ‚Wiederkehr des Verleugneten' nicht aus." (111) Blicken wir nun auf die hier angesprochene „Wiederkehr des Verleugneten", so lässt sich sagen: Elemente der NS-Alteritätsauslöschung können umso mehr unter der Oberfläche weitergewirkt haben und dann „unerwartet" wiederkehren, wenn sie in der Folgezeit nicht genügend reflektiert wurden, individuell und gesellschaftlich. Auf beiden Ebenen in Formen von Alterität zu den-

---

18 Ebd., S. 61.
19 Ebd., S. 246.

ken und zu leben, die darin eingeschlossene Fremdheit nicht zu verleugnen, das ist ein Schlüssel, um solcher Wiederkehr entgegenzuwirken. Oder soll die folgende Feststellung des Soziologen Zygmunt Bauman über den Holocaust im Kern auch für die Zukunft gelten?

> Schließlich ist es nicht der Holocaust, dessen Monstrosität wir nicht zu begreifen vermögen, *es ist die westliche Zivilisation überhaupt, die uns seit dem Holocaust fremd geworden ist* – und das zu einem Zeitpunkt, als sicher schien, dass sie beherrschbar, dass ihre innersten Mechanismen und ihr gesamtes Potential einen weltweiten Siegeszug antrat.[20]

Das heißt doch: Fremdheit nicht bei sich selbst wahrzunehmen, sie stattdessen „den Fremden" zuzuschieben, bedeutet ein großes Gefahrenpotential. „Männer und Frauen passen nicht zusammen", auch diese „witzige" Aussage mit bedrohlichem Unterton gehört genau hierher. Das so hartnäckig immer noch weithin bestehende Ungleichgewicht zwischen Männern und Frauen, was könnte es mit fortdauernder Alteritätsverweigerung speziell auf männlicher Seite zu tun haben? Aber auch auf kollusiv-weiblicher? Immerhin haben paradoxerweise Millionen von Frauen Hitler und seinem Programm des „männlichen Kampfes" zugejubelt.

Dagegen Andersheit zuzulassen und sie auszuhalten, das sehe ich als den besten Weg, um Vernichtungstendenzen schon früh zu widerstehen, gesellschaftlich und individuell.

Auf beiden Ebenen ist hier viel Stoff für Selbstreflexion: „Tötungsfuror in mir", da sperrt sich alles. Aber: Wie gehe ich mit Anderen um, mit dem Anderen in anderen? In mir, in uns? Da zählen auch schon graduelle Ausprägungen – und bieten Chancen zur Veränderung.

In diesem Sinne komme ich auf Herrn D. zurück. Kurz nach unseren Gesprächen über den inneren Schutzraum teilte er auf einmal mit, er habe jetzt bemerkt, dass er es manchmal überhaupt nicht aushalten wolle, wenn sein Gegenüber sich so verhalte, wie er es als unpassend, daneben, völlig falsch, finde. Dann steige eine enorme Aggression in ihm auf, ein Impuls, heftig hineinzuschlagen. Um dem nicht nachzugeben, würde er sich radikal zurückziehen, sei es im Beruf oder in der Liebe. Er nannte konkrete Beispiele. In diesem hochgradig aggressiven inneren Modus war der oder die andere also nicht mehr als jemand Anderes, als Person im eigenen Recht, vorhanden. Letztlich ging es um ein Auslöschen des anderen Men-

---

20 Zygmunt Bauman, *Dialektik der Ordnung. Die Moderne und der Holocaust*, Hamburg 1992, S. 98 f.

schen als Anderer. Dabei waren aber nicht die als unpassend erlebten konkreten Punkte der wahre Grund für die aufschießende Vernichtungsaggression, nein, dahinter stand eine ihm bisher verborgene fundamentale Nicht-Anerkennung des anderen als anderes von ihm selbst. Damit reproduzierte sich in abgeschwächter und gegen sich selbst gewendeter Form genau das, was ihm als kleines Kind von außen widerfahren war. Es war wunderbar, dass Herr D. sich jetzt so äußern, also nach außen bringen konnte – und aushalten, dass von dort eine Antwort kommen würde, wie auch immer.

Eine enorme Befreiung.
Mit anhaltenden Wirkungen.
Beleg aber auch für bis heute erforderliche Abkehrbewegungen von Ausläufern des damaligen Vernichtungsfurors.
Nicht nur in klugen Reden, sondern ganz im Alltag.
Ringen um ein Miteinander in Alterität – einschließlich Erleben von Fremdheit und Irritationen im Zwischen.
„Machen Sie ihn aus!"
Einlassen auf das Antlitz.
Antworten statt tendenziellen Vernichtens.

Das psychosomatische Unbewusste: Für eine responsive Sorge in unheimlicher Fremdheit

Eckhard Frick sj

> Die Spannung, die frühzeitig zwischen Medizin als Naturwissenschaft und Medizin als therapeutischer Kunst zutage tritt, hält bis heute an, wobei letztere sich von der Humanmedizin auf die Tiermedizin ausdehnt. Der therapeutische Überhang hat zur Folge, daß die Medizin selbst dort, wo sie sich auf die somatischen Aspekte von Krankheiten und auf entsprechende Somatotechniken verlegt, nie ganz frei ist von psychischen Aspekten. In diesem umfassenden Sinne ist jede Therapie als psychosomatisch zu betrachten. (291 f.)

Die Heilkunde ist ein „gemischter Diskurs" (290), Transformation singulärer Leidenserfahrung „in einen Krankheitsfall, der einen allgemeinen Namen trägt und allgemeinen Gesetzen gehorcht". Der medizinische Diskurs ist deshalb „gemischt", weil er sich im Alltag als Übersetzungsarbeit in zwei Richtungen vollzieht, „vom ärztlichen Fachwissen zur Krankenerfahrung, aber auch umgekehrt von der Leidenserfahrung zum Fachwissen". Daraus resultiert „ein alle Fremdheiten übertünchender Mischmasch aus Alltagserfahrung, Wissenschaftsjargon und Pharmazeutik" (238 f.).

Das Wort „psychosomatisch" wird häufig verwendet: von Fachleuten und kranken Menschen. Das Wort droht zur kleinen Münze zu werden, deren Wert und Bedeutung unklar ist. Es dient als Platzhalter sowohl für einen noch nicht abgeschlossenen diagnostischen Aushandlungs-Prozess zwischen Arzt bzw. Ärztin und Patient*in als auch für eine Restkategorie von Störungen, die oft als medizinisch unerklärbar („*medically unexplained*") bezeichnet werden.[1] Das Wort „psychosomatisch" wird ambivalent behandelt: Fachgesellschaften, Zeitschriften, Facharztgruppen benennen sich so, *und* das Wort gilt als obsolet. Nicht selten wird es von kranken Menschen als beschwichtigend oder entwertend gehört oder – noch

---

1 John Hills u.a., „Psychosoma in crisis: An autoethnographic study of medically unexplained symptoms and their diverse contexts", in: *British Journal of Guidance & Counselling* 46 (2018), S. 135-147.

schlimmer – von deren persönlicher oder therapeutischer Umgebung auch in einem derartigen Sinne verwendet.[2]

Als der Verfasser des vorliegenden Beitrags die Studie *Teaching somatoform disorders in a „Nervous System and Behaviour" course: The opportunities and limitations of problem-based learning* bei einer britischen Zeitschrift einreichte, urteilte eine(r) der Gutachter(innen):

> Finally, and most problematic of all, the psychiatric concepts do not generalise across the UK. „Psychosomatic" is no longer found in the DSM IV or ICD-10 classification systems, and although I „generally" know what they mean by the term there is a possibility of confusion, since I think they mean several distinct disorders under one umbrella term. This way of thinking has rightly or wrongly been superceded [sic!] and in the UK psychiatrists talk about conversion disorders and somatoform disorders,

was zur Ablehnung des Manuskripts[3] führte. Der „Ersatz" des *umbrella-terms* „psychosomatisch" durch Konversions- oder somatoforme Störungen löst freilich weder das terminologische noch das sachliche Problem der spezifischen Fremderfahrung, die durch die ärztliche Untersuchung und Behandlung in Gang gesetzt wird. Der kranke Mensch kommt mit einer Anomalie, deren Krankheitswert noch unklar ist und im therapeutischen Dialog ausgehandelt werden muss (vgl. 239).

Ärztliche Sprache hat eine Zwischenposition zwischen deskriptiver Wissenschaftssprache und dem Sprachspiel der Übersetzung innerhalb der therapeutischen Beziehung. Medizinische Sprache ist um Fachtermini erweiterte Alltagssprache: „Medical language is an extension of ordinary language with the admixture of technical terms"[4]. „Psychosomatisch" ist ein derartiger Fachterminus, der sowohl zum medizinischen Fachjargon gehört als auch zur Alltagssprache. Es handelt sich um einen unreifen Begriff, einen „Säugling auf der Suche nach einer wissenschaftlichen Brust"[5]. Der Gedankenstrich, die Verbindung zwischen beiden Worthälf-

---

2 Jon Stone u.a., „What should we say to patients with symptoms unexplained by disease? The ‚number needed to offend'", in: *British Medical Journal* 325 (2002), S. 1449-1450.
3 Schließlich veröffentlicht als: Eckhard Frick, „Teaching somatoform disorders in a ‚Nervous System and Behaviour' course: The opportunities and limitations of problem-based learning", in: *Education for Health* 18 (2005), S. 246-255.
4 Kazem Sadegh-Zadeh, „The pragmatics of medical language", in: ders. (Hg.), *Handbook of Analytic Philosophy of Medicine*, Dordrecht 2015, S. 53-60, hier: S. 60.
5 George L. Engel, „The concept of psychosomatic disorder", in: *Journal of Psychosomatic Research* 11 (1967), S. 3-9.

ten, ist ebenso offen wie die Wirkungsrichtung zwischen Soma und Psyche. Die begriffliche Unreife wird dadurch verstärkt, dass der Begriff „psychosomatisch" nicht nur innerhalb des medizinischen Diskurses geprägt wird, sondern auch durch die Alltagssprache.

Begriffliche Unreife widerspricht nicht der Erfahrung, dass wir in der Alltagssprache mit einer hohen Treffsicherheit psychosomatische Redewendungen gebrauchen (siehe Tabelle 1), die sich entweder auf direkt beobachtbare Körpervorgänge beziehen (im Sinne Wittgensteins deren verbale Substitute sind, zum Beispiel „sie ist blass vor Schreck") oder metaphorische Ausdrücke darstellen (wer „Schiss hat" muss nicht unter Durchfall leiden, während die Redewendung gebraucht wird).

Tab. 1: „Psychosomatische" Redewendungen in der Alltagssprache[6]

Organsystem	Dominante Gefühle	Somatische Äquivalente	Beispiele
Herz/Kreislauf	Herz: Zuneigung, Liebe, Trauer Kreislauf: Angst, Wut	Extrasystolien Präkordialschmerzen Schweißausbruch Synkope	Das Herz hüpft vor Freude Das Herz bricht Aus den Latschen kippen Das Blut stockt
Magen-Darm	Wut Furcht Ekel	Bruxismus Sodbrennen Ulcus ventriculi/ duodeni Diarrhö Obstipation	Zähne zusammenbeißen Zum Hals heraushängen Zum Kotzen Bissen bleibt im Hals stecken Auf den Magen schlagen Eine Erfahrung verdauen Schiss haben Korinthenkacker
Respirationstrakt	Angst Aufregung Zorn Überraschung Ekel	Atemfrequenz Atemtiefe (Gerüche) riechen	Etwas in den falschen Hals bekommen Es schnürt mir die Kehle zusammen Atemberaubend Jemandem etwas husten Nicht riechen können

---

6 Modifiziert nach Karl-Ernst Bühler, Renate Beyer-Buschmann, „Psychosomatische Redewendungen und Krankheiten: Eine empirische Untersuchung", in: *Daseinsanalyse* 5 (1988), S. 41-55.

Wie am 28.6.1643 schon Descartes an Elisabeth von der Pfalz schrieb (291), lässt sich die Vereinigung der Seele mit dem Körper nur begreifen, wenn man sich auf Sinneserfahrung *und* Alltagssprache verlässt. Braucht es dafür das „neue" Wort „psychosomatisch"?

> Daß die „Psychosomatik" genannte Richtung der Medizin allmählich zu Ehren und sogar zu Instituten gekommen ist, läßt sich als Selbstheilungsversuch der Schulmedizin sehen – wenn auch nach ihren Methoden. Denn der Wortzwitter bleibt nicht nur sprachlich eine unzureichende Konstruktion. Für den Laien bleibt erstaunlich, wie schwer in der Medizin das Selbstverständliche zu machen ist: die Behandlung der Krankheit als eines Ganzen, als Äußerung eines Menschen. Die Maschine sträubt sich natürlich gegen jeden Gedanken an Unzuständigkeit; mit der Folge, daß sie den Verdacht nährt, den sie entkräften will, und ihr die Patienten davonlaufen. Heute begegnen sie zum Glück auf der Flucht manchem Arzt, der weiß, wovon sie reden – oder wofür sie die Krankheit sprechen lassen. Freilich sind den Ärzten, die sich in der „Psychosomatik" unterrichtet haben, die Grenzen dessen bewußt, was sie tun können – vielleicht zum ersten Mal *schmerzlich* bewußt. Wenigstens wissen sie besser als ihre Kollegen, was sie lassen dürfen; das ist schon viel. Und es gelingt ihnen leichter, ihren Patienten etwas zu *sein* – kompetente, phantasiebegabte, auch humorvolle Begleiter der Krankheit. Nicht nur diese wird ernst genommen – damit wird auch sie endlich ernst genommen. Das heilt noch nicht, aber es hilft.[7]

Der Schriftsteller spürt das Problematische, „Unzureichende" des Wortzwitters „psychosomatisch". Er fühlt sich in das Unbehagen ein, das viele Ärzte und Ärztinnen im Allgemeinen, aber auch viele psychosomatische Fachärzte bzw. Fachärztinnen im Besonderen angesichts des „Selbstheilungsversuchs" der Schulmedizin durch Einführung der Psychosomatik beschleicht. Gleichwohl: Rührt das mehr oder minder schmerzliche Unbehagen daher, dass die Fachleute hier etwas für den Laien „Selbstverständliches" durch eine Begriffsschöpfung betonen müssen? Oder sollten wir mit Waldenfels eher davon ausgehen, dass das Kompositum „psychosomatisch" keineswegs für eine Selbstverständlichkeit steht, sondern vielmehr für eine noch nicht verstandene und damit unheimliche Fremdheit?

Prüfen wir diese Alternative zunächst durch einen kurzen Blick in die Begriffsgeschichte und dann durch eine Zusammenstellung heutiger Sprechsituationen.

---

7 Adolf Muschg, *Literatur als Therapie? Ein Exkurs über das Heilsame und das Unheilbare. Frankfurter Vorlesungen*, Frankfurt/M. 1989, hier: S. 170f.

Traditionell führt man den Begriff (in der Variante „psychisch-somatisch") auf Heinroth[8] zurück, aber vielleicht gebührt auch dem Studenten Demétigny[9] diese Ehre. Im Dialog mit Freud kommt dem Internisten Groddeck[10] eine besondere Bedeutung zu. Man darf annehmen, dass sein Begriff „Es" stichwortgebend für Freuds gleichnamige Instanz war. Groddeck verstand das Es psychosomatisch, als eine Art leibliches Unbewusstes. Dies löste bei Freud Stirnrunzeln aus:

> Ihre Erfahrungen tragen doch nicht weiter als bis zur Erkenntnis, daß der ψ Faktor eine ungeahnt große Bedeutung auch für die Entstehung organischer Krankheiten hat? Aber macht er diese Erkrankungen allein ist damit der Unterschied zwischen Seelischem u Körperlichem irgendwie angetastet? Es scheint mir ebenso mutwillig, die Natur durchwegs zu beseelen wie sie radikal zu entgeistern.
> Lassen wir ihr doch ihre großartige Mannigfaltigkeit, die vom Unbelebten zum organischen Belebten vom Körperlichlebenden zum Seelischen aufsteigt. Gewiß ist das Ubw die richtige Vermittlung zwischen dem Körperlichen und dem Seelischen, vielleicht das langentbehrte „missing link". Aber weil wir das endlich gesehen haben, sollen wir darum nichts andres mehr sehen können?
> Ich fürchte Sie sind auch ein Philosoph u haben die monistische Neigung, alle die schönen Differenzen in der Natur gegen die Lockung der Einheit geringzuschätzen.
> Werden wir damit die Differenzen los?[11]

Freuds „Befürchtung", Groddeck könnte „auch ein Philosoph" sein, lässt auf Skepsis gegenüber der Philosophie schließen – eine Skepsis, die trotz der Begeisterung des Abiturienten Freud für Franz Brentano durchaus auf Gegenseitigkeit beruhen dürfte. Jedenfalls ist Bernhard Waldenfels einer der ganz wenigen zeitgenössischen Philosoph*innen im deutschen Sprachraum, die sich mit der Psychoanalyse und insbesondere mit der Bedeutung des Unbewussten auseinandersetzen.

---

8 Johann Christian August Heinroth, *Lehrbuch der Störungen des Seelenlebens oder der Seelenstörungen und ihrer Behandlung. Vom rationalen Standpunkt aus entworfen. II. Teil*, Leipzig 1818.
9 Marc Lemort Demétigny, *Tentamen psycho-somato-iatrikon, seu Conspectus thesiformis, de naturá animae & corporis, sive de spiritu & materiá quatenùs medicinam spectant*, Montpellier 1784.
10 Georg Groddeck, *Das Buch vom Es*, Leipzig 1923. Vgl. Herbert Will, *Die Geburt der Psychosomatik: Georg Groddeck, der Mensch und Wissenschaftler*, München 1984.
11 Freud an Groddeck 5.6.17.

Tab. 2: Beispiele für Verwendungen des Begriffs „psychosomatisch"[12]

		Verknüpfung		Klinische Benennung
1	Körperliche Störung		Seelische Störung	Komorbidität
2	Stressoren	↗ ↘	Körperliche Störung	gemeinsame Verursachung
			Seelische Störung	
3	Körperliche Störung	→	Seelische Störung	somatopsychisch psychoreaktiv
4	Seelische Störung	→	Körperliche Störung	psychogen
5	[Behandlung]	→	Seelische Störung	iatrogen, z. B. Psychotherapie-Nebenwirkung
6	[Behandlung]	→	Körperliche Störung	iatrogen, z. B. Medikamenten-Nebenwirkung
7	Seelische Störung	Verhalten →	Körperliche Störung	z. B. Alkoholismus, Essstörungen, Psychosomatosen
8	[Befunde erklären Symptomatik nicht]	→	Körperliche Störung	Psychosomatische „Ausschluss-Diagnose"

Tabelle 2 führt Beispiele für Verwendungen des Begriffs „psychosomatisch" im klinischen Alltag auf. Wird keine Verknüpfung zwischen körperlicher und seelischer Störung angenommen (1), spricht man im medizinischen Jargon von „Komorbidität": Der/die Patient*in hat *Läuse und Flöhe,* in diesem Fall eine oder mehrere psychopathologische Diagnosen neben somatischen Diagnosen. (2) Das Stresskonzept wird sowohl im wissenschaftlichen als auch im alltäglichen Sprachgebrauch verwendet: Ein

---

[12] Modifiziert nach Hans-Peter Kapfhammer, „Psychische Störungen bei somatischen Krankheiten", in: Hans-Jürgen Möller u.a. (Hg.), *Psychiatrie, Psychosomatik, Psychotherapie: Band 1: Allgemeine Psychiatrie 1*, Berlin Heidelberg 2017, S. 2693-2805.

Stressor kann gleichzeitig eine körperliche und eine seelische Störung verursachen. (3) Eine seelische Störung als Folge einer körperlichen nennt man *psychoreaktiv* oder *somatopsychisch*. Diese Verursachungsrichtung verträgt sich wesentlich besser mit dem ärztlichen Denken als die Nummer 4 (Psychogenese): „jener rätselhafte Sprung aus dem Seelischen ins Körperliche"[13] bei der Konversionsneurose. Störungen können auch durch die Behandlung, iatrogen entstehen: Eine Psychotherapie kann seelisches Leid verursachen (5), ein Medikament kann Nebenwirkungen haben (6). (7) Eine körperliche Störung entsteht aus einer seelischen über bestimmte Verhaltensweisen, zum Beispiel eine Leberzirrhose aus Alkoholabusus oder extremes Untergewicht durch Anorexie.

In Zeile 7 können wir auch die *Psychosomatosen* einordnen, „organische Erkrankungen mit fassbaren morphologischen Veränderungen, auf deren Entstehung und/oder Verlauf psychische Faktoren nachweisbar einen wesentlichen Einfluss haben"[14]. Alexander ging bezüglich der Organwahl von spezifischen Konflikten und Persönlichkeitsmustern der einzelnen *Psychosomatosen* aus. Ihm wird der Katalog der „Holy Seven" (Entzündliche Darmerkrankungen, Ulcus pepticum, Asthma bronchiale, essenzielle Hypertonie, atopische Neurodermitis, Hyperthyreose und rheumatoide Arthritis) zugeschrieben, der lange Zeit wie eine Bastion der Psychosomatischen Medizin verteidigt wurde:

> Eine andere umstrittene Frage ist der diagnostische bzw. klassifikatorische Begriff der „psychosomatischen Krankheit" […]. Diese Auffassung beruht auf der Annahme, daß bei solchen Krankheiten der entscheidende ätiologische Faktor psychologischer Natur sei. Alle vorliegende Erfahrung weist jedoch auf multikausale Bedingtheiten in allen Zweigen der Medizin hin […] Multikausalität und die variable Verteilung psychologischer und nichtpsychologischer Faktoren vom einen zum anderen Fall macht den Begriff der „psychosomatischen Krankheit" als spezifische diagnostische Einheit wertlos. Theoretisch hat jede Krankheit einen psychosomatischen Charakter, weil emotionale Faktoren sämtliche körperlichen Vorgänge auf nervösen und humoralen Bahnen beeinflussen.[15]

---

13 Sigmund Freud, „Vorlesungen zur Einführung in die Psychoanalyse", in: Anna Freud u.a. (Hg.), Gesammelte Werke, London 1940 [1916–17], S. 265.
14 Michael Ermann, *Psychotherapie und Psychosomatik. Ein Lehrbuch auf psychoanalytischer Grundlage*, Stuttgart 2016, hier: S. 368.
15 Franz Alexander, *Psychosomatische Medizin. Grundlagen und Anwendungsgebiete*, Berlin 1977, hier: S. 30.

Diese „heilige" Bastion von psychosomatischen Kern-Pathologien wurde durch die Psychosomatiker*innen selbst geschleift, lange vor der „Desakralisierung" der Ulcus-Ätiologie durch Entdeckung des *Helicobacter Pylori*[16].

Wie verhält sich der Begriff der Psychosomatik zum Leib-Seele-Problem, und hat dieser Bezug eine Relevanz für den von Waldenfels gewählten phänomenologischen Zugang? Traditionell betonen psychosomatische Theoretiker*innen ihre Neutralität bezüglich des Leib-Seele-Problems, beispielsweise wenn es in der Eröffnungsausgabe von *Psychosomatic Medicine* heißt,

(1) diese Zeitschrift sei „not concerned with the metaphysics of the body-mind problem"
(2) „emphasis is put on the thesis that there is no logical distinction between mind and body, mental and physical"
(3) „psychic and somatic phenomena take place in the same biological system and are probably two aspects of the same process".[17]

Es ist offensichtlich, dass zwischen dem Neutralitätsanspruch (1) und dem Physikalismus/Monismus (2 und 3) ein begrifflicher Widerspruch klafft, und dass ein *implizites* Verständnis des Begriffs „psychosomatisch" zu klären ist,[18] das zwischen zwei diametral entgegengesetzten Auffassungen schwankt[19], nämlich: 1) einer dualistischen Auffassung, die im Sinne der Zeile 4 in Tab. 1 „psychosomatisch" und „psychogen" gleichsetzt, und 2) einer holistischen, die als bio-psycho-soziales Modell der Humanmedizin insgesamt[20] (und nicht nur eines partikulären „psychosomatischen" Fachgebietes) bezeichnet wird. Wie ist diese auf dem Boden der allgemeinen Systemtheorie[21] formulierte Position philosophisch einzuordnen?

---

16 Barry J. Marshall, J. Robin Warren, „Unidentified curved bacilli in the stomach of patients with gastritis and peptic ulceration", in: *Lancet* 323 (1984), S. 1311-1315.
17 Helen Flanders Dunbar, u.a., „Introductory Statement", in: *Psychosomatic Medicine* 1 (1939), S. 3-5.
18 Lukas van Oudenhove, Stefaan Cuypers, „The relevance of the philosophical ‚mind-body problem' for the status of psychosomatic medicine: a conceptual analysis of the biopsychosocial model", in: *Medical Health Care and Philosophy* 17 (2014), S. 201-213.
19 Zbigniew J. Lipowski, „What does the word „psychosomatic" really mean? A historical and semantic inquiry", in: *Psychosomatic Medicine* 46 (1984), S. 153-171.
20 George L. Engel, „The need for a new medical model: a challenge for biomedicine", in: *Science* 196 (1977), S. 129-136.
21 Ludwig van Bertalanffy, „The mind-body problem: A new view", in: *Psychosomatic Medicine* 36 (1964), S. 29-45.

Obwohl die meisten psychosomatischen Autor*innen den kartesischen (Substanz-)Dualismus im Namen des Holismus ablehnen, kommt der non-reduktive Emergentismus ebenso zur theoretischen Begründung einer psychosomatischen Medizin in Betracht wie ein non-reduktiver Supervenienz-Physikalismus.[22]

Fazit

Die Verwendung des Begriffs „psychosomatisch" scheint auf den ersten Blick auf eine Selbstverständlichkeit des Alltagslebens an der Grenze zur Fachsprache hinzudeuten, die mit einer ontologisch unterkomplexen *folk psychology* ausgedrückt wird. Bei näherem Hinsehen signalisiert der Begriff jedoch eine Fremdheit des eigenen Leibes und der Zwischenleiblichkeit, die weder mit vorübergehender medizinischer Unerklärbarkeit noch mit dem Erkennen somatischer Korrelate von Gefühlen verwechselt werden darf, seien diese beobachtet, benannt oder lediglich metaphorisch verwendet.

Vielmehr zeigen gerade die Affekt-Sprachen der drei großen Organsysteme Herz/Kreislauf, Magen-Darm und Respiration das Unheimliche im Altbekannten: Herzklopfen, Brechreiz, Hyperventilation usw. tauchen als Inseln des *eigenen* Leibes auf[23] und können doch in beunruhigender Weise mit dem Unheimlich-Fremden unbewusster Prozesse konfrontieren.

Responsive therapeutische Sorge greift verbale und non-verbale Beschwerdeäußerungen auf, transformiert sie behutsam in die gemeinsame Dialogsprache, ohne allerdings durch Nomenklatur, Klassifikation, vorschnelle „Abhilfe" der Fremdheit ihren Schrecken zu nehmen:

> Das Krankhafte kann nicht einfach wie ein Fremdkörper beseitigt werden, ohne dass man Gefahr läuft, zugleich etwas Wesentliches, das auch leben sollte, zu zerstören. Unsere Aufgabe besteht nicht darin, es zu vernichten, sondern wir sollten vielmehr das, was wachsen will, hegen und pflegen, bis es schließlich seine Rolle in der Ganzheit der Seele spielen kann.[24]

---

22 Lukas van Oudenhove, Stefaan Cuypers, „The relevance of the philosophical ‚mind–body problem' for the status of psychosomatic medicine: a conceptual analysis of the biopsychosocial model", in: *Med Health Care Philos* 17 (2014), S. 201-13.
23 Hermann Schmitz, *Leib und Gefühl*, Bielefeld, Locarno 2008.
24 Carl Gustav Jung, GW 16: § 293. Vgl. Eckhard Frick, *Psychosomatische Anthropologie. Ein Lern- und Arbeitsbuch für Unterricht und Studium*, Stuttgart ²2015.

Verstummter Geist, verstummtes Leben?
Zur therapeutischen Bedeutung lebensweltlichen Ausdrucks bei Alzheimer

Erik Norman Dzwiza-Ohlsen

I. Die lebensweltliche Person im Zentrum der Demenzforschung

Ich möchte meinen Kommentar mit einer Beobachtung von Steven R. Sabat eröffnen. Dieser betont mit Blick auf das gegenwärtig dominierende, naturalistische Paradigma der Demenzforschung, dass „zwei sehr wichtige Faktoren einfach ausgeblendet wurden: die Innenwelt der Betroffenen und die soziale Situation, in der sie leben".[1] Diese Beobachtung lässt sich als Aufforderung verstehen, nicht nur die klassische Phänomenologie Edmund Husserls, sondern auch die responsive Phänomenologie Bernhard Waldenfels' für die Erforschung von demenziellen Erkrankungen fruchtbar zu machen. Denn erst, wenn wir den phänomenologischen Blick auf das Was und Wie des Erfahrens durch das Wovon des Getroffenseins und Worauf des Antwortens responsiv ergänzen, rückt die lebensweltliche Person in ihrer Ganzheit in den Blick.

Aufgrund der gebotenen Kürze beschränke ich mich in doppelter Hinsicht: Einerseits erörtere ich nur die mit 50–60 Prozent häufigste demenzielle Erkrankung, die Alzheimer-Demenz (im Folgenden AD)[2]; andererseits betrachte ich vor allem die Verbindung von Phänomenologie zu Psychotherapie und Psychopathologie. Dazu greife ich neben dem Grundgedanken der responsiven Phänomenologie weitere Ideen des Buches auf – wie die ‚Theorie und Therapie auf dem Boden der Lebenswelt', ‚Leibliche Ansprechbarkeit', ‚Krankheit als mangelnde Responsivität' und, last but not least, ‚die responsive Therapie im Zeichen der Sorge' – und verbinde diese mit drei zentralen und eng miteinander verknüpften Symptomen von AD, dem Verlust von Sprache, Orientierung und Gedächtnis. Einleitend

---

[1] Steven R. Sabat in Snyder, *Wie sich Alzheimer anfühlt*, Bern 2011, S. 17.
[2] Vgl. Rainer Tölle, Klaus Windgassen (Hg.), *Psychiatrie – einschließlich Psychotherapie*. Heidelberg [16]2012, S. 301-311.

möchte ich den roten Faden meines Kommentars am „Sicherheitsreport 2020" festmachen, da hier das leitende Motiv der responsiven Therapie mit der aktuellen gesellschaftlichen Wahrnehmung demenzieller Erkrankungen eindrücklich verknüpft wird.

II. Sorge als Antwort aufs Kranksein. Demenz in Medizin und Gesellschaft

Krankheit ist eine Grundmöglichkeit allen Lebens, auf die, wenn sie Wirklichkeit wird, das Leben auf allen Ebenen antwortet: stofflich, leiblich, seelisch oder, wie beim Menschen, geistig. Waldenfels' Ausführungen umkreisen vor diesem anthropologischen Hintergrund „den Ort, den die Therapie in der Erfahrung einnimmt" (293) und lassen sich dabei vom Schlüsselbegriff der Sorge leiten, ohne den der humane Umgang mit Krankheit, Verletzlichkeit und Leiden kaum verständlich wäre.

Genau hier möchte ich mit dem zentralen Befund der Sektion „Umfrage zu Zukunftssorgen" des Sicherheitsreports anknüpfen, der da lautet: „Nichts treibt die Menschen in Deutschland so sehr um wie die Sorge, im Alter dement und auf Pflege angewiesen zu sein".[3] Hier lassen sich alle Arten der Sorge wiederfinden, die Waldenfels unterscheidet: Sowohl das „reflexive *Sichsorgen*, das sich als *Besorgen* um etwas oder als *Fürsorge* um jemanden kümmert" als auch „die ängstliche *Besorgnis* als chronische Befindlichkeit" (293), die den Deutschen (neben dem chronischen Nörgeln) nachgesagt wird. Abseits eines solchen Aperçu erscheint die kollektive Sorge, von der der Sicherheitsreport berichtet, gut nachvollziehbar: Einerseits konterkarieren demenzielle Erkrankungen die Vision des verdienten Ruhestandes, wie sie in der Erzählung unserer Leistungs- und Wohlstandsgesellschaft angelegt ist und weisen uns auf die großen Herausforderungen hin, die mit dem Stichwort des demographischen Wandels verbunden sind; andererseits zeigen demenzielle Erkrankungen auf Grund ihrer Unheilbarkeit und Nichtumkehrbarkeit die Grenzen der modernen Medizin auf und stellen wesentliche Werte des humanen Selbstverständnisses – wie Autonomie, Würde und Vernunft – massiv in Frage.

Diese radikale Infragestellung des Mensch-Seins hat sich in der immer schon problematischen, aber doch immer noch geläufigen Sammelbezeichnung ‚de-mens' niedergeschlagen, die eine einseitig negative Über-

---

3 <https://www.zdf.de/nachrichten/heute/umfrage-zu-zukunftssorgen-in-deutschland-waechst-kriegsangst-100.html>, letzter Zugriff am 24.11.2020.

zeugung tradiert; diese besagt, dass „Demenz von allen Geisteskrankheiten diejenige [ist], die dem Wesen des Wahnsinns am nächsten bleibt, aber des Wahnsinns im Allgemeinen, des in allem, was er an Negativem haben kann, verspürten Wahnsinns: Unordnung, Dekomposition des Denkens, Irrtum, Illusion, Nicht-Vernunft und Nicht-Wahrheit."[4] Zwar spricht der *DSM-V* nicht mehr von demenziellen, sondern von neurodegenerativen Erkrankungen, dennoch verbirgt sich hinter dieser Formulierung wiederum nur eine weitere Einseitigkeit, die ihre Wurzeln ebenfalls in der wissenschaftlichen Revolution der frühen Neuzeit hat: So formulierten die Mediziner des 17. und 18. Jahrhunderts ihre Überlegungen über die Ursachen der Demenz am Leitfaden des Cartesianismus und also auf der Basis von dualistischen Annahmen über das Verhältnis von Körper und Seele, wobei sie sich verstärkt auf das Organ des Gehirns konzentrierten. Diese Entwicklungsgeschichte des naturalistischen Cerebrozentrismus ist der Hintergrund für den Umstand, dass die lebensweltliche Person in ihrer Ganzheit kaum in den Blick der Forschung rückt. Genau gegen diese Auffassung rebellieren wir – und dies sowohl mit den Phänomenen selbst, die „von Hause aus interdisziplinär oder prädisziplinär" sind (15) als auch mit der Lebenswissenschaft schlechthin, der Medizin, „die von ihrer spezifischen Aufgabe her gegen die Aufspaltung in objektive Prozesse und subjektives Erleben rebelliert" (291).

III. AD aus der Sicht einer responsiv-phänomenologischen Psychopathologie

Betroffene werden von den Symptomen von AD massiv getroffen – schließlich verändert sich *erstens* durch die Erkrankung die Art und Weise, wie sie sich, ihre Mitmenschen und die Welt insgesamt erfahren; *zweitens*, wie die anderen – Familie, Freunde, Bekannte usw. – auf die Erkrankung reagieren; und *drittens* verändert sich durch die Angewiesenheit auf Fürsorge, Pflege und Therapie auch das Lebensumfeld. Im Anschluss an den Grundgedanken der responsiven Phänomenologie möchte ich dies vertiefen und die Frage danach stellen, ‚wovon genau Betroffene leibhaftig getroffen sind und worauf sie antworten'. Dabei konzentriere ich mich auf drei zentrale Symptome, die jeweils einen Verlust kennzeichnen, der zum Anlass genommen wird, um in zentrale Aspekte lebensweltlichen

---

4 Michel Foucault, *Wahnsinn und Gesellschaft*, Frankfurt/M. [23]2018, S. 256.

Seins⁵ einzuführen: *Erstens* der Sprachverlust und der lebendige Ausdruck; *zweitens* der Orientierungsverlust und der bewegte Leibkörper; *drittens* der Erinnerungsverlust und die erlebte Identität. Diese Etappen sind Ausdruck einer therapeutischen „Antwortsuche" (259), für die das responsive Verhältnis von Frage und Antwort leitend ist, das Leben und Geist miteinander verbindet.

Sprachverlust und der lebendige Ausdruck

Das *erste* zentrale Symptom ist der Sprachverlust. Dieser tritt bei AD fast immer auf, betrifft vor allem Lexik, Semantik und Pragmatik, beeinträchtigt sowohl Produktion wie Verständnis und hat keine motorischen Ursachen.[6] Dabei entzieht sich den Betroffenen diejenige Fertigkeit, die gemäß dem logozentrischen Selbstverständnis des abendländischen Denkens am engsten mit Wahrheit, Vernunft und Mensch-Sein verknüpft ist. Diese philosophischen Höhen haben aber ihr Fundament in der Lebenswelt: Sei es das klärende Gespräch mit unseren Liebsten, das gute Buch zu später Stunde oder das Straßenschild, das uns zielsicher nach Hause leitet – immer leisten Worte Unverzichtbares. Der Wert der Wort- und Schriftsprache für unsere alltägliche Kommunikation und Interaktion kann also kaum hoch genug eingeschätzt werden. Schon dieses Symptom allein bedeutet einen erheblichen ‚Entzug an Menschlichkeit', weswegen sich die starken emotionalen Antworten (wie Frustration, Verzweiflung oder Einsamkeit) im Rahmen der existenziellen Betroffenheit durch AD zu pathologischen Antworten (wie Depression, Apathie oder Ruhelosigkeit) transformieren können. Doch, so lässt sich mit der responsiven Therapie fragen, welche Medien des Ausdrucks bleiben uns, wenn Worte fehlen bzw. zunehmend

---

5   Den philosophischen Hintergrund bildet Husserls ‚frühe Theorie der Lebenswelt' der *Ideen II* (vgl. Edmund Husserl, „Ideen zu einer reinen Phänomenologie und phänomenologischen Philosophie. Zweites Buch: Phänomenologische Untersuchungen zur Konstitution", in: Marly Biemel (Hg.), Husserliana IV, Den Haag 1991, S. 172-302). Die These der frühen Lebensweltkonzeption habe ich an anderer Stelle ausführlich erörtert (vgl. Erik Norman Dzwiza-Ohlsen, *Die Horizonte der Lebenswelt. Sprachphilosophische Studien zu Husserls ‚erster Phänomenologie der Lebenswelt'*, Paderborn 2019) und auf AD angewendet (vgl. ders., „Verloren-Sein? – Der Verlust der lebensweltlichen Orientierung in der Alzheimer-Demenz aus phänomenologisch-psychopathologischer Sicht", in: *InterCultural Philosophy* 1 (2021), im Druck.)

6   Vgl. Daniel Kempler, „Language Changes in Dementia of the Alzheimer Type", in: Rosemary Lubinski (Hg.) *Dementia and Communication*, Philadelphia 1991, S. 98-114.

unverständlich werden? Dazu sei folgende Passage zitiert: „Mit dem Versuch, Ungesagtes zur Sprache zu bringen und darüber hinaus Unsichtbares sichtbar, Unhörbares hörbar, Unauffälliges spürbar zu machen, beginnt das Abenteuer des sprachlichen und sinnlichen Ausdrucks, das die Bild- und Tonsprache ebenso einschließt wie die Körpersprache und die Sprache der Dinge." (10) Was aber zeigt sich, wenn wir diese drei Möglichkeiten des Ausdrucks vor dem Hintergrund von AD näher betrachten – also, in geänderter und an die Logik unserer Ausführungen angepasster Reihenfolge, die Körpersprache (a), Bildsprache (b) und Sprache der Dinge (c)?

Als Phänomenolog*innen wissen wir um die fundamentale Bedeutung unseres sensiblen, motiblen, expressiven aber auch verletzlichen und sich entziehenden Leibkörpers für unsere gesamte personale Existenz. Nicht nur Husserl[7], sondern schon Valéry wusste dabei um die Einheit von Körper und Geist, die sich im Zwischen von Pathos und Response Ausdruck verleiht: „‚Der Geist ist ein Moment der Antwort des Körpers auf die Welt'" (254 f.) – und vice versa! Beachtet man, dass das Antworten „in Form eines ‚leiblichen Responsoriums' unser gesamtes Verhalten zur Welt, zu uns selbst und zu den anderen" (255) bestimmt, so erweist sich dies mit Bezug auf die Körpersprache bei AD als besonders erhellend: So kann unsere Gestik das Verständnis von Wortsprache unterstützen, selbst oder gerade dann, wenn diese bereits beeinträchtigt ist; die Mimik dabei helfen, Emotionen und Sinnnuancen verständlich zu machen; und die Stimme den Verlauf der Konversation sowie die allgemeine Responsivität zwischen den Interaktionspartnern positiv beeinflussen – wobei die Verbesserung der Responsivität mit einer Verringerung von als negativ eingestuften Verhaltensweisen einhergeht.[8] Zudem wird die zunehmende „Bedeutung körperlich-affektiver Interaktion" bei fortgeschrittener Erkrankung verständlich[9], in der sich Sorge nicht nur als „leibhafte", sondern als

---

[7] Husserl, *Ideen II*, S. 277.
[8] Vgl. Erin R. Smith u.a., „Memory and communication support in dementia: research-based strategies for caregivers", in: *International Psychogeriatrics* 23/2 (2011), 256-263, hier S. 259; Charlotte Berendonk, Silke Stanek, „Positive Emotionen von Menschen mit Demenz fördern", in: Andreas Kruse (Hg.), *Lebensqualität bei Demenz. Zum gesellschaftlichen und individuellen Umgang mit einer Grenzsituation im Alter*, Heidelberg 2011, S. 157-176.
[9] Christian Meyer, „Menschen mit Demenz als Interaktionspartner: Eine Auswertung empirischer Studien vor dem Hintergrund eines dimensionalisierten Interaktionsbegriffs", in: *Zeitschrift für Soziologie*, 43/2 (2014), S. 95-112, hier S. 108.

„zwischenleibliche" situiert (299).[10] Gerade die Zwischenleiblichkeit ist aber ein zentraler Anknüpfungspunkt unserer weiteren therapeutischen Überlegungen.

Orientierungsverlust und der bewegte Leibkörper

Das *zweite* zentrale Symptom von AD ist der Orientierungsverlust. Dieser beschränkt sich nicht nur auf die räumliche, sondern betrifft auch die zeitliche und personale Dimension: Betroffene wissen nicht mehr, in welcher Situation sie sich aktuell befinden, können nicht mehr Auskunft darüber geben, wo sie wohnen, welchen Tag, Monat oder Jahr wir haben oder wie ihre Kinder heißen. Es fällt ihnen immer schwerer, ihre aktuelle Situation mental zu überschreiten und kontextuelle Informationen, wie Adressen, Wochentage oder Namen zu integrieren. „Die Störung basiert demzufolge", so Michela Summa, „auf der Unverfügbarkeit eines expliziten und reflektierten Wissens bezüglich der jeweiligen raum-zeitlichen und sozialen Inhalte einer Situation".[11] In therapeutischer Hinsicht ist zu beachten, dass im Verlauf von AD eine minimale situative Orientiertheit im Sinne des Bühler'schen „Origo" – also dem „hier–jetzt–ich-System der subjektiven Orientierung" sowie das ‚situative Gedächtnis' unseres Leibes relativ lange erhalten bleibt.[12] Demgemäß könnte ein zwischenleiblich orientierter Ansatz Potenziale der Interaktion und Kommunikation gezielt bergen, was folgende Überlegungen zum Zeigen exemplifizieren sollen.

Im Alltag orientieren wir uns und unser Gegenüber ständig vermittels des Zeigens auf eine umfassende und effektive Weise. Dies geschieht einerseits, indem wir mit Worten, Gesten oder dem Mienenspiel im „Zeigfeld"[13] auf Sachen zeigen, die uns umgeben („Guck mal, wie findest du *das?*") oder mit Worten auf Worte im „Symbolfeld" zeigen („*Das* habe ich

---

10 Ein berühmtes Zeugnis für ein responsiv-zwischenleibliche Interaktion zwischen der an AD erkrankten Gladys Wilson und ihrer Therapeutin Naomi Feil findet sich unter <https://www.youtube.com/watch?v=CrZXz10FcVM>, letzter Zugriff 29.11.2020.
11 Michela Summa, „Zwischen Erinnern und Vergessen. Implizites Leibgedächtnis und das Selbst am Beispiel der Demenz-Erkrankungen", in: *Phänomenologische Forschungen*, Hamburg 2011, S. 155-174, hier S. 164.
12 Karl Bühler, *Sprachtheorie. Die Darstellungsfunktion der Sprache*. Stuttgart, New York 1982, S. 102, 149. Vgl. Thomas Fuchs, „Leiblichkeit und personale Identität in der Demenz", in: *DZPhil* 66/1 (2018), 53-57.
13 Bühler, *Sprachtheorie*, S. 149.

doch gerade gesagt!"). Personen mit AD haben zwar erwiesenermaßen Schwierigkeiten damit, angezeigte Inhalte des Symbolfeldes zu verstehen, weswegen indexikalische Ausdrücke in der Demenzforschung als „Defizitindikator" eingesetzt werden;[14] gleichzeitig könnten diese aber auch als ‚Ressourcenindikator' aufgefasst werden: *Erstens* ist das Zeigen auf das Sichtbare ein einfacher Weg, um auf etwas Konkretes hinzuweisen, das sich um unseren Körper herum befindet, ohne dass wir überhaupt das Symbolfeld der Sprache bemühen müssten; das Zeigen auf das Sichtbare bezieht *zweitens* die gesamte Fülle leiblichen Ausdrucks in die Kommunikation ein – schließlich können auf etwas Besonderes durch Mimik, Gestik, Positur, ja sogar durch das Timbre unserer Stimme zeigen; zudem ist es entscheidend für das gesamte System der Sprache, weil wir *drittens* individuelle Personen, Sachen und Sachverhalte anzeigen können und das Zeigen *viertens* eine intersubjektive Synchronisierung der Aufmerksamkeit zu leisten vermag (*joint attention*).[15] Durch eine derartige „Stärkung [...] der Responsivität" (300) ließe sich misslingende Interaktion mit Betroffenen minimieren und deren oft niedrige Lebensqualität maximieren.

Dieser Ansatz ist aber nicht nur für die körpersprachliche Interaktion zwischen Menschen interessant, sondern auch für die ding- und raumsprachliche Interaktion zwischen Mensch und Umwelt: Nicht nur sprechen Schilder zu uns, indem sie direktionale mit ikonographischen Gesten anschaulich zu kombinieren gestatten, sondern auch die Räume selbst, indem sie uns syn- und kinästhetische Angebote unterbreiten. Die therapeutische Relevanz dieses Ansatzes zeigt sich beim Blick auf eine typische Konfliktsituation bei AD: dem utopischen Streben nach Hause, dessen ‚Logos' der Literat Arno Geiger mit Hinblick auf seinen Vater eindrücklich beschrieben hat:

> Wenn er sagte, dass er nach Hause gehe, richtete sich diese Absicht in Wahrheit nicht gegen den Ort, von dem er weg wollte, sondern gegen die Situation, in der er sich fremd und unglücklich fühlte. Gemeint war nicht der Ort, sondern die Krankheit, und die Krankheit nahm er überallhin mit, auch in sein El-

---

14 Britta Wendelstein, Ekkehard Felder, „Sprache als Orientierungsrahmen und als Defizitindikator: Sprachliche Auffälligkeiten und Alzheimer-Risiko", in: Johannes Schröder/Markus Pohlmann (Hg.): *Gesund altern – individuelle und gesellschaftliche Herausforderungen*, Heidelberg 2012, S. 139-175.

15 Thomas Fuchs, *Leib und Lebenswelt. Neue philosophisch-psychiatrische Essays*, Zug 2008, S. 25.

ternhaus [...]. Mit der Krankheit nahm er die Unmöglichkeit, sich geborgen zu fühlen, an den Fußsohlen mit.[16]

Auf dieses Pathos des Entzugs des Zuhauses antworten Betroffene typischerweise durch einen Bewegungsdrang. Anstatt diese von ihrer als existenziell empfundenen Flucht abhalten zu wollen, sollte diese durch eine passende Raumplanung und verständliche ‚Raumsprache' in produktive Bahnen gelenkt werden. Schließlich ist Bewegung ein ausgezeichnetes Mittel der (Re-)Orientierung – so spannt sich zwischen meiner Nah- und Fernsphäre ein „Horizont möglicher Orientierungen als meiner praktischen Möglichkeiten einer Zugangspraxis" auf[17] – und eine wichtige Quelle von Selbstwirksamkeit und Zufriedenheit.[18] Eine derartige Zugangsweise beachtet die fundamentale Relationalität zwischen Person und Lebenswelt, wie sie von den zentralen Dialogpartnern einer responsiven Phänomenologie (Husserl, Merleau-Ponty, Levinas) und responsiven Therapie (Fuchs, Goldstein, Weizsäcker) erfasst wurde. Insbesondere Goldsteins Definition der Responsivität als „Fähigkeit, den Anforderungen der Umwelt mehr oder weniger zu entsprechen" (300) und seine These der ‚Krankheit als mangelnder Responsivität' erlaubt es uns, das therapeutische Ziel, Responsivität trotz Krankheit herzustellen, für AD weiter zu differenzieren – und also Responsivität durch Körpersprache, Dingsprache und Raumsprache herzustellen.

Erinnerungsverlust und die erlebte Identität

Das *dritte* zentrale Symptom von AD ist der Gedächtnisverlust. Betroffene erfahren nicht nur deutliche Leistungseinbußen im Arbeits- und Kurzzeitgedächtnis, sondern sie können sich an wesentliche Ereignisse ihres Lebens nicht mehr erinnern; im Zuge des Verlustes der zeitlichen Orientie-

---

16 Arno Geiger, *Der alte König in seinem Exil*, München 2012, S. 55 f.
17 Edmund Husserl, *Die Lebenswelt. Auslegungen der vorgegebenen Welt und ihrer Konstitution. Texte aus dem Nachlass (1916–1937)*, hg. Rochus Sowa, Husserliana XXXIX, Dordrecht 2008, S. 145.
18 Für das responsiv-therapeutische Potenzial von Virtual Reality vgl. <https://www.helios-gesundheit.de/kliniken/huels/unser-haus/aktuelles/detail/news/demenz-patienten-reisen-mit-virtual-reality-technologie-in-die-vergangenheit/>, letzter Zugriff 29.11.2020.

rungsfähigkeit kommt es zur „Zeitgitterstörung"[19]: Das Band, das die Summe der individuellen Erfahrungen fest mit dem Raster der kulturell tradierten Zeitmessung verbindet und unser Leben als Lebensgeschichte auftreten lässt, verliert seine Integrität. Responsivitätstheoretisch ist zu beachten, dass Betroffene durch die Erkrankung einen doppelten Verlust erleiden, nämlich einer ‚Vertrautheit mit' (Dingen, Handlungen, Personen) und eines ‚Vertrauens in' (sich selbst, die anderen, die Welt).[20] Dies äußert sich ganz konkret darin, dass ihr Zugriff auf die komplexe Alltagspraxis allmählich schwindet und sich zahlreiche belastende Gefühle aufdrängen – eben weil das Antworten nicht mehr gelingen will; zudem kommt es gehäuft zu zwischenmenschlichen Konflikten, da das dynamische Ineinander von intra- und interpersonaler Sinn- und Identitätsstiftung brüchig wird. Diese „soziale Seite der Verwundbarkeit" (306) gezielt zu beachten, ist ein entscheidender Vorzug der responsiven Zuspitzung der phänomenologischen Methode gegenüber der naturalistischen. Denn sie macht einen grundsätzlichen Blickwechsel möglich: Wir können dadurch AD nicht nur als irreversible *neuro*degenerative Erkrankung, sondern auch als *psycho*- und *sozio*degenerative Erkrankung auffassen, die sich der einfachen Dichotomie von reversibel-irreversibel entzieht.

Genau an dieser Nahtstelle zwischen betroffener Person und sozialem Umfeld lassen sich sowohl wichtige Impulse der responsiven Phänomenologie für aktuell intensiv diskutierte Fragen markieren als auch neue Möglichkeiten der Lebensgestaltung ausloten. Hinsichtlich der Debatte um personale Identität bei der späten Phase demenzieller Erkrankungen[21] erscheint die responsive Phänomenologie als wichtiges Korrektiv: Der wirkmächtigen Konzeption Lockes – gemäß derer das reflexive Vermögen, sich auf die eigene Vergangenheit zu beziehen und derart eine zeitliche Identität herzustellen, das entscheidende Kriterium für personale Identität ist – ist die fundamentale Einsicht in die Alterität unseres eigenen Selbst gegenüberzustellen. Wenn Waldenfels betont: „Nicht ich beginne, sondern *es beginnt mit mir*" (18), dann ist dabei an identitätsstiftende Phänomene

---

19 Arbeitsgemeinschaft für Methodik und Dokumentation in der Psychiatrie (AMDP), *Das AMDP-System. Manual zur Dokumentation psychiatrischer Befunde*, Göttingen [10]2018, S. 40.
20 Dzwiza-Ohlsen, „Verloren Sein?", § 5.
21 Für einen Überblick über zentrale Positionen vgl. Christian Tewes, „Embodied Selfhood and Personal Identity in Dementia", in: Christian Tewes, Giovanni Stanghellini (Hg.), *Time and Body. Phenomenological and Psychopathological Approaches*, Cambridge 2020, S. 367-389.

zu denken, die, wie Geburt und Krankheit, auf ihre eigene Weise zu früh für meine Erfahrung kommen; und wenn Waldenfels auf die Einsicht Levinas' rekurriert, „daß der Bezug auf Fremdes sich nicht als bloßer Mangel darstellt, sondern als *Entzug*, das heißt als Abwesenheit in der Anwesenheit" (18), dann müssen wir dabei sowohl an den alltäglich erfahrbaren Umstand denken, dass das „performative Ich des Aussagens niemals identisch mit dem prädikativen Ich der Aussage" (10) ist und dass ein wesentlicher Teil unserer Identität seine Quelle in unserem gelebten Leibkörper findet.

Genau hier, wo also Ipseität auf Alterität innerhalb meiner selbst trifft, lassen sich wichtige therapeutische Anknüpfungspunkte markieren: Habitūs (im Plural) lassen sich als sedimentierte Geschichte unseres Lebens verstehen, die als selbstverständlich gewordene Basis unsere personalen Vollzüge tragen.[22] Da sich individueller Ausdruck sowohl leiblich, dinglich als auch räumlich habitualisiert, kann die persönlich gestaltete Inneneinrichtung, die auch die Bildsprache einzubeziehen weiß, eine beruhigende Atmosphäre in einem irritierenden Lebensumfeld schaffen und vertraute Gebrauchsgegenstände als Fenster in die Vergangenheit fungieren, mit denen sich leiblich vermittelte, präreflexive Affekte und Praktiken situationsspezifisch reaktivieren lassen. Durch die lebendige Verbundenheit mit unserer Umwelt erfahren wir ständig „‚Anspruchsmodalitäten' wie Anreiz, Antrieb, Aufforderung oder Herausforderung" (256), die uns zu einer passenden Antwort aufrufen (vgl. 220).[23] Die Pointe eines solches Ansatzes ist, dass sich auch komplexe Regeln und Handlungen habitualisieren, wie sie sich beispielsweise im Ballsport oder Tanz finden.[24]

IV. Konklusion

Zusammenfassend wird deutlich, dass es bei AD besonders wichtig ist, die Vielfalt des lebensweltlichen Ausdrucks – also die Körpersprache, Bildsprache, Dingsprache und Raumsprache – zu beachten. Von dieser Ein-

---

22 Vgl. Husserl, *Ideen II*, S. 275-279.
23 Das responsiv-therapeutische Potenzial von Alltagsgegenständen macht sich das Projekt der ‚Demenzdinge' zu Nutze (<https://www.demenz-dinge.com>, letzter Zugriff 27.11.2020).
24 Ein einschlägiges Beispiel für die therapeutische Funktion leiblicher Habitualisierung bei AD ist das der ehemaligen Ballerina Marta Cinta, das jüngst das *Philosophie Magazin* aufgriff (vgl. <https://www.philomag.de/artikel/tanz-der-sinne>, letzter Zugriff 26.11.2020).

sicht geht ein Appell aus: Er fordert das soziale Umfeld – also Familie, Freunde und Bekannte einerseits, aber auch Pflegende und Therapierende andererseits – dazu auf, Betroffenen im Sinne einer „helfend begleitenden Fürsorge" (298) ähnlich der sokratischen Hebammenkunst zu begegnen. Schließlich kann das soziale Umfeld die Folgen der Erkrankung durch sein Antworten sowohl verschlimmern als auch abfedern. Für all diejenigen, die dazu im Stande sind, den anderen als anderen anzuerkennen, die genau hinsehen, geduldig zuhören und einfühlsam berühren, werden sich früher oder später Antworten auf ihre Fragen einstellen, die sich nicht notwendigerweise in Worte fassen lassen müssen. Denn selbst dort, wo der gemeinsame Pfad von Leben und Geist sich einem Ende nähert, finden wir *Erfahrung, die zur Sprache drängt.*

III
Replik

Das Fremde, interdisziplinär betrachtet

Bernhard Waldenfels

Der zu kommentierende Buchtext hat seinen deutlichen Brennpunkt in der Erfahrung des Fremden, die sich im Fremdwerden der Erfahrung dupliziert. Die Sache des Fremden ist nicht ablösbar von einer entsprechenden Zugangsweise, in der sie zum Ausdruck kommt. Das Prädikat ‚fremd' gewinnt seine Bedeutung aus dem, was sich von Fall zu Fall und in einer bestimmten Hinsicht als solches zeigt oder nicht zeigt. Mit diesem Grenzphänomen beschäftigen sich verschiedene Disziplinen und Praktiken auf je besondere Weise, wie sich in der Vielfalt der Kommentare zeigt. In meiner Replik, die auf einer pathisch-responsiven Spielart der Phänomenologie basiert, greife ich jene Aspekte heraus, die mir besonders zündend und strittig erscheinen. Dabei halte ich mich soweit möglich an die Kapiteleinteilung von *Erfahrung, die zur Sprache drängt*.

Die vier ersten Kommentare, die sich vor allem auf Kapitel 1-3 beziehen, stammen aus den Bereichen der Psychoanalyse und der Psychiatrie. Die Annäherung von Psychoanalyse und Psychotherapie an die responsive Phänomenologie vollzieht sich vorwiegend im Medium einer Fremdheit, die im eigenen Haus beginnt und auf Andere sowie auf die Dinge übergreift. Die Fremdheit nimmt Formen einer *Zwischenleiblichkeit* an, die sich weder auf Eigeninitiative noch auf einen Fundus an Gemeinsamkeit noch auf kausale Naturprozesse zurückführen lässt. Das *missing link* zwischen Psychoanalyse und Phänomenologie bestünde dann in einem Unbewussten, das sich als Fremdes dem gewohnten Zugriff entzieht und nur in symptomatischen Störungen ans Licht drängt. Eine kritische Rolle spielt dabei die Frage, ob und wieweit die *Alterität* als spezifische Fremdheit der Anderen aus dem Schatten einer epistemischen Egozentrik im Stile von Descartes und einer praktischen Egozentrik im Sinne von Hobbes heraustritt. Psychoanalyse und Phänomenologie stehen so auf einem gemeinsamen Prüfstand. Es zeichnen sich Frontlinien ab, die für unsere vier Kommentator*innen gleichermaßen virulent sind, aber in wechselnden Tonlagen und mit verschiedenen Akzenten auftreten. Das dichte Netz, das so entstanden ist, erinnert mich an intensive Arbeitskontakte in Frankfurt,

Bad Homburg, Freiburg, Liestal oder Berlin-Moabit, ohne die das vorliegende Buch nie zustande gekommen wäre.

Ewa Kobylinska-Dehe, die polnische Kollegin, erinnert mich gleich zu Beginn an indirekte Kontakte, die bis auf meine Polenreisen aus den frühen 80er Jahren zurückgehen.[1] Als Psychoanalytikerin widersetzt sie sich einer drohenden Ausdünnung oder Austrocknung der Erfahrung, indem sie einen mittleren Weg einschlägt, einerseits in Abkehr von einem Naturalismus empirischer Daten und kausaler Kräfte, andererseits in Distanz zu einer auf Verstehen und Verständigung beschränkten Hermeneutik des Sinns. Diese Suche nach einem dritten Weg gehört zur Vorgeschichte der Annäherung von Phänomenologie und Psychoanalyse. Schon Merleau-Ponty warnt davor, die „objektivistische Abweichung" durch eine „idealistische Abweichung" zu kompensieren. So fragt er sich: „Was bleibt übrig, wenn die gezähmte Sphinx, weise geworden, ihren Platz in einer neuen Philosophie der Aufklärung einnimmt?" (17) Ähnlich sträubt sich die Autorin dagegen, „das Selbst seiner Rätselhaftigkeit und die Welt ihrer Geheimnisse zu berauben", sei es durch eine Verarbeitung des Fremden, die dieses „weg integriert", sei es durch einen „Präsentismus", der den zeitlichen Entzug und die Zeitverschiebungen von einer zentralen Gegenwart her überdeckt. Das Zwischenreich leiblicher Erfahrung lässt im übrigen Raum für ein Warten und Zögern, das sich bis zu den auf Rousseau zurückgehenden Rêveries vortastet und die „possessive Geste", mit der wir uns des Fremden zu bemächtigen suchen, unterbricht und das mit Levinas und Derrida in eine gastfreundliche „Ethik der Rezeptivität" einmündet.

Bei *Joachim Küchenhoff*, dem Leiter der Liestaler psychiatrischen Klinik, liegt der Ton auf den Zeitverschiebungen, die dem seelischen Leiden ihr eigentümliches Gepräge geben. Dabei schlägt er eine Brücke zwischen dem Pathischen, das mit seinem Oszillieren zwischen Pathos und Response einen diastatischen Charakter aufweist, und dem Pathologischen, das sich in Dissoziationen, Brüchen und Fixierungen äußert. Die Nachträglichkeit der Responsivität droht umzuschlagen in eine wahnhafte „Vorträglichkeit", bei der die Antwort immer schon vorliegt. Die Zerbrechlichkeit der Erfahrung nähert sich auf verschiedene Weise einem Zerbrechen der Erfahrung. Was sich phänomenologisch in der Spannung von Widerfahrnis und Antwort andeutet, nimmt unter dem sachkundigen Blick des

---

[1] Spuren davon finden sich meinem soeben erschienenen *Reisetagebuch eines Phänomenologen. Aus den Jahren 1987–2019*, Baden-Baden 2020.

Psychiaters konkrete Gestalt an in Form einer deformieren Zeitlichkeit, die klinisch in den wechselnden Befunden von Schizophrenie, Depression und Zwang zutage tritt. Dabei spielen pathogene Aspekte eine ähnliche Übergangsrolle wie das Vorbewusste in der Psychoanalyse. Der Autor weist hin auf die „Hellhörigkeit" von psychisch Kranken, deren „besondere Sensibilität für die Abgründe und Fallstricke der menschlichen Existenz" an die Grenzen der Normalität rührt und der Verfestigung des Normalen in einem Allzunormalen entgegenwirkt. Für eine methodische Kooperation von Psychoanalyse und Phänomenologie macht er ein besonnenes Angebot, indem er letzterer die Rolle einer sich auf Vorzeichnungen beschränkenden Landvermessung zuschreibt. Damit würde die Phänomenologie auf einseitige Fundierungsansprüche verzichten und weiße Flecken aussparen, die weder durch Konzepte noch durch Daten zu tilgen sind. Der daraus resultierende Zwang zur Invention und Improvisation entspräche dem blinden Fleck der Erfahrung, von dem im Umkreis der Phänomenologie oftmals die Rede ist.

Rolf-Peter Warsitz legt ähnlich wie Küchenhoff, mit dem er vielfach zusammengearbeitet hat, starkes Gewicht auf das „leibliche Responsorium", das einen Grundpfeiler meiner responsiven Phänomenologie bildet (siehe *Antwortregister*, Kap. III, 10). Dabei betont er die vorsprachlichen Anteile eines Antwortens, das aus dem Hören kommt, das in der „Interferenz" von Körpersprache und Wortsprache der Reziprozität sprachlicher Verständigung zuvorkommt und „die Sprache des Unbewussten zum Erklingen bringt". Wenn der Autor den rekursiven Formen von Reflex und Resonanz vorhält, dass ihre Spiegelungen und Echokammern dem Imaginären verhaftet bleiben, und wenn er den weichen Formen unmittelbarer Empathie die „konstitutive Konflikthaftigkeit und Alterität der menschlichen Kommunikation" entgegenhält, so verrät sich darin seine Herkunft aus dem Kasseler Umfeld von Ulrich Sonnemanns negativer Anthropologie, mit Anklängen an Adornos negative Dialektik. Darin trifft er sich mit dem kritischen Abwägen zwischen Response, Resonanz und Resistenz, wie es in Kapitel 8 meines Buches zu finden ist. Mit Konzepten wie Negativität und Dialektik pflege ich allerdings vorsichtiger umzugehen, um nicht in das Fahrwasser der Hegel'schen Dialektik zu geraten, die alle Fremdheit auf eine bloß vorläufige Entfremdung zurückführt. Was das schwierige Problem der Negation angeht, so betone ich die Differenz zwischen prädikativer und antithetischer Verneinung auf der einen Seite, affektiver Abwehr und Verleugnung fremder Ansprüche auf der anderen Seite. Als Entzug im Bezug widersprechen Fremderfahrungen nicht dem

Bezug zum Anderen, so wie das Leiden nicht der bloße Gegensatz zum Tun ist, sondern dessen Rückseite.[2] Von methodischer Bedeutung ist der Hinweis des Autors auf den Sondercharakter der Deutung, die nicht nur antwortend auf Fremdes eingeht, sondern das „unverfügbare Ereignis eines Kairos" impliziert. Bei Lacan entspricht dies einer Tyche, die durch keine digitale Techne einzufangen ist.

Es folgt der Kommentar von *Ilka Quindeau*, in deren Seminaren ich oft im Rahmen der Frankfurter Sigmund Freud Stiftung zu Gast war. Diese Autorin, die auch in der Soziologie und der Psychologie bewandert ist, greift vor allem das Motiv der Alterität auf. Dabei schließt sie sich an Jean Laplanche an, der Freuds „unvollendete kopernikanische Wende" revidiert, und zwar im Rückgang auf eine ursprüngliche „Implantation" des mütterlichen Anderen in das Kind, das antwortend die empfangene „Botschaft" oder den „Anspruch", wie ich zu sagen pflege, „übersetzt". Dies bedeutet mehr als eine eigenhändige Interpretation von Sinngehalten, nämlich ein Antworten, das einem verführerischen „Drängen" nachgibt. Laplanches Rede vom „Primat des Anderen" könnte als Umkehrung von Ich und Du verstanden werden, doch Umkehrungen pflegen durchweg die Hypothek des Umzukehrenden mitzuschleppen. Die Fremdheit des Anderen ist von der eigenen Fremdheit nicht zu trennen. Die diastatische Form der Zeitverschiebung besagt, dass es kein Erstes gibt, ohne ein Zweites und ohne ein dazwischentretendes Drittes. Dies widerspricht auch dem, was die Autorin einem revisionistischen Mainstream der Psychoanalyse zuschreibt, nämlich als eine „intersubjektive und relationale Psychoanalyse", die von der „Begegnung von zwei gleichen Subjekten" ausgeht, Heteronomie nur als Einschränkung der Autonomie zu verstehen vermag und Sexualität, die als Bezug zum fremden Geschlecht eine originäre Form von Alterität darstellt, zur bloßen Suche nach Identität abschwächt. In welche Tiefen der Fremdheit die Psychoanalyse vorstößt, zeigt sich in aller Deutlichkeit in der Habilitationsschrift *Spur und Umschrift*, durch deren Veröffentlichung ich mit der Autorin bekannt wurde. Während Freud sich in seiner Analyse traumatischer Ereignisse schwer damit tut, die Anteile von Realität und Phantasie in Form von „aufgeschobener Wirkung" und „rückwirkender Deutung" zusammenzubringen, plädiert sie für eine

---

2 Vgl. dazu S. 131-141, aber auch frühere Erläuterungen zum Ineinander von Bejahung und Verneinung in *Antwortregister*, Frankfurt/M. 1994, Kap. III, 4 oder zu einem Ja vor dem binären Ja/Nein im Schlusskapitel von *Phänomenologie der Aufmerksamkeit*, Frankfurt/M. 2005.

„Realitätshaltigkeit der Phantasie" (196). Mit der abschließenden Forderung nach einer inneren Begrenzung des aufklärerischen Ansatzes trifft sie sich mit Merleau-Pontys Suche nach einem dritten Weg.

Die beiden folgenden Kommentare befassen sich von philosophischer Seite her mit der Grundproblematik eines Entzugs, der mitten im Bezug auf das Fremde zutage tritt. Bei *Niels Weidtmann*, der sich an die Strukturanthropologie von Heinrich Rombach anlehnt, geht es um Tiefenstrukturen eines Ich, das nicht nur in die Erfahrung eingeht oder ihr gar vorausgeht, sondern als das „Selbst der Erfahrung" ganz und gar mit ihr verwoben ist und sich als das „Selbst der Situation" in ihr wiederfindet. Den Sachen selbst entspräche damit ein Ich selbst, das immer schon über sich selbst hinausweist. Unter Verweis auf Michel Henry und auf Kandinskys Farbtheorie schlägt der Autor einen Bogen zum Unsichtbaren, das ganz ähnlich wie das Unhörbare der Stille ein ästhetisch-ästhesiologisches Pendant des Unbewussten bildet. Was sich zeigt, drängt zur Sprache. Mit dem Rombach'schen Konzept der „Konkreativität"[3] deutet der Autor darauf hin, dass der Kreation etwas entgegenkommt, das über bloßes Material der Formung hinausgeht. Dies entspricht dem „somatischen Entgegenkommen" im Sinne von Freud (vgl. 151) und meiner „Mitwirkung der Dinge" (Kap. 8). Phänomenologie und körperbetonte Psychoanalyse beziehen sich auf je eigene Weise nicht nur auf eine Verflechtung von subjektivem Erleben und objektiver Einwirkung, sondern auch auf ein Ineinander von Morphe und Hyle, das sich schon in dem aristotelischen Konzept einer *oikeia hyle* andeutet.

Der anschließende Beitrag von *Burkhard Liebsch* nötigt mich dazu, etwas weiter auszuholen. Der Autor, der mit meinem Werk seit langem vertraut ist, zielt mit der Frage nach einem möglichen „Entzugsverlust" in das Zentrum meiner Phänomenologie des Fremden und wirft dabei eine Menge wichtiger Fragen auf. Freilich kann ich den Titel-Begriff weder auf der zitierten Seite 137 meines Buches noch sonst wo entdecken. Dafür benutze ich den Begriff „Entzug" unaufhörlich zur Kennzeichnung einer Fremderfahrung, die keinen bloßen Mangel darstellt, sondern als Abwesenheit in der Anwesenheit, als Ferne in der Nähe, als Entzug im Bezug auftritt.[4]

---

3 Ich selbst spreche auch von „Konkreation", aber im Sinne einer Kreation, die einer „Koaffektion" und einer entsprechenden „Korrespondenz" entspringt. Vgl. *Sozialität und Alterität. Modi sozialer Erfahrung*, Berlin 2015, S. 290.
4 Vgl. 18 und grundlegend *Bruchlinien der Erfahrung. Phänomenologie, Phänomenologie – Psychoanalyse – Phänomenotechnik*, Frankfurt/M. 2002, S. 188-189.

Wenn ich von „Alteritätsverlust" spreche, so stets in Anlehnung an den „Realitätsverlust" bei Freud, für den der Bezug auf den Anderen in der Tat nur eine sekundäre Rolle spielt. Korrekter spräche man von Alteritäts- oder Entzugsvergessenheit oder einer entsprechenden Verdrängung. Wir können Widerfahrnisse „,nicht wahrhaben wollen', aber dadurch schaffen wir sie nicht aus der Welt", so äußert sich Liebsch selbst an anderer Stelle.[5] In der Tat geschieht Fremderfahrung, oder sie geschieht nicht; verlieren kann man nicht, was man nie besessen hat. Ein verlorener Entzug wäre ein Phantom, das dem verlorenen Schatten von Peter Schlemihl gliche. – Damit erübrigt sich auch die Forderung nach einer „normativen Gegenposition" und nach „normativen und kritischen Stellungnahmen", die dem Entzug eine „positive Bedeutung" verleihen könnten. „Positivität" bedeutet wörtlich Gesetztsein, doch dem fremden Anspruch, entspricht kein Setzen, sondern ein Ausgesetztsein, wie der Autor selbst wiederholt betont. Jede Norm käme als Handlungsvorschrift zu spät, ebenso jede positive oder negative Bewertung. Stattdessen haben wir es mit einem ursprünglichen und unausweichlichen Ja zu tun im Zuge einer Antwort, die zunächst nicht über den Anderen spricht, sondern zu ihm, und dies auch dann, wenn die Antwort verweigert wird wie im Falle von Bartlebys Floskel „I would prefer not to". – Wie aber steht es mit der radikalen „Selbst-Bezeugung", die sich von Levinas her nahelegt? Kann hier immer noch von Selbstentzug gesprochen werden? Auf gewisse Weise ja. Das Selbst, das auftritt, wenn ich auf den fremden Anspruch antworte, ist kein autonomes Subjekt, sondern ein „Respondent" durch und durch. Das „Ganz-da-sein für Andere" geschieht, sofern es geschieht, im Angesicht des Anderen. Ich werde, der ich bin, aber ich habe mich nicht. Der fragliche Entzug ist ganz und gar eingebettet in das Doppelgeschehen von Pathos und Response. Die Tatsache, dass dies immer schon mit der Urvergangenheit meiner Geburt begonnen hat, bringt uns allen Vorbehalten zum Trotz in die Nähe zu Freuds Erkundung eines vorzeitigen Unbewussten. – Was schließlich die entsprechende Therapie angeht, so fasse ich sie im Anschluss an Kurt Goldstein als eine responsive Therapie, die weder die „Fremdheit des eigenen Unbewussten noch auch die des Anderen" zu überwinden verspricht. Am Ende ist nicht auszuschließen, dass der Umgang mit dem Fremden weitere Fragen hinterlässt, doch einen „Entzugsverlust" vermag ich nirgends zu entdecken.

---

5 So in einem von Michael Staudigl herausgegeben Band *Gesichter der Gewalt*, Paderborn 2014, S. 365.

Mit *Franz Gmainer-Pranzl* betreten wir das Feld *religiöser Erfahrung*, das sich in der Moderne vielfach als Kampffeld erweist, doch in welcher Form und mit welchem Recht? Der Autor, der sich selbst im theologischen Umfeld der Philosophie und Theologie bewegt, erinnert vorweg an neuere Formen einer religionswissenschaftlich ausgerichteten Religionsphänomenologie, wie sie bei Rudolf Otto, Van der Leeuw, Eliade, aber auch in der ethnographischen Feldforschung von Clifford Geerts anzutreffen sind. Sie schließen das Selbstverständnis der religiösen Erfahrung mit ein, Religion ohne Gläubige oder Zweifelnde wäre in der Tat wie Schmerz ohne Leidende. Selbst rigorosen Kritikern der Religion wie Feuerbach, Nietzsche oder Freud ist die Religion alles andere als gleichgültig. Auch wenn Freud religiöse Riten und Praktiken aus dem Blickwinkel der Klinik als pathologische Auswüchse behandelt, spielen für ihn Genese und Wirkmacht des Religiösen eine nicht bloß historische Rolle. Doch damit ist die Frage, worum es in der Religion eigentlich geht, noch nicht beantwortet. Unser Autor greift das Angebot einer responsiv-phänomenologischen Deutung auf, die vom Wunschdenken, das einem Uregoismus entstammt, auf ein Antwortdenken überwechselt, das von fremden Ansprüchen ausgeht, ohne die Risse der Erfahrung zu übertünchen. Das Motiv der Alterität fällt im Übrigen nicht unter die Unterscheidung von Göttlichem und Menschlichem, und das Fremde fällt nicht zusammen mit dem Religiösen als einer Spielart des Fremden. Ein Antworten, das nicht vorweg seiner Sache sicher ist, unterläuft jeden religiösen Fundamentalismus und Dogmatismus. Insofern ist die Religionskritik Teil einer Genealogie der Religion, die der von Nietzsche angeforderten Genealogie der Moral ebenburtig ist. Die „Anstiftung zur Responsivität" ermöglicht, wie der Autor abschließend versichert, eine Annäherung von Phänomenologie und Psychoanalyse, in der bloße Positionskämpfe von der lebendigen Erfahrung her unterlaufen werden.

Schon die Analyse religiöser Erfahrung führt über eine Individualanalyse hinaus, indem sie weit in Geschichte und Gesellschaft vorstößt. Das von Freud diagnostizierte „Unbehagen in der Kultur" ruft nach einer allgemeinen. Kulturanalyse, die in Kapitel 5 und 6 meines Buchs zum Zuge kommt. Sie lässt weiten Raum für das Spiel der Phantasie und die künstlerische Sublimierung der Sinne, aber auch für Illusion und Wahn.

Beginnen wir mit dem ästhetischen Denken, das *Judith-Frederike Popp* in Augenschein nimmt. Die Annahme, dass Phänomenologie und Psychoanalyse sich gleichermaßen „an den Rändern der Worte und Bilder" bewegen, schafft einen gemeinsamen Boden über Schul- und Fachgrenzen hinaus. Die Frankfurter Ästhetik von Martin Seel findet darin ebenso ihren Platz wie der Vermittlungsversuch des mir bislang unbekannten angelsächsischen Autors Jonathan Lear. Die Autorin legt besonderes Gewicht auf ein „Zusammenspiel von Inhalt und Methode", bei dem das Ästhetische eine zentrale Rolle spielt. Methode ist hierbei allerdings nicht im Sinne einer formalen Prozedur oder gar als algorithmisches Verfahren zu verstehen, sondern dem ursprünglichen Wortsinn gemäß als ein Weg, der Zugänge erschließt und über den normalen Verlauf der Dinge hinaus Seitenwege und Ausweglosigkeiten zulässt. Mit den einfachen Worten, die der frühe Husserl benutzt und die bei der Autorin anklingen, handelt es sich um eine Spannung von Was und Wie, speziell um einen Kontrast zwischen dem Gegenstand, *so wie* er intendiert wird, und dem Gegenstand, *welcher* intendiert wird (vgl. *V. Logische Untersuchung*, § 17). Das ästhetische Denken, das sich hier abzeichnet, beschränkt sich nicht auf eine ästhetische Theorie. Es tendiert hin zu einer „lebensweltlich verankerten theoretischen Praxis", die an den Rand der propositionalen Rede führt, Sprachbilder nutzt, auf das Sehen und Hören übergreift und auf diese Weise auch zwischen Philosophie und Psychoanalyse vermittelt.

Die Postkarte, die *Wolfgang Müller-Funk* unter der Deckadresse von Derrida an mich abgesandt hat, enthält viele Ansichten des Fremden, wie sie uns auf der nie endenden Reise durch die Länder des Fremden begegnen. Ich entnehme dieser Sendung den Appell, Fremdes nicht einseitig in Beschlag zu nehmen. Es tauchen die Namen auf von Blumenberg, Cassirer, Kristeva, Lacan oder Musil, die auch mir oftmals begegnet sind. Doch anstatt einen Reisebericht vorzulegen, deute ich an, wie ich auf das Thema des Fremden verfiel. ‚Fremd' ist kein normales Prädikat, mit dem sich Fremdes diesem oder jenem als Eigenschaft zulegen ließe. ‚Fremd' ist etwas oder jemand nur in bestimmter Hinsicht. Fremdheit lässt sich nicht ohne weiteres generalisieren und katalogisieren. Doch wie steht es dann mit Bestimmungen wie Abwesenheit, Entzug oder Ferne, die ich zur Bestimmung eines radikal Fremden heranziehe? Gleich den Pronomina ‚ich', ‚du', ‚er', ‚sie' oder ‚es' ist der Ausdruck ‚fremd', mit Husserl zu reden, nur als „okkasioneller Ausdruck" zu verwenden, oder mit Heidegger zu reden, im Sinne einer „formalen Anzeige", die durch Fremderfahrung einzulösen ist. Somit lässt sich die Vielfalt des Fremden, die auf dieser Postkarte auftaucht, in der Tat nicht vereinheitlichen. Für sie gilt das aristotelische πολλαχῶς λέγεται (das Aussagen in vielfältiger Bedeutung) in höchstem Maße. Halten wir uns, wie es sich zunächst anbietet, an sinnstiftende Instanzen wie Intentionalität, Verstehen, Regelbefolgung oder an ein informelles Alltagsverständnis, so bekundet sich Fremdes darin einzig auf indirekte Weise in Form außerordentlicher Überschüsse. Phänomenologisch betrachtet stellt sich jedes Phänomen als ein Hyperphänomen dar, das jeweils mehr und anderes ist als das, als was es sich zeigt. Gemessen an einem solchen Über-hinaus zeichnet sich Fremdes aus durch eine nicht zu bändigende Vielfalt.

Mit dem nächsten Kommentar wechseln wir über von der Ebene der Kultur auf die erweiterte Ebene der Interkulturalität, die einerseits von Ethnologie und Ethnographie, andererseits von Ethnopsychoanalyse und Ethnopsychiatrie bearbeitet wird. Doch mit dem Übergang von Zwischenmenschlichen zum Interkulturellen potenziert sich die Fremdheit. Um dies zu zeigen, konfrontiert uns *Bernhard Leistle* mit Proben aus der Ethnopsychiatrie von Georges Devereux, der als der Begründer einer Ethnopsychoanalyse gilt. Er stammt aus Ungarn, das sich frühzeitig der Psychoanalyse geöffnet hat; er hat seine wissenschaftliche Ausbildung in Frankreich erhalten und als Therapeut bei Indigenen in Kanada gearbeitet. Bernhard Leistle ist besonders prädisponiert für die Präsentation seines Ansatzes, da er seinerseits als Kulturanthropologe in Kanada lehrt und forscht und zuvor schon in Marokko tätig war. Der Probetext von Devereux dokumentiert eine „interkulturelle Hybridisierung der Psychoanalyse". Analytiker und Analysand stehen sich nicht als Vertreter klar umgrenzter kultureller Identitäten gegenüber, und Übersetzung und Übertragung spielen sich letzten Endes nicht zwischen Eigen- und Fremdsprache ab, sondern gewissermaßen zwischen Fremdsprache und Fremdsprache. Der indigene Analysand spricht mit einer „geborgten Stimme, wenn er mit eigener Stimme spricht. Es braucht kaum erwähnt zu werden, wieweit wir damit von den Versprechungen digitaler Übersetzungsmaschinen entfernt sind. Die Vielstimmigkeit, die wir aus Bachtins Sprach- und Literaturtheorie kennen und in der jedes eigene Wort sich als „halbfremdes Wort" entpuppt, nimmt auf dem Feld der Ethnowissenschaften eine gesteigerte Form an. Wenn Erfahrung zur Sprache drängt, dann zu welcher Sprache? Was am Ende den Austausch zwischen Philosophie und Psychoanalyse angeht, so schließt der Autor mit einer provokativen Frage: „Kann es therapeutisch fruchtbar sein, philosophisch zu irren?" Der Autor plädiert nicht für eine doppelte Wahrheit, wie sie im mittelalterlichen Streit zwischen Philosophie und Theologie in Erwägung gezogen wurde, sie würde in der Tat jede Wahrheit untergraben. Hilfreich wäre indessen Merleau-Pontys Unterscheidung zwischen explizitem Denken und einem impliziten Denken, das auch außerhalb des Hoheitsgebiets professioneller Philosophie gedeihen kann, etwa in der Malerei, in kindlichen Spielen, in Traumvisionen oder eben in Wahnvorstellungen wie in den Produkten der Sammlung Prinzhorn, von denen in Kapitel 6 des Buchtextes die Rede ist.[6]

Abschließend wenden wir uns den Kommentaren zu, die in Anknüpfung an Kapitel 9 meines Buchs die Therapie in den Mittelpunkt rücken. Es geht also um Verfahren des Pflegens und Heilens, die auf eine alte Tradition zurückblicken. Entscheidend ist für uns, dass Therapie bei aller Spezialisierung von Anfang an mehr besagt als angewandte Naturwissenschaft und Naturtechnik, da es sie gar nicht gäbe ohne Patienten und Patientinnen, die unter etwas leiden, also ohne den Bezug auf eine bestimmte Weise der Alterität. Wenn wir mit Viktor von Weizsäcker einen Unterschied machen zwischen der Behandlung einer typischen Krankheit und der Behandlung des Kranken als einer singulären Person, so bedeutet Heilen nicht lediglich etwas tun, sondern jemandem etwas antun im Eingehen auf ausgesprochene oder unausgesprochene Beschwerden. Der Terminus responsive Therapie, den ich in diesem Zusammenhang benutze, ist strenggenommen ein Pleonasmus.

Jürgen Müller-Hohagen, der diesen letzten Reigen mit einem sehr bewegenden Beitrag eröffnet, nähert sich der Klinik, ausgehend von Orten der Gewalt wie dem KZ Dachau, wo er seine „Lehranalyse" begonnen hat. Das sprichwörtliche „Lernen aus dem Leiden" gewinnt hier einen eigenen Klang. Der Umschlag von Fremdheit in Feindschaft, den Freud den unausbleiblichen Triebschicksalen zurechnet, senkt sich als ein dunkler Schatten auf alles Zwischenmenschliche. Das menschliche Antlitz, aus dem das Gebot „Du sollst oder du wirst mich nicht töten" spricht und das eine provokative Fremdheit ausstrahlt, verlangt nach einem „Schutzraum", in den es sich zurückziehen kann. Das Antworten, in dem das Leiden zur Sprache kommt, hat mit Impulsen des Vernichtens zu kämpfen, die sich wie in der Nazizeit bis zu einem „Tötungsfuror" steigern können. Als Therapeut hat es der Autor mit den „Ausläufern des damaligen Vernichtungsfurors" zu tun, doch er übersieht nicht die Vorboten der Gewalt, die keiner bloßen barbarischen Frühzeit angehören.

Eckhard Frick sj lenkt den Blick auf die klinische Praxis, die in ihren Diagnosen und Heilverfahren seit dem 19. Jahrhundert das postcartesiani-

---

6   Zur Unterscheidung zwischen expliziter und impliziter Philosophie vgl. das in der Einleitung erwähnte Buch *Grenzen der Normalisierung*, Kap. 2: „Zwischen Fundamentalismus und Funktionalismus".

sche „Zwitterwort" ‚postsomatisch' benutzt, dies aber mit schlechtem Gewissen tut, indem sie in ihrer Bastelarbeit von einem Seele-Körper-Gegensatz ausgeht, um diesen in der Folge halbwegs zu widerrufen, ihn abzuwandeln oder zu neutralisieren. Für die Behandlungspraxis mögen die entsprechenden Krankheitslisten ihren Dienst tun, doch grundlegend sind sie nicht. Der Autor weist hin auf den berühmten Briefwechsel zwischen Descartes und Prinzessin Elisabeth von der Pfalz. Letztere gibt zu bedenken, dass Schmerzempfindungen weder als rein seelisch zu betrachten sind noch als rein körperlich wie ein Maschinenschaden und dass nur der Rekurs auf Sinneserfahrung und Alltagssprache an solche Mischphänomene heranreicht. Der Rest wäre Konstruktion, darin stimmen in neuerer Zeit Husserl, Plessner, Merleau-Ponty oder Wittgenstein überein, sekundiert von der medizinischen Anthropologie, die von Viktor von Weizsäcker bis zu Thomas Fuchs reicht.[7] Aber auch in den Augen von Freud sind Körpersymptome, wie sie etwa in der hysterischen Angst auftreten, weder einseitig psychisch noch einseitig somatisch zu fassen (32). Wenn neuerdings nonchalant von einem neuronalen Unbewussten gesprochen wird, so verwechselt man Wissensentzug und Wissensverdrängung mit bloßem Nichtwissen (44). Frick stimmt mir darin zu, „dass das Kompositum ‚psychosomatisch' keineswegs für eine Selbstverständlichkeit steht, sondern vielmehr für eine noch nicht verstandene und damit unheimliche Fremdheit". Ich erinnere diesbezüglich an Freuds Fehlleistungen, darunter Stolpern und Stottern, in denen das Gehen und Sprechen sich verhaspelt und wir uns selbst nicht wiedererkennen. Paul Valéry verweist auf das Phänomen der Ermüdung. „Par la fatigue le ‚corps' devient chose étrangère. In der Ermüdung wird der Körper zu etwas Fremdem."[8] Wir haben es mit gelebten Spaltungen zu tun, die den alltäglichen und selbstverständlichen Gang der Dinge unterbrechen und spontan in der Sprache der Affekte ihren Ausdruck finden bis hin zu Interjektionen, die in der griechischen Tragödie den Redefluss unterbrechen. Der Leib zeigt an sich selbst Aspekte eines Fremdkörpers, bevor Störungen ausdrücklich klassifiziert und bekämpft werden.

Die beiden letzten Beiträge schließen sich eng an spezielle Fälle aus der klinischen Praxis an. *Sonja Frohoff* bin ich zuerst im Rahmen der

---

7 Vgl. 35 und das jüngste Buch von Thomas Fuchs, *Verteidigung des Menschen. Grundfragen einer verkörperten Anthropologie*, Berlin 2020.
8 Vgl. den Abschnitt „Das gespaltene Selbst" in: *Grundmotive einer Phänomenologie des Fremden*, Frankfurt/M. 2006, S. 77.

Prinzhorn-Sammlung im Umfeld von Thomas Fuchs begegnet. Die Patientin, deren Fall sie minutiös vor uns ausbreitet, leidet unter Anorexie. Die Essverweigerung führt auch hier zu einer Spaltung von leiblichem Erleben und Körperprozessen Die therapeutische Behandlung dieses Leidens läuft über ein Drittes, über künstliche „Übergangsobjekte" im Sinne von Winnicott. In der Gestaltung und Bearbeitung von Tonfiguren wird die Patientin dazu angeleitet, im weichen Material die sinnliche Welt neu zu ertasten und in der Feinfühligkeit der Finger den eigenen Leib neu zu entdecken. Dabei spielen sinnliche Qualitäten wie dick und dünn, voll und leer, rund und kantig eine signifikante Rolle. Gleichzeitig kommen mit dem Wiederaufleben gestörter Bezüge zu den Eltern zwischenleibliche Aspekte ins Spiel. Dies alles erinnert an Freuds Unterscheidung verschiedener Körperzonen in der Entwicklung des libidinösen Leibes. In der Auswertung dieser Befunde, die teilweise gesprächsweise geschieht und zwischen Sprachlichkeit und Bildlichkeit oszilliert, spielt die Entfaltung von Resonanzräumen eine wichtige Rolle. Doch nichtsdestotrotz betont die Autorin, dass die Response mit ihrem Ineinander von Selbstzug und Fremdbezug und mit ihrer Prägung durch Widerständigkeit, Dissonanzen und Asynchronie sich nicht in einem resonanten Mitschwingen erschöpft, als sei alles von vornherein aufeinander abgestimmt.

Schließlich befasst sich *Erik Norman Dzwiza-Ohlsen* mit den lebensweltlichen Horizonten der Alzheimer-Demenz, die das Leben insgesamt beeinträchtigt. Er erinnert daran, dass Leben immer auch Altern bedeutet, dass es dabei zwar auch, aber nicht nur um das Versagen spezieller Organe oder einen Hormonmangel geht, sondern um ein Verstummen, das dem Ausdrucksstreben Einhalt gebietet. Zentral ist die Frage, ob dahinter eine reine Verlustrechnung steckt, ob also De-menz, wie der Ausdruck suggeriert, einen schieren Verlust geistiger Kapazitäten bedeutet. Der Autor sondiert drei Symptomfelder, die vom Verlust bedroht sind. An erster Stelle stehen Beeinträchtigungen der Sprache und des leiblichen Ausdrucks, die zur Vereinsamung führen. Hinzukommen Störungen der räumlichen Orientierung, die verhindern, dass wir uns als leibliche Wesen in wechselnden Situationen zurechtfinden. Abhilfe verspricht unter anderem ein „Bauen für Demenz", das auf ein altersgerechtes Wohnen Rücksicht nimmt (vgl. die Schriften von Christoph Metzger, 280). Drittens ist die Erinnerung betroffen als ein Fundus, ohne den das Leben seinen Faden verlieren würde. Wenn Freud versichert, dass wir das Normale nie in reiner Essenz vor uns haben, sondern es aus den „Verzerrungen und Vergröberungen des Pathologischen erraten müssen" (49), so trifft sich dies mit den Erkundungen der Lebenswelt, die der Autor unter der Anleitung Husserls ins Auge fasst. Die Überzeugung, die alle phänomenologisch inspirierten Psychotherapeuten und Psychiater teilen, dass nämlich Krankheit kein bloßes Defizit sei, sondern eine schmerzhafte Umgestaltung des Lebens, wird auf eine harte Probe gestellt, wenn Geist und Leben sich in Stummheit zurückziehen. Doch verstummen und schweigen kann nur, wer spricht, wie anfänglich oder wie lückenhaft dies auch sein mag. Die Kunst der Therapie bestünde dann darin, inmitten der Alterserfahrung affektgeladene Sinnrelikte aufzuspüren, etwa in Gestalt eines Lächelns, einer Choralmelodie, eines Blumendufts oder eines Windstoßes, woraus weiter die Erfahrung spricht, wenn auch noch so verhalten und stammelnd. Die Abschaffung des Leidens durch Perfektionierung wäre der Tod jeder Therapie. Maschinen leiden und altern nicht, aber sie leben auch nicht.

Zum Schluss gilt mein Dank allen, die sich prüfend und nachdenklich zu Wort gemeldet haben, und an erster Stelle der Herausgeberin, die in ihrer Einleitung einen ethnographischen Ton angeschlagen und dann unermüdlich alle Fäden gezogen hat.

Verzeichnis der Autorinnen und Autoren

Erik Norman Dzwiza-Ohlsen, seit 2016 wissenschaftlicher Mitarbeiter (Post-Doc) bei Thiemo Breyer am *Research Lab der a.r.t.e.s. Graduate School for the Humanities Cologne.* Arbeits- und Forschungsschwerpunkte: Phänomenologie, Psychopathologie und Philosophische Anthropologie. Aktuell arbeitet er an einer „Philosophie der Demenz".

Eckhard Frick sj, Prof. Dr. med., Hochschule für Philosophie und TU München, Lehranalytiker am C. G. Jung-Institut München, Vorsitzender der Internationalen Gesellschaft für Gesundheit und Spiritualität e.V. (www.iggs-online.org), Schriftleiter der Zeitschrift SPIRITUAL CARE. Arbeits- und Forschungsschwerpunkte: humanwissenschaftliche Aspekte der Philosophischen Anthropologie, interdisziplinäre Forschung im Bereich der Spiritual Care.

Sonja Frohoff, Dr. phil., Philosophin, Kunsttherapeutin am Universitätsklinikum Heidelberg und Coach am Heidelberger Coaching Instituts (hic); zuvor Mitarbeiterin der Sammlung Prinzhorn und der Sektion Phänomenologie an der Psychiatrie Heidelberg; Arbeits- und Forschungsschwerpunkte: Leiblichkeit und Sinnbildung, Ausdrucksfindung in kreativen und therapeutischen Prozessen, Identität und Lebenswelt, Kreativitäts- und Persönlichkeitsentwicklung, Sammlung Prinzhorn.

Franz Gmainer-Pranzl, Leiter des Zentrums Theologie Interkulturell und Studium der Religionen und Professor an der Paris Lodron-Universität Salzburg, Herausgeber der Reihe „Salzburger interdisziplinäre Diskurse". Arbeits- und Forschungsschwerpunkte: interkulturelle Philosophie, postsäkulare Religionsphilosophie, kontextuelle Theologie (Schwerpunkt Afrika), interkulturell-theologische Erkenntnislehre.

Ewa Kobylinska-Dehe, Professorin am Institut für Philosophie und Soziologie an der Polnischen Akademie der Wissenschaften, Gründerin des Zentrums für Psychoanalytisches Denken in Warschau, Gastwissenschaftlerin an der Internationalen Psychoanalytischen Universität Berlin, niedergelassene Psychoanalytikerin (DPV). Arbeits- und Forschungsschwerpunkte: Geschichte der Psychoanalyse, Psychoanalytische Konzepte, Philosophie der psychoanalytischen Situation, Leiblichkeit – phänomenologische und psychoanalytische Perspektiven.

Joachim Küchenhoff, Psychoanalytiker, Facharzt für Psychiatrie und für Psychosomatische Medizin, Professor em. der Universität Basel, Vorsitzender des Aufsichtsrates und Gastprofessor der Internationalen Psychoanalytischen Universität Berlin. Arbeits- und Forschungsschwerpunkte: psychoanalytische Psychotherapie schwerer seelischer Störungen, Körpererleben und Psychosomatik, transdisziplinäre Forschung in Kultur- und Literaturwissenschaften, Philosophie und Psychoanalyse. (www.praxis-kuechenhoff.ch)

Bernhard Leistle ist Professor für Kulturanthropologie an der *Carleton University* in Ottawa, Kanada. Sein Forschungsgebiet liegt an der Schnittstelle zwischen Phänomenologie, Theorien der Performativität und Ethnologie.

Burkhard Liebsch lehrt als Professor Praktische Philosophie an der Ruhr-Universität Bochum; allgemeine Forschungsthemen: negativistische Sozialphilosophie, Theorie der Geschichte, das Politische; spezielle Forschungsthemen: Gewaltforschung, Kulturtheorie, Lebensformen, Sensibilität, Europäisierung, Erfahrungen der Negativität, Geschichte des menschlichen Selbst.

Wolfgang Müller-Funk, Studium in Germanistik, Philosophie, Geschichte und Spanisch in München. Lehrtätigkeit zunächst in München und Wien. Kritiker und Essayist. Zuletzt Fellow am IWM in Wien, Professor für Kulturwissenschaften an den Universitäten Birmingham und Wien (bis 2018). Zahlreiche Gastprofessuren und Fellowships. 2013 Ehrenkreuz der Republik Österreich für Wissenschaft und Kunst. Arbeits- und Forschungsschwerpunkte: Kulturtheorie, Narratologie, Romantik und klassische Moderne, Formen essayistischen Schreibens, Central European Studies. (https://wolfgangmuellerfunk.wordpress.com/)

Jürgen Müller-Hohagen, Diplom-Psychologe, Promotion in Philosophie, Psychologischer Psychotherapeut. Seit 1982 wohnhaft in Dachau. Innerhalb der therapeutischen Arbeit Erforschung seelischer Nachwirkungen aus der NS-Zeit. Zahlreiche Veröffentlichungen zu diesem Themenbereich. (www.dachau-institut.de)

Judith-Frederike Popp, wissenschaftliche Mitarbeiterin (Post-Doc) am Theoriebereich (Gerhard Schweppenhäuser) der Fakultät Gestaltung, HAW Würzburg-Schweinfurt. 2020-2021 Forschungsstipendiatin des DAAD in Wien (Akademie der bildenden Künste). Arbeits- und Forschungsschwerpunkte: Kunst- und Designästhetik, Selbstbestimmung und Irrationalität, Philosophie der Psychoanalyse und Interdisziplinarität. Aktuelles Forschungsprojekt zu den Bedingungen ästhetischen Subjektseins.

Ilka Quindeau, Professorin für Klinische Psychologie und Psychoanalyse an der Frankfurt University of Applied Sciences, niedergelassene Psychoanalytikerin und Lehranalytikerin (DPV/IPA), arbeitet gegenwärtig am Zentrum für Antisemitismusforschung an der TU Berlin. Arbeits- und Forschungsschwerpunkte sind Geschlechter-, Biographie- und Traumaforschung.

Barbara Schellhammer, seit 2019 Leiterin des Zentrums für Globale Fragen und Inhaberin des Lehrstuhls für *Intercultural Social Transformation* an der Hochschule für Philosophie München. Arbeits- und Forschungsschwerpunkte: Kulturphilosophie, interkulturelle Bildung, Konflikttransformation, Identität und Selbstsorge, transformatives, „responsives" Forschen.

Bernhard Waldenfels, Studium der Philosophie, Psychologie, klassischen Philologie, Theologie und Geschichte in Bonn, Innsbruck und München, 1968 bis 1976 Lehrtätigkeit in München, von 1976 bis 1999 Professor an der Ruhr-Universität Bochum. Er gilt als einer der wichtigsten Denker der gegenwärtigen deutschsprachigen Phänomenologie und veröffentlichte zahlreiche Schriften zur Phänomenologie des Fremden.

Rolf-Peter Warsitz ist Professor (i.R.) für Soziale Therapie, Philosophie und psychoanalytische Theorie an der Universität Kassel, promoviert in Medizin und in Philosophie, Psychiater, Psychoanalytiker und Lehranalytiker (DPV/IPA), Mitherausgeber der Zeitschrift Psyche.

Niels Weidtmann, Dr. phil., Leiter des *Center for Interdisciplinary and Intercultural Studies* (vormals Forum Scientiarum) der Universität Tübingen (www.uni-tuebingen.de/ciis). Arbeits- und Forschungsschwerpunkte: Phänomenologie und Hermeneutik, Interkulturelle Philosophie, Afrikanische Philosophie, Philosophie der Menschenrechte, Philosophische Anthropologie und Wissenschaftsphilosophie. Seit 2019 Präsident der Gesellschaft für Interkulturelle Philosophie (www.int-gip.de).